Josef Fleckenstein

Rittertum und ritterliche Welt

Josef Fleckenstein

Rittertum und ritterliche Welt

Unter Mitwirkung von
Thomas Zotz

Siedler

Redaktion: Ditta Ahmadi, Berlin
Schutzumschlag: Rothfos + Gabler, Hamburg
Satz: Ditta Ahmadi, Berlin
Reproduktionen: Mega Satz Service, Berlin
Druck und Buchbinder: GGP Media, Pößneck
Printed in Germany 2002
ISBN 3-88680-733-9
Erste Auflage

Meiner Frau
und unseren vier Söhnen

Inhalt

EINLEITUNG

»Bezüge sind das Leben«

Goethe an Zelter am 29. Januar 1830

Das mittelalterliche Rittertum hat in allen Ländern Europas tiefe Spuren hinterlassen. Seine eindrucksvollen Überreste, die mächtigen Burgen, prägen selbst da, wo sie nur noch als Ruinen überdauern, das Gesicht unserer Landschaft. Urkunden und Chroniken halten bis heute die Erinnerung an einzelne Gestalten, an ganze Geschlechter und ihre Welt der wechselvollen Kämpfe fest. Diese Kämpfe haben die Ritter oft in weite Fernen geführt. Auf diesen Zügen sind sie mit fernen Gegenden in friedlichen Austausch getreten und haben dadurch ihre eigene Welt erweitert und bereichert. Dichtung und bildende Kunst kommen hinzu und beleben auf ihre Weise die geschichtliche Erinnerung, indem sie der einstigen Wirklichkeit durch die Kraft des Wortes und die Ausstrahlung des Kunstwerkes zu »geistiger Gegenwart« (Droysen) verhelfen. Auf diese Weise von vielfältigen Eindrücken und Traditionen gespeist, lebt das Rittertum in unserem Geschichtsbewusstsein als eine der großen prägenden Kräfte der europäischen Geschichte fort.

Diese Feststellung stützt sich zweifellos auf einen breiten internationalen Konsens, bezieht sich in dieser allgemeinen Form allerdings im Wesentlichen auf das voll entfaltete Rittertum und konzentriert sich dabei auf seine allgemeinen Züge. Innerhalb dieses weiten, bisher nur skizzierten Rahmens enthüllt sich uns bei näherem Hinsehen ein vielfältiges, formen- und farbenreiches Bild, das im Lauf der Jahrhunderte bedeutende Veränderungen erfahren hat. Um diese Veränderungen geht es in dem vorliegenden Werk.

Zunächst gilt es, sich einen ungefähren Eindruck von den äußeren Dimensionen des Rittertums zu verschaffen. Aufschlussreich ist, dass wir – durchaus im Einklang mit den Quellen – gewohnt sind, von einem fränkischen, normannisch-englischen, französischen, deutschen, italienischen, spanischen, auch böhmischen und polnischen und darüber hinaus allgemein von einem europäischen Rittertum zu sprechen, also von einer Vielzahl von Rittertümern, die gleichwohl ein einziges großes Rittertum gebildet haben. Seiner Natur nach war das Rittertum demnach »national« und übernational zugleich. Diese doppelte Natur erscheint in der Tat als eine Besonderheit, die offenbar bereits in seiner Entstehung begründet war.

Mit der besonderen Natur des Rittertums hängt eine weitere Eigentümlichkeit zusammen, die nicht weniger bedeutsam ist: Wo immer es uns begegnet, weist es mehrere verschiedene und verschiedenartige Komponenten auf, die nicht ohne weiteres zusammengehören und tatsächlich auch nicht von vornherein miteinander verbunden waren: Neben der kriegerisch-militärischen gibt es eine herrschaftlich-politische, neben der wirtschaftlichen eine gesellschaftliche, daneben aber auch eine religiös-kirchliche und nicht zuletzt eine differenzierende und zugleich verbindende, das Rittertum schließlich als Ganzes auszeichnende kulturelle Komponente.

Die bloße Aufzählung dieser Komponenten macht bereits deutlich, wie sehr die ritterliche Lebenswelt, indem sie allmählich auf neue und weitere Bereiche übergriff, an innerer Dimension gewonnen hat, bis sie schließlich alle wesentlichen Lebensbereiche einbezog. Man darf annehmen, dass diese Erweiterung, die nicht ohne Auswirkung auf Erscheinung und Bedeutung des Rittertums geblieben ist, durch jeweils veränderte Bedingungen und Bedürfnisse verursacht worden ist. Das Auffällige und Erstaunliche dabei ist, dass die Veränderungen, gleichgültig, wo sie zuerst auftreten, im Allgemeinen die Tendenz zeigen, sich im Gesamtbereich des Rittertums durchzusetzen. Wir haben es offenbar mit einem großen Verschmelzungsprozess zu tun, der mit der Entstehung des Rittertums identisch ist.

Dieser Prozess bildet in der Tat das Grundproblem. Da die Entstehung des Rittertums auf mehrere Ursachen zurückzuführen ist, kann

Die Wartburg bei Eisenach ist wohl in den siebziger Jahren des 11. Jahrhunderts von dem thüringischen Grafen Ludwig dem Springer erbaut worden. Zusammen mit der Marktsiedlung Eisenach wurde sie der Herrschaftsmittelpunkt im Westen des inzwischen landgräflichen Territoriums und Bindeglied zu den Besitzungen der Ludowinger in Hessen. Nach der Mitte des 12. Jahrhunderts baute der mit Friedrich Barbarossa verschwägerte Landgraf Ludwig II. die Burg zu einer der repräsentativsten des Reiches aus. Für die landgräfliche Hofhaltung erlangte sie allerdings erst nach 1200 und besonders unter Ludwig IV. und seiner Gemahlin Elisabeth eine besondere Bedeutung.

man wohl davon ausgehen, dass dieser Entstehungsprozess längere Zeit in Anspruch nahm. Immerhin dürfte eindeutig feststehen, dass einer der Entstehungsfaktoren am wirkungsmächtigsten war, nämlich der kriegerische. Er bildet daher unseren Ausgangspunkt. Auf eine einfache Formel gebracht heißt das: Die entscheidende Vorstufe des Rittertums war das Kriegertum.

Der Übergang vom Kriegertum zum Rittertum ist ein Vorgang von weltgeschichtlichem Rang, denn er hat die Struktur der gesamten mittelalterlichen Gesellschaft verändert oder bildet jedenfalls einen wesentlichen Teil dieser Veränderung. Die Tragweite der Veränderung lässt sich am augenfälligsten durch den Unterschied verdeutlichen, der zwischen Kriegertum und Rittertum besteht. Während nämlich das Kriegertum in der Regel gentil verwurzelt und an die *gens*, den »Stamm«, oder die volkliche Einheit gebunden war, ging die Entstehung des Rittertums mit der Einbindung in die europäischen Zusammenhänge einher, so dass das Rittertum schließlich als ein gesamteuropäisches Phänomen in Erscheinung trat, das über seinen herkömmlichen Besonderheiten eine große Einheit bildet.

Dies ist freilich nur ein Teil des Problems. Schließlich hat sich das Rittertum nicht nur in seinen äußeren Dimensionen, sondern vor allem auch inhaltlich vom Kriegertum unterschieden. Es hängt nicht zuletzt mit seiner Verchristlichung zusammen, dass es sich an neue Formen und Normen band, die sich als länderübergreifende, Einheit stiftende Faktoren erwiesen. Doch daneben wirkten die alten Kräfte nach, und es scheint, dass gerade die Verbindung des Alten mit dem Neuen für die Gemeinsamkeit von Gestalt und Schicksal des Rittertums bestimmend war. Wir haben es jedenfalls mit einem vielschichtigen und wirkungsmächtigen Phänomen zu tun, das zu den prägenden Kräften der mittelalterlichen Welt gehört und die gesamte weitere Geschichte verändert und bereichert hat.

Die Forschung hat dieses bedeutende Phänomen des Rittertums von Anfang an umkreist und ihm eine lange Reihe gewichtiger Untersuchungen und Darstellungen gewidmet. Diese Forschung setzt bereits im späten 17. Jahrhundert mit dem großen französischen Gelehrten

Du Cange ein, dem weitere französische sowie italienische, englische und deutsche Autoren folgten. In unserem Zusammenhang mag es aber genügen, auf die wegweisenden Arbeiten des 20. Jahrhunderts zu blicken, auf denen die gegenwärtige Forschung basiert. Dabei ist zu berücksichtigen, dass diese Arbeiten als Erbe der älteren Forschung zwei Tendenzen übernommen haben, die in gewissem Sinne, zumindest methodisch, auch eine innere Berechtigung haben. Gemeint ist die perspektivische Begrenzung des Rittertums auf seine jeweilige nationale Erscheinungsform und (als Folge der zunehmenden Spezialisierung der Wissenschaft) die Aufteilung des Forschungsobjekts Rittertum zwischen den nationalen Philologien und der Geschichtswissenschaft, die der Trennung von Ideal und Wirklichkeit Vorschub leistete.

Diese Aufteilung hat sich in Deutschland besonders krass und nachhaltig ausgewirkt. Während hier nämlich die Germanistik mit der Ritterdichtung und ihrer farbenfrohen Bilderwelt die ideale und kulturell-produktive Seite ins Zentrum ihrer Bemühungen stellte, beschränkte sich die Geschichtswissenschaft auf die rechtliche, kriegerische und institutionelle Seite, die aber immer mehr ins Hintertreffen geriet, so dass die Ritterforschung zeitweilig geradezu zur Domäne der Germanistik wurde. Bezeichnend dafür ist das Werk des Germanisten Hans Naumann, der während des »Dritten Reichs« in absoluter Übersteigerung der idealen Züge des Rittertums ein monumentales Ritterbild schuf, das auch von den zartesten Schatten der Wirklichkeit nicht beeinträchtigt war. Dieses überhöhte Ritterbild hat die Erschütterungen in der Nachkriegszeit nicht überlebt, und es verdient vermerkt zu werden, dass die Germanistik selbst ihm den Boden entzogen hat, indem allen voran Joachim Bumke dem Idealbild Hans Naumanns ein betont nüchternes Ritterbild entgegenstellte. Es hat sich, von Einzelkorrekturen abgesehen, im Wesentlichen durchgesetzt und sich damit zugleich den Vorstellungen der Historiker wieder angenähert, die ihrerseits mit der Öffnung zur internationalen Forschung einen neuen Zugang zum Leben und zur Welt der Ritter gewannen.

Zu dieser Entwicklung haben zwei bedeutende Gelehrte aus unterschiedlichen Motivationen und zum Teil nach langen Auseinandersetzungen die entscheidenden Anstöße gegeben: der französische

Sozialhistoriker Marc Bloch und der niederländische Kulturhistoriker Johan Huizinga. Huizingas *Herbst des Mittelalters* von 1919 und Blochs *La société féodale* von 1939/40 markieren gleichsam die Pole, in deren Spannungsfeld sich die Ritterforschung in der Nachkriegszeit im internationalen Austausch entfaltet hat. Es ist kennzeichnend, dass selbst diejenigen Werke, die zunächst nicht von Bloch oder Huizinga beeinflusst waren, schließlich in ihren Sog gerieten.

Alles in allem haben die gegenwärtige Forschung und die Geschichtsschreibung eine Reihe gewichtiger Werke zur Geschichte des Rittertums vorgelegt, die sich mit unterschiedlichen Ansätzen über das weite Feld verteilen, das Bloch und Huizinga abgesteckt haben. Genannt seien Otto Brunner, Joachim Bumke, Philippe Contamine, Georges Duby, Carl Erdmann, Jean Flori, François L. Ganshof, Léopold Genicot, Jacques Le Goff, C. Stephen Jaeger, Maurice Keen, Hagen Keller, Karl Leyser, Ramón Menéndez Pidal, Werner Paravicini, Giovanni Tabacco, Johanna Maria van Winter und nicht zuletzt Otto Hintze, dem die auch nach Marc Bloch noch immer gültige Klärung von Auswirkung und Begrenzung des mittelalterlichen Feudalismus zu verdanken ist.

Das vorliegende Buch ordnet sich in diesen Zug der Forschung ein. Es will nicht eigentlich eine allgemeine Geschichte des Rittertums bieten, obwohl es sie durchaus im Blick hat, da sie gleichsam den Hintergrund und den Horizont der Darstellung bildet. Aber wenn es zutrifft, dass das aus dem Kriegertum hervorgegangene Rittertum zwar stets die nationale Prägung seiner Herkunft trägt, diese aber durchweg eingebunden erscheint in die größere übernationale Gemeinschaft, so wird man seiner Geschichte erst voll gerecht, wenn man sie nicht nur in ihrem nationalen, sondern ebenso in ihrem übernationalen, in ihrem europäischen Rahmen erfasst. Erst in diesem Rahmen gewinnt das Rittertum seine volle historische Gestalt und Bedeutung. Dies darzustellen ist nach Lage der Dinge nur als Überblick im Sinne einer geistig einheitlichen Zusammenfassung der Ergebnisse der Spezialforschung möglich. Dabei muss sich die Zwischenbilanz mit exemplarischen Schwerpunkten begnügen.

Rache für persönliche Kränkungen war nicht selten ein Grund für Kriegszüge des mittelalterlichen Adels. Auf Grund der schmählichen Behandlung seiner Gemahlin Konstanze ließ etwa Kaiser Heinrich VI. im September 1194 Salerno belagern; bereits am zweiten Tag gelang die Eroberung der Stadt. In der Darstellung des »Liber ad honorem Augusti« sieht man, wie die Einwohner von Salerno, insbesondere Frauen, Kinder und Kleriker, sich ängstlich zusammendrängen oder ihre Habe in Sicherheit zu bringen suchen, während die Verteidiger mit dem Schwert gegen die Angreifer vorgehen.

Bekanntlich sind große Teile der Quellen zu diesem Thema, nämlich die regionalen und landesgeschichtlichen, noch längst nicht erfasst und ausgewertet. Gewiss wird es hier noch zu interessanten Ergänzungen kommen. In diesem Buch kann es jedoch nicht darum gehen, das Ganze des Rittertums auf dem Weg über eine Summierung aller Einzelnachrichten zu erreichen. Vielmehr sind wir bestrebt, exemplarisch zu verfahren, und konzentrieren uns auf die Zusammenhänge, aus denen sich sowohl die Herausbildung des Rittertums als auch Leben, Wirken und die historische Leistung der Ritterschaft erschließen.

Innerhalb dieser allgemeinen Aufgabe soll das eigentliche Ziel darin liegen, das große und vielschichtige Thema der Geschichte des Rittertums unter der Perspektive zu behandeln, die das vorangestellte Motto »Bezüge sind das Leben« – ein Diktum Goethes aus einem Brief an Zelter vom 29. Januar 1830 – in Verbindung mit dem Titel »Rittertum und ritterliche Welt« andeutet. Es soll nämlich versucht werden, das Rittertum im Zusammenhang mit »seiner« Welt, der Welt, die es umgab, in der es sich wiederfand und die es seinerseits verändert hat, näher ins Auge zu fassen. Wir gehen dabei von der Annahme aus, dass ein wesentlicher und unlösbarer Zusammenhang zwischen dem Rittertum und seiner Umgebung, eben der »ritterlichen Welt«, bestand, der die Wandlungen auf beiden Seiten beeinflusst hat. Das Kraftfeld, in dem das Rittertum sich herausgebildet und entfaltet hat, war die Welt, die es umgab. Das Rittertum war aber zugleich ein Teil dieser Welt, von deren Formen und Kräften es zehrte, und es hat seinerseits diese Welt nach seinem »Bild« und seinen Bedürfnissen umgestaltet. Es war Produkt und Schöpfer seiner Welt, insbesondere der eigenen, der ritterlichen Welt. Die Wandlungen, die dabei erkennbar werden, dürften die Stufen markieren, die das Rittertum im Lauf der Jahrhunderte mit der Erweiterung seiner Welt über die Vorstufe des Kriegertums hinaus erklommen hat.

Bekanntlich hat das Rittertum seine volle Entfaltung im hohen und späten Mittelalter gefunden. Die allmähliche Erweiterung, die dieser Entfaltung vorausging, spiegelt sich wider in der zunehmenden Verwendung und Übertragung des Begriffs *miles*, der zunächst nur den Krieger bezeichnet. War er ursprünglich der Schicht der einfachen Krieger vorbehalten, so wird er durch die Wirkung des Lehnrechts auf immer höhere Schichten, das heißt auf den Adel, übertragen. Dies ist ein entscheidender Schritt; weitere kommen hinzu, insbesondere die Einwirkungen von Seiten der Kirche, die besonders deutlich erkennbar werden in den Kreuzzügen, als das Wort *miles* eindeutig die Bedeutung von »Ritter« annimmt und schließlich der König selbst als Ritter hervortritt. Damit fasst das Rittertum nunmehr die gesamte Herrenwelt als ideelle Einheit zusammen.

Diese Einheit gliedert sich in viele Abstufungen, die vom König über den hohen und niederen Adel mit den Ministerialen bis hin zu den halbbäuerlichen »Einschildrittern« reichen und die in ihrer Gemeinsamkeit eine stets gegenwärtige Lebenswirklichkeit bilden. Ständig hatten die Zeitgenossen das Rittertum vor Augen, am machtvollsten in den Burgen, in deren Bannkreis sie lebten, aber auch in den Wirtschaftshöfen, denen die Bevölkerung des Umlands zu mannigfaltigen Diensten und Abgaben verpflichtet war, und selbst in den Kirchen, in denen die reisigen Herren mit ihren Angehörigen einen bevorzugten Platz einnahmen. Die Ritter waren allgegenwärtig, denn ihre Fehden wie ihre Feste zogen weite Kreise, und in den Diensten und Abgaben, die sie forderten, erreichte ihre Herrschaft jedermann. Die mittelalterliche Welt war tief vom Rittertum geprägt – weit über den Kreis derer hinaus, die ihm angehörten oder von ihm abhängig waren.

Worin ist diese außerordentliche Wirkung begründet? Man wird dafür schwerlich einen einzigen Grund ausmachen können, doch gibt es viele Anzeichen dafür, dass das Ideal, das sich das Rittertum zu Eigen machte (und das ein eigenes Problem darstellt), dabei eine wichtige Rolle spielte – das Ideal des *miles christianus*. Bemerkenswert ist, dass dieses Ideal nicht vom werdenden Rittertum selbst hervorgebracht wird, sondern den Rittern von der Kirche suggeriert wird, wobei die religiöse und die politische Unruhe der Zeit, die schließlich in die Kreuzzüge mündete, ein Übriges tat. Unter diesen Umständen hat das Ideal als mächtige Zugkraft gewirkt und sich schließlich zum geistigen Leitbild des Rittertums entwickelt: Ausdruck und Stigma seiner Verchristlichung. Es hat sich dem Rittertum als ein richtungweisendes, zu hohem Dienst verpflichtendes Wesensmerkmal eingeprägt. Letztlich war es das Ideal des *miles christianus*, das die alte Kriegerschaft, indem es ihr neue Aufgaben zuwies und sie zugleich an neue Normen band, mit einem neuen Geist erfüllte und sie damit über die Stufen des bloßen Kriegertums hinaushob.

Entscheidend dafür war allerdings, dass die Ritterschaft insgesamt sich das Ideal zu Eigen machte und dass es gleichsam offizielle Geltung erlangte. Wie weit dies zutraf, wird uns noch im Einzelnen beschäftigen müssen. Die Grabdenkmäler der Ritter und ihrer Angehörigen scheinen immerhin für die allgemeine Akzeptanz des Ideals zu sprechen. Und die Forderung, die ihm innewohnt – Schutz der Kirche und der Christenheit, insbesondere der Witwen und Waisen und aller Schutzbedürftigen, sowie die Verteidigung des Glaubens –, war seit der Gottesfriedensbewegung und den Kreuzzügen zweifellos allen Rittern bekannt. Bekannt war auch, dass die Kirche ihnen dafür das Seelenheil verhieß. Indem die Schutzpflicht zum Kriegsdienst und zur Teilnahme an der Herrschaft hinzutrat und der Kampf mit dem Seelenheil vereinbar wurde, bezog das feudale Rittertum seinen festen Platz in der heilsgeschichtlich verstandenen Weltordnung. In ihrem imaginären Rahmen gewann das Ideal des *miles christianus* seine allgemeine Gültigkeit.

Das heißt nicht, dass das Rittertum seine komplexe Natur einbüßte. So bedeutsam das Ideal des *miles christianus* auch sein mochte, es kann nicht darüber hinwegtäuschen, dass es Spannungen innerhalb der Ritterschaft erzeugte, und das macht deutlich, dass neben dem christlichen weiterhin ein vorchristliches, rein weltliches Verständnis des Rittertums wirksam geblieben ist. Nachdenkliche Zeitgenossen sahen darin einen Ausdruck der Stellung des Ritters zwischen Gott und Welt, zwischen denen er sich entscheiden musste – eine Entscheidung, die nicht wenige allerdings aufschoben, bis ihr letztes Stündlein schlug und Aufschub nicht mehr gewährt wurde. Gott und Welt zugleich gerecht zu werden, das ist das zentrale Problem des ritterlichen

Selbstverständnisses, soweit es sich in der ritterlichen Dichtung widerspiegelte. Die überlieferten Zeugnisse lassen erkennen, dass es stets Ritter gegeben hat, die dem Ideal des *miles christianus* nach Kräften nahe zu kommen suchten – freilich auch andere, die sich, wenn überhaupt, nur wenig um dieses Ideal scherten, ganz zu schweigen von denjenigen, die als so genannte Raubritter in die Geschichte eingegangen sind. (Der Begriff des »Raubritters« ist allerdings nicht zeitgenössisch und deshalb nur mit großer Vorsicht anwendbar, wenn auch das Phänomen, das er umschreibt, nicht einfach aus der Luft gegriffen ist.)

Dass es neben vorbildlichen Vertretern des Rittertums auch solche gab, denen es in erster Linie um den eigenen Vorteil ging und die sich nicht scheuten, dafür ihre Macht zu missbrauchen, ist keine Besonderheit des Rittertums, sondern gehört in den großen Bereich menschlicher Unzulänglichkeit, zu dem alle Gruppen und Gemeinschaften zu allen Zeiten ihren Teil beizutragen pflegen. Darüber ist hier kein weiteres Wort zu verlieren, aber es muss die Tatsache hervorgehoben werden, dass das Rittertum Kriterien besaß, an denen zu erkennen war, wer seinen Anforderungen entsprach und damit ein echter Ritter, ein *miles probus,* war. Diese Kriterien drückten sich in Normen aus, zu deren Einhaltung der Ritter nach den Vorstellungen der ritterlichen Gesellschaft verpflichtet war. Da er selbst ein Teil der ritterlichen Gesellschaft war, ist zu erwarten, dass er diese Vorstellungen teilte und diese allgemeine Verpflichtung im Wesentlichen auch seinen Bedürfnissen entsprach.

Dass dies tatsächlich der Fall war, zeigt mit besonderer Deutlichkeit der Siegeszug des Turniers. Im Turnier kann sich der Ritter vor aller Augen auszeichnen wie im Kampf und dadurch Ruhm und Ehre erwerben – und dies im Einklang mit der Erlangung des Seelenheils. Allein auf dieses Ziel ist das Streben nach dem ritterlichen Ideal gerichtet, das durch die Verbindung der alten weltlichen mit den geistlichen, christlichen Kardinaltugenden dem Ritter den Weg des Heils wies. Es stellte, wie jedes Ideal, eine Überhöhung der Wirklichkeit dar, zu der es gehörte, wenn es auch nicht als deren direkte Widerspiegelung verstanden werden darf. Es kam darauf an, dass man sich zu ihm bekannte. Solange seine Gültigkeit außer Frage stand, ist es jedenfalls

Im Auftrag des 1250 bis 1254 in Akkon residierenden Königs Ludwig des Heiligen entstand in der Mitte des 13. Jahrhunderts die Bibel des Arsenal. Die Illustrationen beziehen sich auf die Erhebung der Makkabäer gegen die griechische Herrschaft im Heiligen Land als biblische Präfiguration des Kampfes der Kreuzfahrer. Von den beiden Reiterheeren im unteren Teil des Bildes gibt sich das rechte, nach abendländischer Sitte gerüstete als Armee Gottes zu erkennen.

als eine bedeutende Triebkraft wirksam gewesen. Auch wenn es sich oft mit anderen, sehr realen Motiven verband, ist das Ideal des *miles christianus* aus der Geschichte des Rittertums nicht wegzudenken: Es wäre ohne dieses Ideal zweifellos nicht das geworden, was es war – wie es ja auch kein Zufall ist, dass das Ideal die konkrete Erscheinung des Rittertums überlebt hat.

Der Zusammenhang zwischen Rittertum und ritterlicher Welt, der den Aufstieg bestimmte, prägte – gleichsam in seiner Umkehrung – auch den Ausklang. Weil sich die mittelalterliche Welt mit dem Aufstieg des Bürgertums von Grund auf verändert hat, verlor das Rittertum immer mehr an Boden. Als seine eigene Welt zu Ende ging, sank es aber nicht einfach mit ihr hinab, sondern setzte sich vielmehr in anderen, enger begrenzten und sublimierten Formen fort, und paradoxerweise gewann es an Leuchtkraft in dem Maße, wie es an geschichtlicher Bedeutung verlor. Auf diese Weise hat es sich gleichsam im Nachglanz seiner Geschichte dem allgemeinen Bewusstsein tief eingeprägt und sich im Bild des mit Schild, Schwert und Lanze bewehrten, mit Helm und Wappen geschmückten, schwer gepanzerten Ritters zu einer Gestalt von Dauer verfestigt: zur Symbolgestalt seiner Zeit. Sie drückt dem Nachleben des Rittertums gleichsam ihr Siegel auf.

Wir sind aus gutem Grund gewohnt, Bedeutung mit der Gesamtleistung der in Frage stehenden Institution oder Gemeinschaft zu begründen. In Bezug auf das Rittertum hat es mit dieser Gesamtleistung aber wiederum eine besondere Bewandtnis. In ihr wiederholt sich nämlich in gewissem Sinne die merkwürdige Doppelung, die uns schon für die Natur des Rittertums (als national und übernational zugleich) charakteristisch schien. Da »das Gesetz, nach dem es angetreten«, das Rittertum zu Kampf und Krieg, insbesondere zu Verteidigung und Schutz verpflichtete, ist dies das Feld, auf dem es sich im Sinne der Zeit auch zu bewähren hatte. Die Bewährung galt ebenso für den Einzelnen wie für die gesamte Ritterschaft; für den Einzelnen bedeutete sie die Erlangung von Ehre und Ruhm sowie die Aussicht auf die ewige Seligkeit, für die Gesamtheit Schutz und Schirm des Glaubens und der Christenheit. Die Bewährung hat in der großen Bewegung der Kreuzzüge, auch wenn diese letztlich ihr Ziel verfehlten, ihren Höhepunkt gefunden.

Die Kreuzzüge sind nach jahrhundertelangen, opferreichen Kämpfen im Wechsel von Siegen und Niederlagen gescheitert, nachdem der Kreuzzugsgeist schon zuvor handfesten politischen und wirtschaftlichen Interessen unterlegen war. Dennoch haben sie im Kampf um das Heilige Land und den Schutz des Heiligen Grabes den die gesamte mittelalterliche Welt prägenden Beitrag in der Auseinandersetzung zwischen Ost und West, zwischen Morgenland und Abendland, geleistet. Diese Leistung bleibt, auch wenn sie durch die Unzulänglichkeit der menschlichen Natur beeinträchtigt worden ist, das Verdienst des europäischen Rittertums. Wie es genauer zu bestimmen ist, kann freilich erst die eingehende Beschäftigung mit dem gewaltigen Unternehmen erweisen. Kein Zweifel besteht, dass es insgesamt den Vorstellungen entsprach, die es selbst entwickelt und sich zu Eigen gemacht hatte und die es, auch wenn der Ritter trotz aller Veränderungen immer Krieger blieb, in seinen besten Vertretern über die Stufe des alten Kriegertums emporgehoben hat, nämlich in einer Zügelung der Gewalt.

Lag also die militärische Leistung des Rittertums letztlich auf der Linie, die ihm seit seinen kriegerischen Anfängen gleichsam vorgezeichnet war, so gilt dies nicht für seine zweite große Leistung, die es aus eigenem Impetus geschaffen hat und die keineswegs geringer war als die militärische Leistung: die Schöpfung der höfisch-ritterlichen Kultur. Sie stellt gleichsam den Gegenpol zu seinen überlieferten militärischen Aufgaben dar und war zunächst nicht vorauszusehen. Den Ausgangspunkt dieser Kultur bildete der Königs- und Fürstenhof, der das Rittertum im umfriedeten Raum des Hofes zur gegliederten höfischen Gesellschaft werden ließ und deren Existenz unter neuartige Bedingungen stellte. Statt des Kampfes waren nun Spiel und Wetteifer gefragt, Kommunikation und gesittetes Verhalten. Dies hat einzigartige schöpferische Kräfte in der Gesellschaft geweckt und die höfisch-ritterliche Kultur entstehen lassen. Mit dieser Kultur, die ihren höchsten Ausdruck in der ritterlichen Dichtung gefunden hat und sich in

Der älteste bekannte deutsche Minnesänger ist der von Kürenberg. Er schrieb seine Gedichte um 1160. Im »Codex Manesse« hat man ihn im Gespräch mit einer Fürstin abgebildet. Seine Kleidung ist in den Farben seines Wappens (Blau, Rot, Gold), das ein »redendes« Wappen ist, gehalten: Es zeigt in goldenem Feld eine blaue Handmühle (mittelhochdeutsch »kürn« = Mühle). Wie die bereits früher in Südfrankreich einsetzende Troubadourdichtung gehört der deutsche Minnesang als höfische Liebeslyrik zu den eigenständigen kulturellen Leistungen des europäischen Rittertums.

der großen zeitgenössischen Kunst widerspiegelt, ist das Rittertum über sich selbst hinausgewachsen, denn die großen Höfe zogen es nun in den Dienst von Gesittung und Kultur. Diese Wendung zeichnet sich durch Leistungen aus, mit denen das Rittertum neben und nach der militärischen die kulturelle Führerschaft der christlichen Welt übernommen hat. Damit sind wir ins Zentrum des voll entfalteten Rittertums vorgedrungen, dem das Hauptinteresse der folgenden Darstellung gelten soll.

Wie man den kulturellen Beitrag des Rittertums zur Gestaltung der mittelalterlichen Welt gegenüber dem militärischen auch bewerten mag, man wird nicht verkennen dürfen, dass beide von denselben Kräften getragen waren und im Grunde voneinander zehrten, also letztlich jedenfalls zusammengehörten. Worin dieser Zusammenhang genau bestand, wird eine der Fragen dieses Buches sein.

Will man historische Phänomene nach ihrer Mächtigkeit bestimmen, kann man sich auf allgemeine Kriterien berufen. So lässt sich der Rang eines historischen Phänomens nach der Tiefe seiner Vorgeschichte, nach der Intensität und Breite seiner Ausstrahlung und nach der Dauer seiner Nachwirkung bemessen. Legt man diese Kriterien an die Geschichte des Rittertums an, führt einen die Vorgeschichte bis zur Scheidung von Bauer und Krieger in der Karolingerzeit zurück, eindeutig bis in die Spätzeit Karls des Großen zu Beginn des 9. Jahrhunderts. Das Rittertum selbst hat dann über ein halbes Jahrtausend ganz Europa in seinen Bann gezogen, und seine Nachwirkungen reichen bis weit in die Neuzeit – das heißt: Das Rittertum gehört zu den größten Erscheinungen des Mittelalters und darüber hinaus zu den wenigen großen Erscheinungen der Weltgeschichte.

KAPITEL I

Vorstufen des Rittertums

Man muss weit zurückgreifen, wenn man versuchen will, die Entstehungsgeschichte des Rittertums von dessen Voraussetzungen her zu erfassen. Da diese in der Umwelt der Ritter verwurzelt sind, wo sie erst allmählich und obendrein nur fragmentarisch in den Blick treten, mag es von Vorteil sein, sich auf die Vorstufen zu konzentrieren, in denen das Phänomen, das wir später das Rittertum nennen werden, allmählich zu seiner Gestalt gefunden hat. Über die Vorstufen kommt man den Wandlungen, durch welche die so genannte Vorgeschichte gleichsam Schritt für Schritt in die Geschichte des Rittertums übergeht, möglicherweise leichter auf die Spur.

Tatsächlich sind diese Wandlungen nicht geradlinig erfolgt, vielmehr führten sie über mehrere Stufen hinweg und sind zudem nur sporadisch bezeugt. Das aber heißt: Es bedarf des Rückschlusses, um diesen Vorgang in seinem inneren Zusammenhang und in seiner komplexen Vielschichtigkeit zu erfassen. Bei aller Vielfalt ist aber dennoch *ein* wesentlicher Zusammenhang eindeutig zu erkennen, nämlich der zwischen Rittertum und Kriegertum, das nicht nur den Ausgangspunkt, sondern auch die bleibende Grundlage des Rittertums bildet.

Ritter sind de facto und nach ihrem Selbstverständnis stets Krieger gewesen, doch zugleich waren sie mehr als das, denn Krieger hat es schon immer gegeben, aber Ritter waren sie noch lange nicht. Die Entwicklung zum Ritter setzt sowohl äußere als auch innere Veränderungen voraus, die erst im Laufe der Zeit aus unterschiedlichen Ursachen eingetreten sind. Wesentlich ist, dass sich bestimmte Merkmale herausgebildet haben, die im Begriff des Ritters zusammenkamen und allgemein für ihn als kennzeichnend galten.

Worin bestehen diese Merkmale, und was sagen sie über die Besonderheit des Rittertums aus? Da die Merkmale ein Produkt der Geschichte sind, in dem sich die Ausformung des Rittertums widerspiegelt, kann nur dessen Entstehung über sie genauere Auskunft geben – eine Auskunft, die zugleich einsichtig zu machen verspricht, was den Ritter vom Krieger unterscheidet. Ausgangspunkt der Untersuchung muss also das Kriegertum sein.

1. Der Wurzelgrund: das allgemeine Kriegertum

Das allgemeine Kriegertum führt bis in das Dunkel der Vorzeit zurück, aus der uns nur unbestimmte Kunde erreicht. Es stellt bekanntlich eines der Grundphänomene dar, die anthropologische Dimensionen haben und die in den verschiedenen Kulturkreisen in den unterschiedlichsten Formen auftreten. Es mag hier aber genügen, die allgemeineren Grundzüge hervorzuheben, die aus der Vorzeit weiterwirken.

Die Ethnologen haben festgestellt, dass man es in der Frühzeit in der Regel noch nicht mit eigentlichen Kriegern zu tun hat, wie denn auch bei den Urvölkern weder der äußere noch der innere Krieg den Normalzustand bildete. Normal war aber auch der Friede nicht, der ohnehin nur für den engeren Kreis von Verwandten, Freunden und sonstigen Genossen galt und die Fremden nicht einbezog. Selbstbehauptung, Streitlust, Vergeltung und Rache oder auch der Drang nach Beute bewirkten, dass kriegerische und friedliche Phasen ineinander griffen und sich oft in erstaunlicher Regelmäßigkeit ablösten. Hirten wie Jäger und erst recht die ihnen nachfolgenden Bauern, deren Lebenskreise sich miteinander verquickten, benötigten den Frieden zur Sicherung ihres Lebensunterhalts. Dennoch verstand er sich nie von selbst, vielmehr war in der merkwürdigen Korrelation, die zwischen Kampf und Frieden bestand, der Friede stets nur als eine Leistung zu erlangen, die der Bedrohung des Daseins erst abgerungen werden musste. Andererseits wuchsen sich die Kämpfe erst zu Kriegen aus, als die sich verfestigende Gemeinschaft über den »Klan« hinausgewachsen war. Dementsprechend kamen wirkliche Kriege erst unter den höheren Naturvölkern vor. Sie setzten ein bestimmtes Maß an Organisation und Solidarität voraus und mussten mit den existenziellen Bedürfnissen von Feldbau und Viehzucht in Einklang gehalten werden. Im Allgemeinen bewirkten Überfall oder Kriegserklärung, dass die Bewohner sich in Krieger verwandelten und nach überstandener Gefahr wieder zu ihrer gewohnten Tätigkeit zurückkehrten. Ein Unterschied zwischen Bauern und Kriegern bestand unter diesen Bedingungen nicht. Es waren jedenfalls dieselben Männer, die einmal als Bauern, ein anderes Mal als Krieger in Erscheinung traten. Diese Kombination lag gleichsam in der Natur der Sache; sie war von vornherein in den Existenzbedingungen der Frühzeit angelegt, für die man durchaus schon von Bauernkriegern sprechen könnte. Doch tritt in dieser Verbindung noch eine Verfestigung ein, in der sie – allerdings nach einem grundlegenden Wechsel der Gesamtsituation – noch genauere Konturen gewinnt.

Der Wechsel der Gesamtsituation erfolgte mit dem gewaltigen Umbruch der so genannten Völkerwanderung, die den Geschichtsraum, in dem Europa Gestalt gewinnen sollte, auf neue Grundlagen stellte. Als seit dem 2. Jahrhundert eine Völkerschaft nach der anderen unter der elementaren Gewalt von Klimasturz und Bevölkerungsdruck ihre Wohnsitze hinter sich ließ und in eine ungewisse Zukunft aufbrach, geschah dies mit dem Ziel, sich an Stelle der verlassenen alten eine neue Heimat zu erobern. Vor dem Ziel lag für jede dieser Völkerschaften eine oft lange und wechselvolle Wanderschaft, die sie nötigte, Hacke oder Pflug mit der Waffe zu vertauschen. Es ist bekannt, dass unter diesem Ansturm das Weltreich der Römer schließlich zusammenbrach. Immerhin lebte der östliche Reichsteil fort, bewahrte sein Erbe und bildete es auf seine Weise weiter. Die Invasoren aus dem Norden ahnten nicht, dass auch sie einst von diesem Erbe zehren sollten.

Zunächst setzten sie sich auf dem Boden des zerfallenden *imperium Romanum* und in seinem Umkreis in immer neuen Schüben fest, und auf den Boden, den die weiterdrängenden Germanen verließen, rückten aus den Tiefen des Ostens unter anderen Völkerschaften die Slawen nach. Die einen wie die anderen waren unter dem Gesetz von Wanderschaft und Krieg zu reinen Kriegern geworden – jedenfalls so lange, bis sie an ein Ziel gelangten.

Das Ergebnis ist ebenso geschichts- wie zukunftsträchtig: Sobald den Wandervölkern die Landnahme, um derentwillen sie ausgezogen waren, gelungen war, meldeten sich die alten Bedürfnisse wieder und verknüpften sich mit der Notwendigkeit, die Existenz zu sichern, das heißt: Sie blieben als Herren des eroberten Landes zwar Krieger, doch setzte sich in ihrem Kriegertum sogleich das alte Bauerntum wieder durch und verwuchs gleichsam mit dem in Besitz genommenen Grund und Boden. So sind die Krieger in dem Maße, wie sie heimisch wurden, wieder Bauernkrieger geworden, die sich allerdings von ihren Vorfahren, die ihre alte Heimat verlassen hatten, deutlich unterschieden, da sich die Völkerschaften (*gentes*) auf der Wanderschaft strukturell entscheidend verändert hatten. Nach der Festsetzung hatten sie sich in einen neuen, großen Zusammenhang einzuordnen, der fortan ihr Leben nach festen Regeln bestimmte. Dieser Zusammenhang wurde in Gestalt der Reichsgründungen wirksam, in denen die Völkerwanderung allmählich ausklang.

2. Die Bauernkrieger im Frankenreich

Das Neue, das sich jetzt abzeichnete, trat vor allem durch neue Formen der Herrschaft in Erscheinung, die sich in den verschiedenen Reichen durchsetzte und für die inneren wie für die äußeren Verhältnisse bestimmend wurden. Obwohl diese Reiche alle ihre eigenen Wege gingen, kann man davon absehen, sie im Einzelnen ins Auge zu fassen, da eines von ihnen alle übrigen zu überflügeln vermochte und sie schließlich fast alle in einem neuen Großreich, dem einzigen Großreich des frühen Mittelalters, zusammenfasste: im Reich der Franken, das als *regnum Francorum* schon bald die Erinnerung an das *imperium Romanum* beschwor und schließlich, selbst zum *imperium* erhöht, dem aufsteigenden Europa mit seinem Umriss zugleich den Grundstock gemeinsamer Formen gab.

Dieses Großfränkische Reich bildet den Wurzelgrund Europas, und so gehen letztlich alle großen Kräfte und Gestaltungen Europas auf dieses Reich zurück. Auch das Rittertum war in ihm verwurzelt. Es hat in seiner großen Zeit, als es nach seinen Vorbereitern Ausschau hielt, in Karl dem Großen zwar nicht seinen einzigen, aber seinen bedeutendsten Wegbereiter gesehen. Dies geschah mit einem gewissen Recht, und zwar nicht nur deshalb, weil es im Sinne der Zeit lag, die Errungenschaften der Karolingerzeit in der Gestalt Karls des Großen zu personalisieren, sondern weil die bestimmende und folgenreiche Entscheidung, die den Weg zum Rittertum eröffnet hat, tatsächlich auf Karl zurückgeht. Doch dieser Entscheidung gehen mehrere Veränderungen im Kriegertum voraus, die zu berücksichtigen sind.

Wie bereits angedeutet, war mit der Entstehung des Frankenreichs (wie auch der übrigen Reichsgründungen der Völkerwanderungszeit) ein neues Verhältnis von Kriegertum und Herrschaft verbunden, das grundlegende Bedeutung gewann. Die Herrschaft, verkörpert im König und in seinem Geschlecht und unter ihm im Adel, aus dem der Herrscher selbst hervorgegangen war und dem er immer verhaftet blieb, wurde bald erweitert um die Kirche, die eine eigenartige Zwischenstellung zwischen König, Adel und Volk einnahm. Diese auf Durchsetzung bedachte Herrschaft brachte die alten sozialen Formen in einen neuen Zusammenhang: Sie veränderte ihre innere Zuordnung. Während die Krieger der Frühzeit im Rahmen der Sippe oder auch der Gefolgschaft, dann im Rahmen der *gens*, des »Stammes«, agierten, ist jetzt der Rahmen durch das »Volk« beziehungsweise seine Form, das »Reich« (*regnum*), letztlich also durch die Herrschaft des Königs bestimmt. Die Gesamtheit der Krieger bildete das Heer, den *exercitus*, und dieser ist identisch mit dem *populus*, dem Volk. Für die Zuordnung ist wesentlich, dass die älteren, kleineren Einheiten zwar fortbestehen, aber den jüngeren, größeren untergeordnet sind, nämlich die Sippe der *gens* (dem »Stamm«), die *gens* dem Volk, das seinerseits der Idee nach zusammen mit dem König das Reich verkörpert.

Die außerordentliche Bedeutung des Adels wird in den Rechtsquellen im Allgemeinen nicht eigens erwähnt, ist aber faktisch nicht zu übersehen. Er hat sowohl in den einzelnen Regionen als auch im gesamten Reich das größte Gewicht. So ist der Adlige wie der Bauer natürlich Krieger, doch mit einem wichtigen Unterschied: Die Bauern – das heißt nach dem Terminus der Quellen: die Freien – bilden die tragende Schicht des Volkes und sind dadurch gekennzeichnet, dass sie als Freie das Recht haben, Waffen zu tragen. Damit ist aber auch die Pflicht verbunden, dem Kriegsherrn, in letzter Instanz dem König, auf seinen jährlichen Feldzügen zu folgen, und zwar mit der Aussicht auf einen Anteil an Beute und Ruhm. Das alles gilt für die Adligen in gesteigertem Maße, da sie, wie Gregor von Tours erklärt, *maiores natu* waren: Leute von höherer Geburt. Ihre Herkunft, die ursprünglich auf göttliche Ahnen zurückgeführt wurde, was ihnen nach der Vorstellung der Zeitgenossen entsprechend höhere Kräfte und Gaben verlieh, sicherte ihnen Privilegien, die sich in größerer Macht wie in einem oft riesigen Grundbesitz konkretisierten. Vor allem durch ihren Grundbesitz ließen sie die freien Bauern weit hinter sich. Die adligen Herren nahmen also dank ihres Vorrangs von Geburt, ihrer Grundherrschaft und der Gefolgschaften, über die sie seit alters verfügten, nicht nur in ihrer Region eine überlegene Stellung ein, sondern kamen auch am Königshof und im Heer vor allen anderen zur Geltung. Sie waren gleichsam die geborenen Führer des Heeres, das im Normalfall unter dem Oberbefehl des Königs stand; wenn der König allerdings schwach und die Gelegenheit günstig war, führten sie es auch im eigenen Interesse und zum eigenen Vorteil, gleichsam auf eigene Faust.

Es gab also eine sozial klar gegliederte Ordnung, die sich auch im Heer widerspiegelte. Aber in der Praxis war diese Ordnung nicht ohne Spannungen. Klar war, dass (außer dem Adel) nur die Freien waffenfähig waren und daher in ihrer Gesamtheit das Heer bildeten. Da ihre Freiheit im Übrigen durch Landbesitz gesichert war, bezeichnen wir sie als freie Bauern – ein Ausdruck, den die Quellen erst später anwenden, der aber in unserem Fall unmissverständlich ist. Klar war auch, dass der Adel dank der ihm angeborenen Herrschaftsrechte über den freien Bauern rangierte. Neben diesen beiden großen Schichten, die allein das Volk der Franken, der Freien, darstellten, gab es noch eine dritte Schicht, nämlich die der Sklaven und Hörigen, die jedoch nur dem Sachenrecht unterlagen, also von vornherein nicht zu den

Kriegern zählten und daher zunächst unberücksichtigt bleiben können.

Von Interesse ist das Verhältnis von Adel und Freien zueinander. Beide Gruppen unterscheiden sich zwar deutlich voneinander, weisen aber auch nicht zu übersehende Gemeinsamkeiten auf und machen gewichtige Veränderungen durch, die besonders unter der Herrschaft der Karolinger Bedeutung gewinnen. Wie neuere Forschungen gezeigt haben, war der Adel der Frühzeit vor allem durch kognatische Beziehungen geprägt. Sie gaben den Sippen mit jedem Eheschluss eine andere Zusammensetzung und bewirkten, dass der Adel infolge dieses ständigen Wechsels viel weniger fest gefügt war als in späteren Zeiten. Dass diese relative Offenheit zu zunehmender Verfestigung und schließlich zum Abschluss der Adelsgeschlechter führte, gehört zu den Auswirkungen des Lehnswesens, das uns im Folgenden genauer beschäftigen wird.

Zunächst ist jedenfalls noch eine gewisse Wandlungsfähigkeit zu beobachten, die nicht zuletzt durch den König begünstigt wurde. Er hielt sich nämlich gegenüber den Bestrebungen des Adels, seine Position zu behaupten, immer die Möglichkeit offen, Männer seines Vertrauens in hohe Stellungen zu befördern und durch sie den Kreis der Optimaten im Interesse des Königtums zu erweitern. Aber schon der Adel der Frühzeit wies nach Besitz, Macht und Vornehmheit so bedeutende Unterschiede auf, dass innerhalb dieser Gruppe bereits höhere und niedere Schichten erkennbar sind.

Nicht anders sah es bei den Freien aus. Auch für sie lassen die zeitgenössischen Quellen entsprechende Unterschiede erkennen. Zwischen den kleineren Adligen und den durch größeren Besitz ausgezeichneten freien Bauern dürfte die Kluft nicht allzu groß gewesen sein, vielmehr wird es reichlich Berührungspunkte gegeben haben.

Tatsächlich bestand zwischen den *nobiles* und den *liberi* lange Zeit ein doppelsinniges Verhältnis. So ist bezeichnend, dass die Kapitularien noch unter Karl dem Großen einerseits zwischen den *nobiles* (*nobiliores, potentiores, optimates* usw.), das heißt den wichtigsten Helfern des Königs, und der großen Zahl der *liberi* unterscheiden, andererseits aber in den großen Erlassen die *nobiles* unter den *liberi* aufgezählt und mit jenen zu einer großen, zusammengehörigen Gruppe zusammengefasst werden. Das aber heißt, dass *nobiles* und *liberi* trotz aller Unterschiede als ein einheitlicher Stand galten. Dass diese Auffassung vertreten wurde, und zwar vom König selbst, geht aus einer berühmten Rechtsauskunft hervor, die Karl der Große auf die Anfrage eines *missus* erteilt hat, indem er nachdrücklich erklärte: »quia non est amplius nisi liber et servus« (dass es nur Freie und Unfreie [Sklaven oder Hörige] gebe und nichts sonst). Das besagt zugleich, dass die *nobiles* in den Augen der Könige als Freie galten; sie bilden also keinen eigenen Stand, sondern waren ständisch nichts anderes als ein Teil der Freien.

Diese Rechtsauskunft des Königs ist unanfechtbar. Interessant daran ist, dass es sich um eine Klarstellung handelte, zu der der König aufgefordert war, weil die Franken sich offenbar in diesen Jahren über das Rechtsverhältnis zwischen Adligen und Freien nicht einig waren. Die Unsicherheit geht darauf zurück, dass gerade in dieser Zeit die sozialen Verhältnisse kräftig in Bewegung geraten waren, besonders deutlich erkennbar an der wachsenden Zahl großer Adelsfamilien, die Gerd Tellenbach unter dem Begriff der karolingischen Reichsaristokratie zusammenfasst, weil ihr Wirkungsbereich sich im Auftrag und Dienst des Königs über das gesamte Großreich erstreckte. In der Regel durch Königsnähe, bedeutenden Eigenbesitz und hohe Führungsqualitäten ausgezeichnet, übten sie praktisch in allen Teilen des Großreichs Macht aus. Der Kreis der so genannten Reichsaristokratie war überschaubar klein, doch er macht besonders deutlich, dass der Abstand zwischen Adel und Freien mit der Vergrößerung des Reiches stark zugenommen hatte.

Aber auch innerhalb der großen Zahl der freien Bauern kam es zu gewichtigen Differenzierungen, die offensichtlich dem Bedürfnis einer Neuregelung der ständischen Abgrenzung entsprangen. Dies macht sich besonders im Hinblick auf die militärischen Bedürfnisse des wachsenden Reichs bemerkbar. Insofern verweist die Entwicklung unmittelbar auf das Problem der militärischen Leistungsfähigkeit, die auf den Möglichkeiten des alten Volksheeres beruhte. Hier war praktisch seit den frühen Karolingern eine Grenze erreicht, als das Reich seinen Aktionsradius über seinen Herrschaftsbereich hinaus erweiterte.

Man muss bedenken, dass das Volksheer sich noch unter den Merowingern im Wesentlichen aus Fußtruppen zusammensetzte. Gregor von Tours spricht bezeichnenderweise von einer »multitudo rustica« und deutet damit an, dass sich in der ungleichartigen Ausrüstung dieser Truppen die ganze Vielfalt des Volkes widerspiegelte. Natürlich gab es auch berittene Krieger (*equites*), die sich nach ihren Grabbeigaben vor den übrigen Kriegern durch kostbarere Geräte und Waffen auszeichneten und demnach wohl reicher und angesehener waren als die Übrigen, aber nach der Art der Bewaffnung unterschieden sie sich nicht von diesen, was dafür spricht, dass die Reiter das Kampffeld wohl beritten aufsuchten, dann aber wie die große Schar der Krieger zu Fuß kämpften.

Das änderte sich allmählich mit dem Vordringen des Steigbügels, eine Erfindung, die auf die Reitervölker des fernen Ostens zurückgeht und durch die Awaren über Byzanz in die westliche Welt gelangte. Da der Steigbügel den Reitern einen festeren Sitz und damit eine bessere Handhabung von Lanze und Schwert ermöglichte, war der Vorteil kaum zu übersehen. Die Ausbreitung erfolgte aber sozusagen stillschweigend, denn in den schriftlichen Quellen findet der Steigbügel nirgends Erwähnung. Mit Hilfe der Grabfunde ist sie aber mit hinreichender Sicherheit auf das frühe 8. Jahrhundert zu datieren. Eine erkennbare Änderung der Kampfesweise ist damit jedoch nicht verbunden. Zunächst ist nur auszumachen, dass die Reiterei an Zahl und Bedeutung zunimmt.

In diesen Zusammenhang gehört die berühmte These Heinrich Brunners, wonach die Einführung des Reiterheeres im Frankenreich auf die Araberkriege zurückzuführen sei. Sie war und ist insofern bestechend, als sie sich ohne weiteres in den damit gegebenen zeitlichen Rahmen einfügt, doch sie hat sich in dieser dezidierten Form nicht bestätigen lassen. Auf jeden Fall setzt der Trend zur Verstärkung der Reiterei schon früher ein, und zudem sind noch ganz andere militärische und politische Gründe und Bedürfnisse im Spiel. So machte das seit Karl Martell und Pippin dem Jüngeren mächtig ausgreifende Frankenreich in wachsendem Maße Fernzüge erforderlich, die mit einem in seiner Hauptmacht aus Fußkämpfern bestehenden Heer immer weniger zu bewältigen waren. Die äußeren wie die inneren Verhältnisse drängten geradezu auf die Umwandlung eines möglichst großen Teils des Heeres in ein Reiterheer.

Diese Umwandlung spiegelt sich zumindest indirekt in der Verlegung der allgemeinen Heeresversammlung vom so genannten Märzfeld zum Maifeld wider, die König Pippin im Jahre 755 *pro utilitate Francorum* angeordnet hat. Der »Nutzen« lag offenbar darin, dass das Futter für die Pferde auf Wiesen und Weiden im Mai besser als im März zu beschaffen war, und wenn man schon alle Krieger zu einer großen Heerschau zusammenrief, so bot es sich an, sofort im Anschluss an die Versammlung zur Heerfahrt aufzubrechen, und da war das Maifeld besser geeignet.

Auf lange Sicht ist jedenfalls die Zunahme der Reiterei ein Faktum, das in den Quellen immer eindeutiger erkennbar wird. Zum Jahr 784 ist dann zum ersten Mal ein regulärer Reiterkampf bezeugt. Weitere folgen bald nach, wobei der Übergang anscheinend durch mancherlei Mischformen gekennzeichnet ist. Es ist jedenfalls offenkundig, dass Reiterkrieger in zunehmendem Maße an den Kämpfen beteiligt waren und dass die wachsenden militärischen Anforderungen des Großreichs an das Heer diese Entwicklung vorangetrieben haben.

Die zunehmende militärische Beanspruchung erforderte eine entsprechende Angleichung der sozialen Verhältnisse, die dem Volksheer zu Grunde lagen. Dies erfolgte zunächst nicht, so dass sich ein wachsender innerer Widerspruch abzeichnete, da die Belastungen für die Teilnehmer an den Fernzügen immer größer wurden. Das mochte für die vermögenden Adligen hinnehmbar und zum Teil sogar lohnend sein. Die Freien jedoch, die auf den Ertrag ihrer Felder, die sie selbst bestellten, angewiesen waren, konnten bei längerer Abwesenheit in empfindliche wirtschaftliche Bedrängnis geraten und dies umso mehr, als sie auch während der Feldzüge zur Selbstequipierung verpflichtet waren. Max Weber hat in diesem Zusammenhang mit Recht auf die Bedeutung der wirtschaftlichen Abkömmlichkeit beziehungsweise »Unabkömmlichkeit« der Aufgebotenen verwiesen, die allem Anschein nach unter Karl dem Großen ihren kritischen Punkt erreichte.

Gleichzeitig ist zu erkennen, dass unter Karl nicht nur der Abstand zwischen Adel und Freien erheblich größer geworden ist als zuvor, sondern dass sich besonders auch in der großen Schicht der Freien bedeutende wirtschaftliche Unterschiede herausgebildet haben. Am auffälligsten zeigt sich das bei der Gruppe, die gleichsam den unteren Rand der Schicht bildet und nicht in der Lage war, den erforderlichen Reiterdienst zu leisten: bei den vordem in den Quellen nicht erwähnten *pauperes*, den Armen.

3. Die Heeresreform Karls des Großen

Die unterschiedliche Leistungsfähigkeit der Freien, die krass zu Tage trat durch das Unvermögen der *pauperes*, ihren Pflichten überhaupt nachzukommen, hat den Anstoß gegeben zu der ebenso einschneidenden wie folgenreichen Heeresreform Karls des Großen. Dieser suchte das Heerwesen durch die Berücksichtigung der tatsächlichen Verhältnisse der Freien zu sichern und zu stärken und es zugleich in ein neues Ordnungssystem einzubeziehen. Nun ist nämlich einerseits die Rede von Freien, die in abgestufter, im Grunde aber herkömmlicher Weise ihrer Dienstpflicht genügen, und andererseits von Vasallen – Gefolgsleuten des Königs wie auch anderer Herren –, denen als Inhabern von Lehen von vornherein ein besonderes Gewicht zukommt. Ihnen muss wegen der grundlegenden Bedeutung von Vasallität und Lehen für die Entstehung und Ausformung des Rittertums besondere Aufmerksamkeit geschenkt werden.

Die Heeresreform Karls des Großen hat in den Kapitularien der Jahre 807 und 808 ihren Niederschlag gefunden. Im Zusammenhang mit der Entwicklung des Rittertums ist sie in doppelter Hinsicht bedeutsam, nämlich einerseits als Widerspiegelung der sozialen Verhältnisse dieser Jahre und andererseits als Begründung der notwendig gewordenen Aufgliederung des Heerwesens der Folgezeit.

Der Reform liegt die Feststellung zu Grunde, dass die Freien, deren persönliche Teilnahme am jährlichen Kriegszug gefordert wird, über Besitz von unterschiedlicher Größe verfügen. Als Durchschnittsgröße gilt die Zahl von drei bis vier Hufen. Dementsprechend setzt Karl der

Große 807 die Besitzgröße von drei, 808 von vier Hufen als Maßstab und Norm für die allgemeine Teilnahme fest. Diejenigen, die weniger besitzen, gelten als *pauperes*. Um sie im Kriegsdienst zu halten, werden sie nach derselben Norm zu Gestellungsverbänden zusammengefasst, von denen jeweils nur ein Mann auszurücken hat, während die Zurückbleibenden die Arbeit auf seinem Hof anteilig übernehmen.

Nicht weniger wichtig als die Rücksicht auf die *pauperes* ist die stärkere Belastung derer, die über größeren Besitz als die festgesetzte Norm verfügen. Von ihnen wird nun entsprechend mehr verlangt. So bestimmt Karl der Große, dass die Inhaber von zwölf und mehr Hufen zum Tragen einer Brünne, eines Brustpanzers, verpflichtet sind. Die Brünne, das kostbarste und vornehmste Ausrüstungsstück, war das Kennzeichen der schwer bewaffneten Reiterei, auf der die Überlegenheit der Heere Karls beruhte. Die Brünne hob ihre Träger deutlich von der Masse der auf drei beziehungsweise vier Hufen gestützten freien Krieger ab, die zwar ebenfalls zu den Reiterkriegern zählten und als solche mit Helm, Schwert, Lanze und Schild, aber eben nicht mit einer Brünne ausgerüstet waren. Diese Krieger bildeten die Hauptmasse der karolingischen Heere, rangierten aber eindeutig unter der schwer gepanzerten Reiterei.

Den schweren Panzerreitern galt Karls besondere Sorge. Die Zahl derer, die über einen Besitz verfügten, der die Anschaffung einer solch kostspieligen Ausrüstung gestattete, war gering. Aber die Schlagkraft der Panzerreiter war unentbehrlich, weshalb vor allem Reiterkrieger mit Hilfe von Lehen (*beneficia*) in die Lage versetzt wurden, die Phalanx der schweren Panzerreiter zu verstärken. Das Fußvolk dagegen, das als Grundstock des alten *exercitus* besonders für die Grenzverteidigung wichtig blieb, wird von der Heeresreform nur indirekt berührt und rückt zunehmend in den Hintergrund.

Die Bestimmungen Karls des Großen sind offensichtlich darauf gerichtet, die herkömmliche Dienstpflicht der Franken zu sichern, indem man ihre Leistungsfähigkeit berücksichtigt. Dementsprechend beanspruchen sie allgemeine Gültigkeit. Es ist jedoch nicht zu übersehen, dass die Bestimmungen auf zwei deutlich voneinander unterschiedene Gruppen zielten, nämlich einmal auf die Freien, deren Be-

Die ehemals vergoldete, knapp einen Viertelmeter hohe Bronzestatuette aus dem Dom zu Metz gilt als Darstellung Karls des Großen. Vermutlich ist das Werk in der Zeit seines Enkels Karl dem Kahlen angefertigt worden, als dieser sich bei seinem Zugriff auf Lothringen in Metz, dem Traditions- und Erinnerungsort der karolingischen Dynastie, im Jahre 869 krönen ließ. Wie für seinen Enkel hat Karl der Große, den Zeitgenossen als Vater Europas rühmten, für zahlreiche spätere Herrscher des Mittelalters als Vorbild und Bezugspunkt gedient.

sitzstand während des Krieges gewahrt werden musste, zum anderen auf eine Gruppe, die diesen seit alters geltenden allgemeinen Rahmen durchbricht. Die Angehörigen dieser Gruppe müssen nämlich auf jeden Fall ausrücken, da ihnen ein Lehen anvertraut ist, dessen Größe offenbar ausreicht, um dieser Verpflichtung nachzukommen. Dieses Lehen bildet ihre existenzielle Grundlage, dafür müssen sie, wann immer der König ihrer bedarf, zum berittenen Kriegsdienst ausrücken. Dies schließt die allgemeine Wehrpflicht der Freien nicht aus, doch der Akzent liegt nun eindeutig auf dem Lehen. Im Laufe der Zeit wird es dann zur Regel, das Lehen mit der Vasallität zu verbinden und damit Lehnspflicht und vasallitische Dienstpflicht zusammenzufassen – ein Bestreben, das freilich in den Jahren 807/808 noch in der Zukunft liegt.

Die Bedeutung der karolingischen Heeresreform besteht darin, dass Karl aus einer seit längerem in Gang befindlichen Entwicklung die Konsequenz zieht, indem er eine klare Teilung verfügt in den bisherigen Heerbann der dienstpflichtigen Freien, für die das allgemeine Aufgebot – nun aber an die Besitzgröße gebunden – weiter gilt, und in das Aufgebot der Inhaber von Lehen, die vor allen anderen zum Kriegszug verpflichtet sind. Aus ihren Reihen gehen schließlich die schweren Panzerreiter hervor, die Vorboten der künftigen Ritter.

Die Heeresreform von 807/808 markiert den Wendepunkt, an dem sich der allgemeine Heerbann vom Aufgebot der (vasallitischen) Panzerreiter trennt und diese den Weg betreten, der schließlich in das Rittertum einmünden wird.

4. Der Sog des Lehnswesens: Vasallität und »beneficium«

Im Jahr 808 liegen das allgemeinen Aufgebot und der vasallitische Kriegsdienst gleichsam noch nebeneinander. Doch fällt bereits auf, dass die Einschränkungen, die für die Freien des allgemeinen Aufgebots gelten, für diejenigen, die als Inhaber von Lehen zu (vasallitischem) Dienst verpflichtet sind, keine Geltung haben. Diese müssen nämlich nach Kapitel 1 der Verfügung, mit der Karl 807 die Heeresreform einleitet, alle und auf jeden Fall zuerst (*in primis*) ausrücken. Sie müssen demnach in erster Linie als Krieger verfügbar und im Kriegsfall wohl auch wichtiger als die normalen Freien gewesen sein. Jedenfalls gilt der Kriegsdienst in den Augen Karls allem Anschein nach als ihre Hauptaufgabe, womit sich bereits eine Art von Spezialisierung abzuzeichnen beginnt.

Dies ist nicht überraschend, denn im Frankenreich war es bereits unter den Merowingern üblich, dass der König wie die Großen des Landes unabhängig vom allgemeinen Heerbann bewaffnete Klientelen um sich scharten und ihnen dafür Schutz gewährten. Angesichts der oft turbulenten Zustände nahmen sie diese zur Sicherung ihrer Macht in Dienst. Die vornehmste Gruppe dieser Gefolgschaft bildeten die Antrustionen, die ausschließlich Gefolgsleute der Könige waren. In ihnen lebte die alte Gefolgschaft, nunmehr auf den Königsdienst beschränkt, als *trustis* fort. Die übrigen Großen mussten sich in dem Bedürfnis nach Sicherung und Stärkung ihrer Macht mit einfachen Helfern – mit schutzbedürftigen Freien oder auch mit Unfreien – begnügen.

Im Zusammenhang dieser Entwicklung tauchen die Begriffe *vassi* oder *vasalli* und *beneficiarii* (Inhaber von Lehen) auf, von denen *vasallus* auf Dauer die stärkste Zugkraft entwickelt hat. Obwohl sie zunächst noch voneinander geschieden waren – nicht jeder Inhaber eines Lehens war schon ein Vasall –, verbanden sich unter den Karolingern diese beiden Institutionen immer mehr, und es ist bezeichnend, dass fortan die Belehnung keiner besonderen Erwähnung mehr bedurfte, weil die Bezeichnung *vassus/vasallus* sie im Normalfall einschloss. Im Spiegel des Begriffes wird deutlich, wie die Vasallität an Weite und an Bedeutung gewinnt. Bezeichnend ist auch, dass sie sich jetzt auch mit dem Begriff *caballarius* (Reiter, Reiterkrieger) und *miles* verbindet.

Der Vorgang ist höchst aufschlussreich. Dass die Vasallen als bevorzugte Krieger erscheinen – wohlgemerkt als berittene und schwer bewaffnete Krieger –, ist alles andere als selbstverständlich. Denn ihrer Herkunft nach gehörten die Vasallen in den Bereich der niederen Dienstleute, die vom regulären Kriegsdienst ausgeschlossen waren. Ursprünglich oblagen diesen Unfreien alle Dienste, die der Herr ihnen in Haus, Hof oder in der Landwirtschaft nach Belieben auferlegte. Wie das aus dem keltischen *gwas* (Knecht) abgeleitete latinisierte Wort *vassus/vasallus* noch erkennen lässt, hatten sie nichts anderes als Knechtsdienste zu verrichten. Der die Vasallität begründende Akt, die bis in die Antike zurückgehende Kommendation, bei welcher der »Mann« (*homo*) die gefalteten Hände in die sie umschließenden Hände des Herrn legte, war ursprünglich ein Verknechtungsritus, der allerdings nicht auf die niederen Schichten begrenzt blieb und im Übrigen auch nicht nur zur Besiegelung eines Vasallitätsverhältnisses diente. Die Vasallen allerdings, da besteht kein Zweifel, rekrutierten sich zunächst nur aus untergeordneten Leuten.

Die niederen Schichten haben die Vasallen unter Karl dem Großen freilich längst hinter sich gelassen. Es ist unverkennbar, dass sie inzwischen einen kräftigen Aufstieg genommen haben, der mit ihrer Militarisierung zusammenhing. Schutz suchen naturgemäß nur diejenigen, die seiner bedürfen, und deren Zahl nahm unter den Merowingern ständig zu. Offenbar haben die Herren den Vasallen im Interesse der Stärkung ihrer eigenen Stellung den Zugang zum Kriegsdienst eröffnet, was wiederum mit den zahllosen Fehden der späten Merowingerzeit zu tun hatte. Indem die adligen Herren ihre Vasallen bewaffneten, bewirkten sie zweierlei: Sie bauten mit der Bildung bewaffneter Vasallenschaften ihre eigene Position sowohl gegenüber dem König als auch gegenüber ihren Nachbarn aus und schufen sich eine Gefolgschaft eigener Art. Sie war so etwas wie ein Ersatz für das Antrustionat, das die Merowingerkönige als Monopol für sich in Anspruch nahmen, wobei die alte Gefolgschaft vor allem durch die Aufnahme des Treuegedankens neue Gestalt gewann. Andererseits leiteten die adligen Herren damit zugleich den Aufstieg der Vasallen ein. Da Waffendienst seit je als ein Vorrecht der Freien galt, wurde der Unfreie mit seiner Bewaffnung in den Augen der Zeitgenossen auf eine höhere Stufe gehoben; er rückte sozusagen automatisch in die Nähe der Freien. Wer Waffen trug, war in archaischen Zeiten immer demjenigen, der nur sein Feld bestellte, überlegen, sein soziales Prestige war höher, was schließlich wieder dem Herrn zugute kam, und zwar umso mehr, je größer die Zahl der Vasallen war, die er um sich scharen konnte.

In dem Streben nach Prestige waren schon die frühen Karolinger den übrigen Adligen mit Erfolg vorangegangen. Es dürfte denn auch kaum zweifelhaft sein, dass ihre Vasallen einen nicht unerheblichen Anteil an dem Aufstieg hatten, den schon die karolingischen Hausmeier sich auf Kosten ihrer königlichen Herren Schritt um Schritt erzwingen konnten. Dazu haben die Karolinger schon früh eine wesentliche Voraussetzung geschaffen, indem sie ihre Vasallen in die Lage versetzten, ihnen den Dienst auch möglichst wirkungsvoll zu leisten. Zu diesem Zweck haben sie – als erster wohl Karl Martell, vielleicht aber auch schon dessen Vater Pippin der Mittlere – ihnen Grund und Boden zur Verfügung gestellt, und zwar in der neuartigen Form des so genannten Lehens, einer Bodenleihe, lateinisch *beneficium*, später auch *feudum* genannt.

Ähnlich wie *vassus* und *vasallus* hat das Wort *beneficium* die Bedeutung von Lehen ebenfalls erst unter den Karolingern angenommen. Es bedeutet ursprünglich bekanntlich »Wohltat« und taucht in dieser Bedeutung auch schon früher auf, wobei es sich gewöhnlich auf reguläre Landschenkungen bezieht, die mit Sicherheit noch keine Lehen waren. Denn natürlich hatte es auch schon im Interesse des merowingischen Königs gelegen, Getreue, die ihm gute Dienste geleistet hatten, mit Schenkungen zu belohnen. Solche Schenkungen mussten sich im Zeitalter der Naturalwirtschaft naturgemäß auf Grund und Boden beziehen oder aber auf entsprechende nutzbare Rechte, die ebenfalls geeignet waren, den Gefolgsleuten den kostspieligen berittenen Kriegsdienst zu ermöglichen.

Wie üblich ahmte der Adel das Beispiel der Könige nach, doch waren ihm dabei engere Grenzen gesetzt als dem Königtum, da er für die Belohnung und Gewinnung von Anhängern auf sein Eigengut, sein Allod, angewiesen blieb. Die merowingischen Könige dagegen und in ihrem Namen in zunehmendem Maße auch die karolingischen Hausmeier konnten auf das riesige Königsgut, den *fiscus*, und schließlich sogar auf das Kirchengut der merowingischen Landeskirche zurückgreifen. Dieser Zugriff war, wie Heinrich Brunner bereits 1887 zeigen konnte, die entscheidende Maßnahme, die die neue Form des Lehens entstehen ließ. Sie gehört dabei in den Zusammenhang der großen Säkularisationen von Kirchengut zu Beginn des 8. Jahrhunderts.

Nach dem kanonischen Recht war es verboten, Kirchengut zu veräußern, weshalb es vom König nur als Zwangsanleihe auf Zeit in Anspruch genommen und weiterverliehen werden konnte, wofür die Kirche als Entschädigung den so genannten Zehnt erhielt. Solche Landleihen bei der Kirche wurden auf Veranlassung des Hausmeiers im Namen des Königs durchgeführt; sie hießen *precariae verbo regis* und hatten den Vorteil, dass sie das Eigentum der Kirche respektierten und dennoch dem König, das heißt praktisch den Hausmeiern, erlaubten, ihren Vasallen eine geeignete Existenzgrundlage zu bieten. Der Vorteil war so offenkundig, dass es nahe lag, dieses Modell auch auf das Reichsgut zu übertragen und dieses ebenfalls nicht mehr zu Eigen, sondern als Leihe – Lehen – auszugeben. Das führte dazu, dass *beneficium* die Bedeutung von Lehen annahm.

Spätestens seit Pippin III. (dem Jüngeren) und Karlmann, den Söhnen Karl Martells, wurde unter *beneficium* ein Lehen verstanden, und seitdem zeichnet sich auch in zunehmendem Maße die Verbindung von Vasall und *beneficium* ab. Diese Verbindung lag sowohl im Interesse des Herrn, des Hausmeiers, der bald König werden sollte, als auch des Mannes, der damit für seinen Dienst eine sichere Grundlage erhielt. Da die Merowinger nur noch als Scheinkönige figurieren, verfügten die karolingischen Hausmeier sowohl über ihre eigenen als auch über die königlichen Vasallen, die *vasalli* oder *vassi dominici* beziehungsweise *regales*, und banden so eine gewaltige Vasallenschaft an sich, so gewaltig, dass ihre adligen Standesgenossen ihrem Beispiel nicht mehr folgen konnten und weit hinter ihnen zurückblieben. Nach der Königserhebung wurde die Unterscheidung für die Karolinger überhaupt gegenstandslos: Fortan waren ihre Vasallen durchweg Kronvasallen, die sich in der Regel auf größere Lehen stützen konnten und damit auch zu einer gehobenen Existenz gelangten.

In der Tat spiegelt sich der Aufstieg der königlichen Vasallen und die mit ihm verbundene Rangerhöhung in den Quellen deutlich wider. Der Wunsch, in den Vasallenstand zu treten, nahm so unverkennbar zu, dass er nun auch auf den Adel und selbst seine Spitzengruppe, die Magnaten, übergriff, wobei es sich versteht, dass diese nach größeren Lehen strebten. Es scheint geradezu eine Regel zu geben: Je größer der Herr, umso größer auch das Lehen. Für Magnaten kamen überhaupt nur Großlehen in Frage. Durch sie erwies der König seine *magnanimitas* und band zugleich den belehnten Herrn als seinen Vasallen enger an sich.

Damit ergab sich eine neue Konstellation, denn die Großlehen, die der König den Magnaten übertrug, versetzten diese in die Lage, ihrerseits Vasallen an sich zu ziehen, indem sie das Lehen aufteilten. Auf diese Weise bildete sich die Abstufung von Vasallen und Untervasallen heraus, die *in nuce* ein neues Ordnungsschema in sich barg. Dieses erlaubte nämlich, das Nebeneinander der vielfältigen Vasallenschaften in einen inneren Zusammenhang zu bringen, und zwar einen Zusammenhang, der das Nebeneinander der allenthalben aufstrebenden Vasallen dem Prinzip der Über- und Unterordnung unterwarf: Die Untervasallen unterstanden den Obervasallen, die Obervasallen dem König, der damit als oberster Lehnsherr alle unter sich zusammenhielt.

Der entscheidende Gewinn lag darin, dass der karolingische König auf diese Weise die mächtigen Adligen enger an sich binden konnte und sich ein Gegengewicht zum so genannten Allodialismus schuf. Dieser hatte nämlich dank der Immunität, die dem adligen Eigenbesitz zukam und ihn folglich dem Zugriff des Königs entzog, stets die Gefahr der Verselbstständigung des Adels gegenüber dem Königtum in sich getragen. Diese Gefahr war fürs Erste gebannt – freilich nur fürs Erste, denn die Verhältnisse wurden in der Folgezeit komplizierter, das einfache Schema genügte nicht mehr, so dass der König auch weiterhin auf Abhilfen bedacht sein musste. Zunächst aber kam die starke Vermehrung der königlichen Vasallen, für die Pippin und vor allem Karl der Große mit Energie sorgten, durchaus dem Königtum zugute. Karls Sohn und Nachfolger Ludwig der Fromme hat deshalb auch die Bestimmungen seines Vaters übernommen und sie in dessen Sinne fortgesetzt.

Unter den Bestimmungen Karls des Großen, die uns die Kapitularien eindrucksvoll bezeugen, lässt eine häufig wiederkehrende Verfügung die Wachsamkeit erkennen, mit der die bedrohliche Möglichkeit unterbunden werden sollte, dass ein Vasall von mehreren Lehnsherren Lehen übernahm. Dahinter stand die klare Erkenntnis, dass die Doppelvasallität das System der Über- und Unterordnung zum Schaden des Königtums durchkreuzen und beeinträchtigen musste. Wie notwendig dieses Verbot war, trat sofort zu Tage, als es in der Folgezeit nicht mehr aufrechtzuerhalten war.

Doch zunächst haben die Karolinger noch zwei wichtige Entscheidungen herbeigeführt, die sowohl dem Lehnswesen als auch dem Königtum zugute kamen. Wichtig waren sie nicht zuletzt auch wegen der Auswirkungen, die sie auf die militärische Schlagkraft der Vasallenheere und auf ihre Führer hatten. So war es ein bedeutender Gewinn, dass die Karolinger das Lehnswesen auch auf die königlichen Ämter auszudehnen vermochten, wobei ihnen das Lehnrecht als Instrument der herrschaftlichen Ordnung diente; denn es band die Inhaber der großen Ämter stärker als zuvor an ihren königlichen Herrn und verstärkte damit zugleich ihre Abhängigkeit von ihm.

Die Tatsache als solche ist gut bezeugt, und so kann – wenn man von dem umstrittenen und zweifellos einseitigen Bericht der *Annales regni Francorum* über die Vorgeschichte und den Prozess des Bayernherzogs Tassilo absieht – die Feststellung genügen, dass die wichtigsten Ämter, vor allem Bistümer und Grafschaften, bereits unter Karl dem Großen unter der Bezeichnung *honores* als Lehen nachweisbar sind. Am Ende der Karolingerzeit wurden sie – am deutlichsten ausgeprägt im Westfrankenreich – in der Form des Lehnrechts verliehen. Nicht unwichtig ist auch, dass die Inhaber der *honores* schon 779 der Kontrolle durch die *missi* unterlagen.

Der König hatte jedenfalls durch die Verwandlung der großen Ämter in Lehen eine zusätzliche Bindung gewonnen, die Karl so wichtig war, dass er und seine Nachfolger ihre geistlichen und weltlichen Großen drängten, die ihnen unterstellten Amtsträger ebenfalls in Vasallen zu verwandeln. Im Endeffekt haben sie damit die Feudalisierung des fränkischen und allgemein des mittelalterlichen Ämterwesens eingeleitet, die auch für die Heeresverfassung und damit zugleich für das künftige Rittertum bedeutende Konsequenzen haben sollte.

Nicht weniger wichtig und folgenreich war ein weiterer Erfolg, den Karl der Große und seine Nachfolger bei ihren Bemühungen um die Sicherung und Vermehrung ihrer Heeresmacht mit Hilfe der Kirche und ihrer Häupter, der Bischöfe wie der Äbte, erzielen konnten. Bereits 779 hat Karl der Große im Kapitular von Herstal das Kirchengut wie das Königsgut für den Kriegsdienst mobilisiert, indem er neben den königlichen auch die kirchlichen Vasallen für den bevorstehenden Feldzug aufbot. Ein Aufgebotsschreiben Karls an einen Abt Fulrad, das allerdings erst Karls Spätzeit angehört, sich aber in seinen Forderungen kaum von entsprechenden Schreiben aus früheren Jahren unterschieden haben dürfte, vermittelt eine Vorstellung von den Leistungen, die Karl von dem Abt und seinen berittenen Vasallen forderte. Wesentlich ist zunächst, dass der Abt selbst sich an der Spitze seiner *homines* am festgesetzten Treffpunkt einzufinden hatte, und zwar in genau beschriebener Ausrüstung. Indem er den geistlichen Lehnsherrn in das Aufgebot einbezog, setzte Karl sich stillschweigend über das alte kirchliche Verbot hinweg, das Priestern untersagte, Waffen zu tragen und in den Krieg zu ziehen. Auch Karls Nachfolger haben diese Forderung an die Kirche mit Nachdruck aufrechterhalten – ein deutliches Zeichen dafür, dass ihnen die Beteiligung der Bischöfe und Äbte an ihren kriegerischen Unternehmungen unentbehrlich war. Eindeutig ist, dass die Kirchenmänner wie die *comites* mit Panzer und Helm (*habeant loricas vel galeas*) zu erscheinen hatten. Die militärischen Notwendigkeiten setzten also offenbar das kirchenrechtliche Verbot außer Kraft.

Was die kirchlichen Untervasallen angeht, so wird in dem zitierten Brief an Abt Fulrad im Einzelnen aufgeführt, dass jeder Reiter (*caballarius*) Schild und Lanze, Schwert und Kurzschwert, dazu Bogen, Köcher und Pfeile vorzuweisen habe. Es ist die Ausrüstung, die für die leichte Reiterei üblich war. Außerdem hat das Vasallenheer im Tross Wagen mit Werkzeugen und Geräten mitzuführen, die während der Heerfahrt für den Brückenbau, für Belagerungen oder auch für Schanzarbeiten benötigt wurden. Schließlich wird befohlen, dass die aufgebotenen Vasallen neben den Waffen auch mit Proviant und Kleidung ausreichend versorgt sein müssen, und zwar mit Proviant für drei Monate, mit Waffen und Kleidung für ein halbes Jahr – ein Maß, das offenbar allgemein der Planung für die Sachsenzüge zu Grunde lag. Das Ganze ist wohl durchdacht und offensichtlich von den Erfahrungen aus vergangenen Feldzügen diktiert.

In der Tat ordnet sich der Fulrad-Brief Karls mit seinen genauen Bestimmungen in den großen Zusammenhang der allgemeinen militärischen Planungen des Herrschers ein. Seine Forderungen kehren in zahlreichen Kapitularien wieder, die generell an die Bischöfe und Äbte wie an die Grafen in ihrer Eigenschaft als *seniores* ihrer Vasallen gerichtet sind. Daraus wird deutlich, dass die militärischen Leistungen, die den geistlichen Großen und ihren Vasallen abverlangt wurden, genau denen entsprechen, die vor und neben ihnen auch die weltlichen Großen mit ihren Vasallen zu erbringen haben. In den kriegerischen Verpflichtungen besteht kein Unterschied. Das Lehnswesen bildet so die große Klammer, die ihre Vasallenschaften zusammenfasst.

5. »Miles« und »militia« und ihr Verhältnis zum allgemeinen Heerbann

Bereits unter Karl dem Großen wird erkennbar, dass die Vasallenschaften für den Herrscher wichtiger wurden als der allgemeine Heerbann, der immer mehr an Boden verlor, wenn er auch noch nicht verschwand. Karl bemühte sich zwar, wenigstens noch einen Teil der alten Freien am Heeresaufgebot zu beteiligen, doch es zeichnen sich mit dem Aufstieg des Lehnswesens bereits Veränderungen ab, die die Gewichte immer eindeutiger zu Gunsten der auf bedeutende Lehen gestützten Vasallen verschoben. Die Schlagkraft des Heeres bestimmte nicht mehr die große Schar der leichten Reiterei, also die freien Gefolgsleute (*ingenui in obsequio*), die drei oder vier Hufen besaßen und zum berittenen Kriegsdienst verpflichtet waren, sondern die Inhaber von mindestens zwölf Hufen, zu deren voller Bewaffnung als kostbarstes Ausrüstungsstück die Brünne gehörte. Es handelte sich also um die Panzerreiter, die bereits seit Karl dem Großen sozusagen als »Vollkrieger« den Kern des karolingischen Heeres repräsentierten.

Die Kronvasallen (*vassi dominici*), die an ihrer Spitze rangierten, konnten sich im Schnitt auf dreißig Hufen stützen; die mächtigeren unter ihnen wiesen sogar hundert oder zweihundert Hufen auf. Es sind veritable Landgüter, die diese Zahlen abdecken. Ihre Größe macht sie auch für Adlige interessant, wie man denn die Kronvasallen überhaupt zu den Adligen rechnen darf, zumal ihnen ein besonderer *honor* zuerkannt wird, kraft dessen sie vor den übrigen Freien (*prae ceteris liberis*) rangieren.

In der Tat führte die Anziehungskraft der Vasallität auf den Adel zum Übergewicht der Vasallen im Heeresdienst. Es ist hochbedeutsam, dass dieses Übergewicht den Zerfall des Großfränkischen Reiches überlebt und sich in den drei Teilreichen sogar noch verstärkt. Verwiesen sei nur auf die Bestimmung über die Heerfolge in diesen Teilreichen auf dem ersten Frankentag in Meersen im Jahre 847, die besagt, dass jeder Vasall in jedem der drei Teilreiche »cum seniore suo in hostem vel aliis utilitatibus pergat« (mit seinem Lehnsherrn gegen den Feind oder zu anderen Aufgaben aufbrechen soll) und dass nur im Fall der Landwehr der ganze *populus* ausziehen sollte. Obwohl diese Bestimmung unterschiedlich beurteilt wird, ist unbestreitbar, dass dem Volksheer nur noch sekundäre Bedeutung zukommt. An erster Stelle stehen auf jeden Fall die Vasallen: Sie werden von den Königen begünstigt, weil diese auf sie angewiesen sind.

Dementsprechend sind seit dem 9. Jahrhundert immer mehr Adlige direkt als Vasallen bezeugt. Vor allem die Großen unter ihnen waren bestrebt, die Erblichkeit ihrer Lehen durchzusetzen, die ursprünglich mit dem Tod des Inhabers an den Lehnsherrn heimfielen. Der Lehnsinhaber suchte daher den König zu bewegen, die Neubelehnung an seine Söhne schon zu seinen Lebzeiten vorzunehmen. Das ist auch häufig geschehen. Auf diese Weise gingen zahlreiche Lehen faktisch vom Vater auf den Sohn über, ohne dass damit schon die Rechte des Königs angetastet gewesen wären, denn seine Einschaltung blieb die Bedingung für den Übergang. Das Verfahren wurde freilich problematisch, sobald sich die Übergabe der Kontrolle des Königs entzog und ohne seine Teilnahme erfolgte, womit ihr eindeutig die rechtliche Begründung fehlte.

Ein solcher Mangel war nur durch den obersten Lehnsherrn, also durch den König eines der drei Teilreiche, zu beheben. Es ist kein Zufall, dass im Wettstreit zwischen den karolingischen Teilreichen und ihren Herrschern samt Vasallen der erste wegweisende Schritt im Jahre 877 in Westfranken gelang. Karl der Kahle verfügte dort nämlich vor seinem letzten Italienzug, für den er seine Vasallen zu gewinnen trachtete, in einer berühmten Bestimmung des Kapitulars von Quierzy, dass für den Fall des Todes eines Vasallen während der Heerfahrt der Sohn in das Lehen des Vaters eintreten solle. Der König werde den Sohn mit den Lehen oder Ämtern des Vaters »honorieren«. Damit war zwar die Erblichkeit der Lehen noch nicht generell zum Rechtssatz erhoben, und es waren auch nur bestimmte, durchweg große Lehen, die rechtens vom Vater auf den Sohn übergingen, aber die Erblichkeit als solche war anerkannt, wenn auch eingeschränkt.

Dieser Anstoß hat die weitere Entwicklung bestimmt und bald die allgemeine Anerkennung der Erblichkeit der großen Lehen nach sich gezogen. Wenn damit auch die Bindung der großen Vasallen an den Herrscher bestehen blieb, so wurde sie doch spürbar abgeschwächt, da die Erblichkeit den Vasallen die Möglichkeit bot, ihre Lehen enger mit ihrem Eigengut zu verbinden und sie gleichsam als einen Teil der Adelsherrschaft zu behandeln. Natürlich hing die Auswirkung entscheidend von der tatsächlichen Macht des Königs ab. Sie kam deshalb in Westfranken zunächst stärker als in Ostfranken zur Geltung, wo die konservativen Kräfte die Oberhand behaupteten, die Vasallität freilich auch weniger stark als im Westen verbreitet war.

Es dauert dann noch länger als anderthalb Jahrhunderte, bis Kaiser Konrad II. im Jahre 1037 – bezeichnenderweise wiederum in einer Situation, in der er auf die Waffenhilfe seiner Vasallen angewiesen war – die Erblichkeit auch der kleinen Lehen in seiner berühmten *Constitutio de feudis* rechtlich sanktioniert. Die *Constitutio* lässt keinen Zweifel daran, dass der Hauptzweck dieser Maßnahme darin bestand, die Spannungen zwischen den großen und kleinen Vasallen abzubauen (*reconciliare*) und dadurch die Schlagkraft des kaiserlichen Heeres zu sichern. Letztlich kam sie vor allem den Vasallen zugute, deren Rechtsgrundlage weiter spürbar verbessert wurde.

Das neunte Bild aus dem Sankt Galler »Psalterium aureum« zeigt Joab, den Neffen und bedeutendsten Feldherrn König Davids, wie er seine Soldaten im Kampf gegen die Syrer aufmarschieren lässt. Entsprechend der Entstehungszeit des Goldenen Psalters im ausgehenden 9. Jahrhundert sind diese als verhältnismäßig leicht gerüstete Reiterkrieger in Kettenhemd mit Kopfschutz, Wurflanze und dem nordischen Rundschild dargestellt.

In einer illustrierten Abschrift des Apokalypsenkommentars des Beatus von Liébana aus dem 10. Jahrhundert findet man ebenfalls die Darstellung eines bewaffneten Kriegers. Dieser unterscheidet sich in Rüstung und Bewaffnung von Joabs Kriegern kaum. Allerdings weist der kappenförmige Helm mit dem Nasenschutz bereits in Richtung der späteren Ritterrüstung.

Bis zur Jahrtausendwende zeichnet sich in allen karolingischen Nachfolgestaaten ein kräftiger Aufstieg der Vasallität ab, der durch ihre Militarisierung gekennzeichnet ist. Sie kommt besonders deutlich darin zum Ausdruck, dass bereits seit der Mitte des 9. Jahrhunderts der Terminus *vasallus* durch *miles* ersetzt wird. Beide Begriffe wurden bedeutungsgleich und grenzten die so Bezeichneten zugleich vom alten Bauernkrieger ab, der zunehmend als *rusticus* erscheint.

Miles und *rusticus* korrespondieren offenbar miteinander; aber in ihrem Verhältnis zueinander drückt sich eine folgenreiche ständische Verschiebung aus. Das lässt sich besonders deutlich an der mächtig um sich greifenden Grundherrschaft ablesen, deren Wachstum auf Kosten der alten *liberi* erfolgt. Diese geraten immer mehr in den Sog der großen Grundherrschaften. Dabei tritt eine bedeutungsvolle Differenzierung ein: Während die besitzstärkeren *liberi* in die Vasallität des Grundherrn eintreten und damit ihren Status bewahren, gelingt dies den schwächeren nicht. Diese geraten vielmehr unter den Schutz der Grundherrschaft, weil sie nicht mehr in der Lage sind, sich selbst zu schützen. Mit der Eingliederung in die Grundherrschaft sinken sie zwar nicht einfach in die Unfreiheit ab, aber den Status der Freiheit können sie nicht mehr ohne Einbuße wahren, sondern müssen sich fortan mit einer neuartigen Zwischenstellung begnügen. Der Übergang zur Grundherrschaft spaltet die Freien also auf. Wie neuere Untersuchungen zur Grundherrschaft des Klosters Prüm, die als beispielhaft gelten können, zeigen, sind die alten rechtsständischen Bezeichnungen für die nunmehr Frondienst leistenden Bauern gegen Ende des 9. Jahrhunderts obsolet geworden und verschwinden. An ihre Stelle sind funktionsständische Bezeichnungen getreten wie *servientes, servitores, manentes* oder auch einfach *homines*. Noch eindeutiger auf ihre Tätigkeit bezogen ist schließlich der Begriff *rustici* (oder *laboratores*), der fortan die gesamte landbebauende Bevölkerung zusammenfasst.

Mit diesem Begriff setzt sich die Vorstellung einer neuen Gliederung der Grundherrschaft durch, von der hier zunächst nur ein Teilaspekt interessieren soll, nämlich der Aspekt, der sich auf die Binnengrenzen der ständischen Gruppierungen innerhalb der Gesellschaft bezieht. Diese Binnengrenzen sind im 9. Jahrhundert in Bewegung geraten, wie das Beispiel der Umwandlung der Freien gezeigt hat. Nur ein Teil von ihnen – wenn auch ein großer – findet sich schließlich als *rusticus*, als Bauer – sei es als Frondienst leistender oder als freier Bauer –, wieder, während diejenigen, denen der Zugang zur Vasallität gelingt, sich als Vasallen in *milites* verwandeln, die von vornherein über den *rustici* rangieren. Denn während die *rustici* neben freien vor allem abhängige Bauern sind, hat sich die Vasallität von vormals Freien mit Unterstützung des Königtums in zunehmendem Maße auch auf Angehörige des Adels ausgedehnt, womit sie in Verbindung mit den entsprechenden Lehen an Zugkraft gewinnt. Seit dem 9. Jahrhundert werden die teils freien, teils adligen Vasallen allgemein als *milites* bezeugt, neben denen die Bauernkrieger militärisch kaum noch eine Rolle spielen. Sie gehören jedenfalls nicht zur *militia*, die allein Sache der Vasallen, eben der *milites*, ist.

Die Bedeutung der Vasallen wird seit dem 10. Jahrhundert immer klarer erkennbar. Der *Indiculus loricatorum*, das Ersatzaufgebot Ottos II. von 981, das der Kaiser gegen die in Süditalien vordringenden Sarazenen zur Verstärkung anforderte, zeigt in aller Deutlichkeit, dass es sich bei den *loricati*, den Panzerreitern, um ein reines Vasallenheer handelte, und zwar um den Kern der *militia*, die in den *clypeati* auch noch die leichte Reiterei umfasst, die in diesem Fall offenbar aber nicht zusätzlich benötigt wurde. Die erwähnten Panzerreiter, im *Indiculus* 2100 an der Zahl, wurden vom Kaiser als Vasallen der geistlichen und weltlichen Großen des Reichs als ihren Lehnsherren angefordert, wobei auffälligerweise die geistlichen Großen den Hauptanteil zu stellen hatten. Wichtig ist, dass einige der großen Lehnsherren, und zwar der geistlichen wie der weltlichen, selbst an der Spitze ihrer Vasallen zu erscheinen hatten (wenn andere fehlen, geht das oft darauf zurück, dass sie bereits in der Umgebung des Kaisers weilten). Das aber heißt, dass sie ebenfalls zur *militia* gehörten, also ebenfalls *milites* waren, wenn auch auf höherer Stufe.

Mit der Einbeziehung des Adels in die Vasallität zeichnet sich innerhalb dieser Gruppe von vornherein eine durch den Stand vorgegebene Hierarchie ab, die sich in der Struktur der *militia* widerspiegelt. So wird der Adlige (*nobilis*) als Vasall zwar *miles*, bleibt aber kraft seiner höheren Geburt – was besonders deutlich wird bei Amtsinhabern wie *comes* und *princeps* oder auch Bischof und Abt – über die Schar der einfachen *milites* erhoben. Während die Freien gleichsam den Grundstock der Vasallität bilden, nimmt der Adel ihnen gegenüber eine Doppelstellung ein: Er gehört zu ihnen in der *militia*, steht aber gleichzeitig über ihnen, da er der *senior* seiner Vasallen ist, die ihrerseits selbst über Untervasallen verfügen können. Und da der Adel neben seinen Erbgütern stets größere Lehen innehat, deren Erblichkeit er immer mehr durchzusetzen vermag, trägt das Lehnswesen schließlich entscheidend zur Verfestigung der inneren Stufenfolge in der sich seit dem 9. Jahrhundert umstrukturierenden Gesellschaft bei.

Dies ist im Übrigen derselbe große Prozess, der auch die Umwandlung des Adels von einer alten, losen und in wechselnder Form auftretenden kognatischen Sippe zum Geschlecht im agnatischen Sinne, das sich um einen festen »Stammsitz« konzentriert, nach sich zieht.

6. Die Aufnahme der Ministerialität in die »militia«

Um die Jahrtausendwende ist die *militia* als ein reines Vasallenheer gekennzeichnet durch die Identität von *miles* und *vasallus*. Wenn die Vasallität ursprünglich bis in die niedere Dienstbarkeit zurückreichte, so hatte sie diese Stufe, wie wir sahen, bereits zur Zeit Karls des Großen hinter sich gelassen und seitdem infolge ihrer Militarisierung einen ständigen Aufstieg erlebt. Die *militia*, die Zusammenfassung aller *milites*, stand unbestreitbar über dem alten Volksaufgebot. Zu den ehemals Freien, die jetzt den Grundstock der *militia* bildeten, kamen immer mehr Adlige, was das Ansehen der gesamten *militia* hob. Immer deutlicher zeichnete sich einerseits die Tendenz ab, über die Führungsstellungen der *militia* den Adel insgesamt einzubeziehen, andererseits wuchs mit der Bedeutung der *militia* ihre Attraktion für den Adel. Diese Korrelation war in der kriegerischen Vorgeschichte des Adels gleichsam vorgegeben.

Die Erweiterung der *militia* ist jedoch nicht nur durch die Verbindung von Freien und Adligen, also im Sinne einer ständischen Anhebung erfolgt, sondern hat sich auch durch die Einbeziehung Unfreier, nämlich besonders tüchtiger Ministerialen, vollzogen. Dieser Vorgang, der auf eine Verbreiterung der Basis der *militia* hinauslief und – was nicht übersehen werden darf – ebenfalls durch Adlige veranlasst wurde, hat indessen weit weniger Bedeutung gehabt als die Verbreitung der Vasallität, vielmehr stellt er eine Art Ergänzung zu deren Entwicklung dar und ist nicht zufällig im Wesentlichen auf den Herrschaftsbereich des werdenden deutschen Reiches beschränkt.

Auffällig ist vor allem, dass unter den karolingischen Nachfolgestaaten ein deutlicher Unterschied zwischen den Haupterben des Karlsreiches, dem West- und Ostreich, also Frankreich und Deutschland, erkennbar wird. Er zeichnet sich zunächst darin ab, dass die Vasallität im Westreich früher und stärker in Erscheinung trat als im Ostreich. Das galt vor allem für dessen nordöstliches Stammesgebiet Sachsen, das erst durch Karl den Großen in das fränkische Großreich eingegliedert worden war und daher erst mit einer gewissen Verspätung die fränkischen Formen angenommen hatte, wobei die kirchlichen Beziehungen den weltlichen die Bahn bereiteten. Dieser Unterschied erhielt noch dadurch Gewicht, dass das ostfränkisch-deutsche Reich mit der Erlangung des Kaisertums eine besondere Stärkung und Geschlossenheit erfuhr, während das westfränkisch-französische Königreich eine Schwächung der königlichen Zentralgewalt hinnehmen musste. Da die westfränkischen Könige sich gegen die unaufhörlichen und unberechenbaren Angriffe der Normannen mit den *marchiones* in die Verteidigung des Landes teilen mussten, konnten sich neben dem Königtum nämlich starke Territorialgewalten herausbilden, die trotz der Anerkennung der königlichen Oberherrschaft in der Lage waren, die Vasallen in ihren eigenen Territorien an sich zu ziehen. Diesen Territorialgewalten kam die weit verbreitete Vasallenschaft in erster Linie zugute. Die Vasallen haben offenbar weit gehend das Bedürfnis nach bewaffneten Helfern gedeckt. Im Ostreich bewog das allerdings sowohl den Kaiser als auch die geistlichen und weltlichen Großen, sich stärker auf ihre Ministerialen zu stützen.

Der Begriff *ministerialis* wird bis in die Karolingerzeit in unspezifischem Sinne gebraucht. Er nimmt unter den Ottonen, und zwar zuerst im Rahmen der Reichskirche und speziell für deren Grundherrschaften, die Bedeutung des unfreien, hofrechtlich gebundenen Dienstmannes an. Der Begriff *ministerialis*, anfangs mit *serviens* synonym gebraucht, setzt sich seit dem 10. Jahrhundert stärker durch und löst schließlich die Bezeichnung *serviens* ab. Beide Wörter verweisen in die Sphäre der *familia*, der grundherrlichen Hintersassenschaft, und damit in die Sphäre der Unfreiheit, genauer der Hörigkeit. Doch liegt *serviens* näher bei *servus*, also Sklave oder Knecht, weshalb die Ablösung durch *ministerialis*, das mit dem allgemeinen *ministerium*, Dienst, zusammenhängt, bereits einen Aufstieg anzeigt. In der Tat bilden die Ministerialen schon bei ihrem ersten Auftreten einen engeren und im Lauf der Zeit schließlich einen rechtlich privilegierten Kreis innerhalb der *familia*. Es sind offenbar die Rührigeren, Tüchtigeren, Erfolgreicheren unter den Unfreien, die von ihrem Herrn zu besonderen Diensten herangezogen werden. Insbesondere sind das die zwar alten, mit der Zunahme der Bevölkerung und der damit wachsenden Grundherrschaft aber in ihrer Bedeutung gesteigerten Hofdienste des Kämmerers, Truchsesses, Mundschenks und Marschalls. Es sind dies die Dienste, die den Kern der Hausdienerschaft bilden und auf die Hausherrschaft bezogen sind. Die größere Nähe zum Herrn hob die Inhaber dieser Ämter aus der großen Schar der übrigen Hörigen heraus, denen die Feldarbeit aufgetragen war, und verschaffte ihnen eine Sonderstellung, die sich eben aus dem Herrendienst ergab.

Nach der Jahrtausendwende, vor allem in den unruhigen Zeiten des Investiturstreits, in denen allenthalben auch die Rivalität zwischen den aufstrebenden Adelsherrschaften zunahm, tritt zu diesen Diensten ein weiterer hinzu und wird ihnen sogleich grundsätzlich gleichgestellt, nämlich der Kriegsdienst. Er entsprach dem zunehmenden Bedürfnis der Herren nach bewaffneten Helfern. Dabei war von vornherein an den Kriegsdienst zu Pferde gedacht, der bis dahin allein den höher gestellten Vasallen, also Freien und Adligen, vorbehalten war. Ihnen allein stand die Bezeichnung *milites* zu, die zugleich anzeigte, dass sie eine besondere Bewaffnung trugen und als Vasallen und Berufskrieger oberhalb der Schicht der weniger anspruchsvoll gerüsteten Bauernkrieger rangierten. Dass diese Regel jetzt durchbrochen wurde und seit Konrad II. auch Ministerialen als *milites* erscheinen, zeigt unverkennbar deren Aufstieg an. Der Schluss ist zwingend, dass nach dem Bedürfnis der Herren die bisherigen *milites* offenbar Verstärkung brauchten. Die neuen Krieger tauchen jedenfalls überall auf, eine schnell wachsende Schar von ministerialischen *milites*, die sich seit Konrad II. als eine rechtlich abgegrenzte Schicht über die Masse der Unfreien erheben.

Wie stürmisch und vielgestaltig ihr Aufstieg vor sich ging, lässt noch Eike von Repgow aus der Rückschau erkennen. Im Landrecht seines *Sachsenspiegels* erklärt dieser nämlich, dass er die Ministerialen nicht mit behandle, weil ihre Rechte zu mannigfaltig seien, da unter jedem Bischof, jedem Abt und jeder Äbtissin die Dienstleute »sunderlik recht« hätten. Dabei ist hier nur an die Ministerialen der Reichskirchen gedacht, die noch durch diejenigen der weltlichen Großen und die besonders wichtigen Reichsministerialen zu ergänzen sind. Man darf sich also das Bild, das sie boten, nicht ganz und gar einheitlich vorstellen. Ihre Mannigfaltigkeit war mindestens so groß wie die ihrer Herren.

Gleichwohl weisen die Ministerialen typische Züge auf, die es berechtigt erscheinen lassen, von einer im Großen und Ganzen zusammengehörigen Ministerialität zu sprechen. Ihnen allen ist gemeinsam, dass sie aus dem Hofrecht, dem die *familia* der Grundherrschaft unterlag, herauswuchsen und ein eigenes Dienstrecht erhielten. Dieses Dienstrecht sicherte ihnen zu, nur noch zu Hof- und Kriegsdiensten herangezogen zu werden und dafür ein Amtslehen zu erhalten. Das Lehen ging mit dem Dienst auf die Söhne der Ministerialen über, die geburtsrechtlich zwar unfrei blieben, aber eine eigene Rechtsgemeinschaft bildeten und berechtigt waren, sich einen anderen Herrn zu suchen, wenn ihr Herr in den ihnen zustehenden Diensten keine Verwendung für sie hatte. In mehreren Dienstrechten sind insbesondere die Heerfahrtspflichten genau festgelegt. Man sieht, dass es vor allem der militärische Dienst war, der sie dem Herrn unentbehrlich machte.

Diese Unentbehrlichkeit wird verständlich, wenn man sich die Geschichte des von wachsenden Spannungen und immer neuen Kämpfen erfüllten 11. Jahrhunderts vor Augen führt. Vor allem die im ganzen Land aufflammenden Fehden zwischen den rivalisierenden Adelshäusern haben das Gesicht der Zeit geprägt, einer Zeit voll tiefer Unruhe und Bedrängnis, die zu bändigen zu den großen Aufgaben der Könige gehörte. Bei deren Bewältigung suchten sie sich als Oberlehnsherren auf die Bindekraft des Lehnswesens zu stützen und stießen dabei in West und Ost auf unterschiedliche Grenzen. Im Westen bildete ihre eingeschränkte Autorität die Grenze, im Osten dagegen die weniger fortgeschrittene Feudalisierung der Gesellschaft. Im Westen sprang den Königen in dieser Situation die Kirche durch die Mobilisierung der Gottesfrieden als Versuche zur Eindämmung von Gewalt und Fehde durch Kirchenbann und Waffenstillstand bei, für die sie allerdings paradoxerweise der Unterstützung derer bedurfte, die letztlich die Urheber der Bedrängnis waren: der Adligen. Dies ist der tiefere Grund, weshalb den Gottesfrieden zunächst nur ein begrenzter Erfolg beschieden war, gleichwohl sollten sie nicht ohne nachhaltige Wirkung auf die innere Ausformung und das Selbstverständnis des Rittertums bleiben.

Es war nicht ohne weiteres vorauszusehen, welche Rolle den Ministerialen bei der Entwicklung des Rittertums zukommen werde. Denn wenn im Herrschaftsbereich des Kaisers, der sich seit Otto II. als römischer Kaiser verstand, nicht nur dieser selbst, sondern auch die geistlichen und weltlichen Großen in zunehmendem Maße ihre Ministerialen bewaffneten und damit in *milites* verwandelten, so verhalfen sie ihnen zweifellos in ihrem eigenen Interesse zum Aufstieg. Aber dieser Aufstieg zeigte auch höchst zweifelhafte Seiten, denn die Ministerialen dienten zwar ihrer Bestimmung gemäß ihrem Herrn, waren aber keineswegs nur auf dessen Nutzen, sondern oft auch auf ihren eigenen Vorteil bedacht.

Besonders in den Klöstern sind viele Klagen über die Ministerialen überliefert. In Zwiefalten zum Beispiel sah man in ihnen nur Störenfriede, die »nie ohne Zorn, Zank und Streit seien« und die Güter des Klosters, die sie beschützen sollten, »unter sich aufteilten oder sie in Kampf und Streit mit Feuer und Schwert zerstörten«. Es war offenbar die Rücksichtslosigkeit der Aufsteiger, die hier zum Zuge kam und bereits ihren Gründer, den Grafen Liutold von Achalm, veranlasste, seine Gründung Zwiefalten zu ermahnen, sich möglichst von Ministerialen freizuhalten, was freilich auf die Dauer nicht möglich war. Bischof Gebhard von Konstanz ging nicht ganz so weit. Er nahm aber von den Ministerialen, die er seinem Kloster Petershausen schenkte, die reicheren und mächtigeren aus, weil er meinte, »sie könnten einem schwachen Kloster mehr zum Schaden gereichen als zum Nutzen«. Diese Reserve hatte gute Gründe, zumal bekannt war, dass die zur Ableistung militärischer Aufgaben aufgerückten Ministerialen zu stolz waren, um noch wie Knechte neben einem beliebigen Mönch zu reiten. Den Mantel eines Mönches auf ihrem Tragtier mitzuführen, betrachteten sie als Kränkung. Derartige Dienste lehnten sie ab, wie sie überhaupt beanspruchten, dass die Begleitung des Abtes, des Priors oder eines Bruders auf ihren Reisen von ihnen nur gefordert werden konnte, wenn sie mit einem Amtslehen ausgestattet waren. Im Grunde pochten sie damit nur auf ihr Recht, das in den Dienstrechten festgelegt war, aber das suchten sie bei jeder passenden Gelegenheit zu erweitern. Es kam deshalb darauf an, dass ihr Herr stark genug war, sie zu zügeln.

Diese Stärke besaßen die weltlichen Großen weit eher als die kirchlichen. Daher konnten sie die Ministerialen besser im Zaum halten als die schutzbedürftigen Klöster. Unter diesen waren allein die mächtigen Reichsklöster (wie etwa die Reichenau und Sankt Gallen) in der Lage, ihren Ministerialen Dienste anzuweisen, die für beide Seiten von Nutzen waren. Sie brauchten sich ihrer nicht zu erwehren, sondern benötigten sie geradezu für den Schutz ihres weit verstreuten Grundbesitzes. Sie konnten die Freigebigkeit des Kaisers und anderer großer Gönner nur begrüßen, die sie auch weiterhin mit Ministerialen beschenkten. Schließlich verstärkten sie die Macht der Klöster, und im Falle der Reichsklöster, die zum *servitium regis* verpflichtet waren, kamen die dem Kloster übereigneten Ministerialen letztlich sogar dem Herrscher zugute, da sie das Aufgebot verstärkten, das der Abt für die Heerfahrt (*ad expeditionem*) zu stellen hatte.

Die Teilnahme an den großen Heerfahrten musste im eigensten Interesse der Ministerialen, allen voran der Reichsministerialen, liegen, denn die Heerfahrt führte sie mit den Vasallen, der großen Schar der *milites*, zusammen, die zunächst allein die *militia* bildeten. Zwar war der Abstand der vasallitischen *militia* zu den Ministerialen rechtlich noch größer, als er einst zu den Bauernkriegern gewesen war, aber die Bewaffnung der Ministerialen und ihre Verwendung als berittene Krieger hob erstaunlicherweise den äußeren Abstand zu den Vasallen in einem wesentlichen Punkt auf: Sie fungierten auf Veranlassung und im Interesse ihrer Herren als *milites* und wurden als solche in die *militia* eingereiht, freilich auf der unteren Stufe.

Mit dem *ius ministerialium* hatten die Ministerialen das Recht erlangt, fortan nur noch zum Hof- und Kriegsdienst herangezogen zu werden. Damit war die Barriere genommen, die sie von den vasallitischen *milites* trennte. Nun, da sie selbst zur *militia* gehörten, kam es darauf an, den Abstand zu den Vasallen, der gleichwohl blieb, auf weiteren Feldern abzubauen. Einen wichtigen Schritt auf diesem Weg taten zumindest die Mächtigen unter ihnen seit Mitte des 12. Jahrhunderts, indem sie neben ihren Dienstlehen auch echte Lehen von einem anderen, bald auch von mehreren Herren erlangten. Damals konnte schon längst kein Zweifel mehr bestehen, dass sie vollgültige Mitglieder der *militia* waren. Die erfolgreichsten unter ihnen, etwa Markward von Annweiler oder Heinrich von Kalden, standen in ihrer tatsächlichen Machtstellung als Markgraf von Ancona und Herzog von Ravenna oder als Reichsmarschall nicht hinter bedeutenden adligen Vasallen zurück.

Aber auch das Gros der Ministerialen hatte zu diesem Zeitpunkt, wie die zunehmende Häufigkeit ihrer urkundlichen Nennungen zeigt, bereits unübersehbar an Ansehen und Einfluss gewonnen. Längst hatten sie sich in ihrer Lebensform ihren alten Vorbildern, den adligen Vasallen, angeglichen. Ihr Bestreben, wie diese *more nobilium* zu leben, ist gut bezeugt. Wie man nicht nur in Sankt Gallen wusste, war ihnen an prächtigen Waffen gelegen, sie frönten mit Vorliebe der Jagdleidenschaft und setzten überhaupt alles daran, ihr Leben wie freie Männer zu führen. Der Waffendienst hatte ihnen dazu den Weg eröffnet, und die Verbindung von Waffendienst und Herrendienst hatte ihnen zugleich Zugang zur ritterlichen Gesellschaft verschafft, womit sich ihnen eine neue Welt auftat. Zusammen mit den freien und adligen Vasallen und unter deren Führung waren sie so am Übergang vom Kriegertum zum Rittertum beteiligt.

Dieser Übergang ist gleichsam wie ein Strom, der die Ministerialen zwar aufnimmt und sie auch trägt, in dem aber nicht sie, sondern die Vasallität die Hauptströmung bildet, die richtungsbestimmend bleibt. Die Ministerialen tragen nur zur größeren Breite des Stromes bei. Der Übergang vom Kriegertum zum Rittertum vollzog sich jedenfalls in erster Linie mit dem Aufstieg der Vasallen, der den Aufstieg der Ministerialen nach sich zog. Beide fanden sie zusammen in der höheren Ordnung der *militia*, deren Grundgestalt der *miles* ist.

Es ist nicht zu übersehen, dass das Wort *miles*, das hier auch weiterhin als Leitbegriff dienen soll, einen tief greifenden Bedeutungswandel erfährt. Ohne die allgemeine Bedeutung von Krieger abzustreifen, gewinnt das Wort *miles* im Zusammenhang mit der sich umstrukturierenden Gesellschaft die neue Bedeutung von Ritter. Die Tragweite dieses Bedeutungswandels wird erst im Nachhinein erkennbar, doch von Anfang an ist klar, dass das Wort eine ständische Erhöhung markiert, die im Übrigen – und dies bleibt zu beachten – auch in den Volkssprachen der europäischen Länder, so weit sie vom Rittertum erfasst waren, zum Ausdruck kommt. Dies zeigt an, dass dem neuen Wort allgemein bedeutende Veränderungen zu Grunde lagen.

Der Übergang zum Rittertum erklärt sich indessen nicht aus sich selbst, vielmehr spielen dabei auch Einwirkungen von außen eine nicht zu überschätzende Rolle. In ihnen meldet sich die Umwelt mit ihren Forderungen, Bedingungen und Zwängen, aber auch mit neuen Möglichkeiten und Verheißungen an. Diese gilt es nun, sofern sie noch nicht – wie die Arabereinfälle, die Übernahme des Steigbügels, der Übergang zum Reiterkampf, die Wirkung des Lehnswesens, die Ausbreitung der Grundherrschaft etwa – im Zusammenhang des Wandels der Kriegerschaft und der Vasallität bereits berührt wurden, näher ins Auge zu fassen. Wie diese Einwirkungen von außen den Wirkungskreis von *miles* und *militia* verändert, sie vor neue Aufgaben gestellt und ihnen vielleicht sogar zu einem neuen Sinn verholfen haben, ist nun zu fragen.

KAPITEL II

Der Übergang zum Rittertum

Die Vorstellung eines Übergangs vom Krieger- zum Rittertum schließt ein, dass der Übergang zwar eingegrenzt, aber nicht punktuell bestimmt werden kann, zumal es sich um einen Vorgang handelt, der sich in mehreren Ländern unter unterschiedlichen Bedingungen vollzogen hat, wenn diese auch dank des ihnen gemeinsamen karolingischen Erbes auf europäischem Boden in Beziehung miteinander standen. Mit einiger Sicherheit wird man jedoch den Abschluss dieses Übergangs feststellen können. Zuvor bleibt allerdings zu prüfen, welche Kräfte außer den bereits bekannten im Spiele waren. Diese sollen zunächst an einem scheinbaren Randbeispiel, das jedoch in erstaunlich kurzer Zeit zentrale Bedeutung gewann, vorgeführt werden: am Beispiel der kriegerischen Normannen.

1. Das Beispiel der Normannen

Die Normannen, das heißt die »Nordleute« (*nortmanni* oder *normanni*) der fränkischen Quellen, sind die germanischen Völker des Nordens: Dänen, Norweger und Schweden, die von der fränkischen Herrschaft und damit auch vom Christentum und von den Einflüssen der Antike weitgehend unberührt geblieben waren. Darum galten sie dem christlichen Frankenreich und seinen Nachfolgestaaten als die »Heiden des Nordens«, die neben den Muslimen, den Vorkämpfern des Islam, und den nomadisierenden Ungarn unter die Kriegsvölker fielen, die als »Strafe Gottes« die christliche Welt, das frühmittelalterliche Europa, bedrohten. Wo diese Normannen seit dem Beginn des 9. Jahrhunderts plündernd, sengend und brennend auftauchten, versetzten sie die Bevölkerung in Angst und Schrecken. Wie die Muslime von Süden, die Ungarn von Osten, so rollten die »Nordmänner« in immer neuen Wellen von Norden heran und bedrohten bald nicht nur die Nord-, sondern auch die lange Westküste des Frankenreichs. Von Abenteuerlust getrieben, waren diese Krieger schon zu fernen Handelsplätzen vorgedrungen und von dort gewöhnlich mit reichem Gewinn heimgekehrt. Schließlich gingen sie vom Handel zum Raub über und führten noch reichere Beute heim.

Überfall und Räuberei waren das Band, das die Normannen in den Augen der Zeitgenossen mit den anderen großen Bedrängern der Zeit im Süden und im Osten verband. Im Übrigen aber waren es ganz verschiedene Welten, die die Feinde verkörperten. Die Verschiedenartigkeit kam gerade in ihrem Verhältnis zum Frankenreich und seinen Nachfolgestaaten in aller Deutlichkeit zum Ausdruck. Während die Muslime – auf den Spuren Mohammeds im »Heiligen Krieg« – sich schließlich außerhalb Europas als eigene Großmacht von bedeutendem kulturellen Rang behaupteten und die Ungarn – nach dem Sieg Ottos des Großen auf dem Lechfeld (955) zur Sesshaftigkeit gezwungen und schon bald zum Christentum bekehrt – die Grenzwacht Europas im Osten übernahmen, sind die Normannen in einem denkwürdigen Prozess auf europäischem Boden selbst heimisch geworden. Mit der Übernahme des Christentums wie auch anderer Errungenschaften der Franken haben sie sich von Feinden in Glieder und Vorstreiter Europas verwandelt – und dies in erstaunlich kurzer Zeit. Es ist überhaupt merkwürdig, wie schnell sie den Vorsprung ihrer germanischen Blutsverwandten im Westen eingeholt haben.

Die Lernfähigkeit der Normannen muss offenbar außerordentlich gewesen sein. Sie zeigt sich vor allem auf militärischem Gebiet, und zwar besonders in dem Anteil, den sie am Übergang vom Krieger- zum Rittertum gewonnen haben.

Als die Normannen sich in der Spätzeit Karls des Großen zum ersten Mal plündernd im Frankenreich zeigten, lernte man sie förmlich über Nacht zunächst als Seeräuber kennen und fürchten, und der alte Kaiser sah sich genötigt, einen Küstenschutz gegen sie aufzubauen. Sie melden sich also zunächst gleichsam als Krieger archaischen Typs an, die mit den fränkischen *milites* nur wenig gemeinsam hatten. Nach den archäologischen Funden zu schließen, waren sie damals vornehmlich mit Bogen und Streitaxt bewaffnet, und sie konnten sich weder in ihrer Bewaffnung noch in ihrer Taktik und in ihrer ganzen Struktur mit den fränkischen *milites* vergleichen, die militärisch jedenfalls auf einer entwickelteren und höheren Stufe standen als sie.

Dennoch fanden die normannischen Piraten – zunächst häufiger auch Wikinger genannt – Mittel und Wege, trotz der Küstenbefestigung ihre Ziele zu erreichen. Als Meister der Überraschung griffen sie stets da an, wo sie nicht erwartet wurden. Dabei begnügten sie sich nicht damit, die Küstengebiete heimzusuchen, sondern drangen mit ihren wendigen Schiffen tief in das Land ein. Dort suchten sie mit Vorliebe Klöster und Kirchen auf, die besonders reiche Beute verhießen. So fuhren sie von Hamburg bis Bordeaux die Flussläufe von Elbe und Rhein, Schelde, Somme und Seine, Loire und Garonne hinauf, stets eine breite Spur von Brand und Verwüstung hinterlassend. Im Jahre 844 hatten sie schließlich Spanien erreicht.

Die zukunftsträchtige Wandlung der Normannen spielt sich vor dem Hintergrund des Großfränkischen Reiches ab. Sie setzt damit ein, dass die Eindringlinge mit ihren Einfällen ihre Kampfesweise änderten. Darüber berichtet aus dem Rückblick der Mönch Adrevald von Fleury, einem Kloster, das von den Normannen wiederholt schwer heimgesucht worden ist. Der Mönch überliefert, dass sie anfangs als *pedites*, als Fußkämpfer, erschienen seien, weil es ihnen, wie er meinte, »an Reiterfahrung fehlte«, dass sie sich dann aber »nach Art der Unseren«, der Franken, auf Rösser geschwungen haben, um fortan das Land »hoch zu Ross« zu durchstreifen. Dadurch noch schneller und gefährlicher geworden als zuvor, schreckten sie nunmehr auch vor dem Angriff auf feste Städte nicht zurück. So berichten mehrere Quellen, dass selbst durch Türme befestigte Bischofsstädte ihre Einwohner nicht vor ihnen schützen konnten. Und da auch der Kaiser, der als Erster zum Schutz seiner Untertanen verpflichtet war, sich dazu außer Stande sah, suchte der Nachfolger Karls des Großen, Ludwig der Fromme, das Übel an der Wurzel zu treffen, indem er sich um die

Christianisierung der Herkunftsländer der Normannen – Dänemark, Norwegen und Schweden – bemühte. Der Versuch, die Fremden zu bekehren und damit auf die eigene Seite zu ziehen, schien aussichtsreich, und auf die Dauer erwies sich dies auch als die Lösung, der die Zukunft gehören sollte.

Aber eben diese Dauer und Beständigkeit bleiben Ludwig dem Frommen noch versagt. Nach anfänglichen Erfolgen geriet er selbst nämlich im Streit mit seinen Söhnen in stärkste innere Bedrängnis, die es ihm unmöglich machte, diese Bestrebungen weiter zu verfolgen – mit dem Ergebnis, dass die noch nicht gewonnenen Eindringlinge ihre Angriffe umso massiver fortsetzten. Dabei zogen sie nicht mehr nur plündernd durchs Land, sondern setzten sich in Siedlungen fest, und zwar zuerst in Irland und England, dann im westfränkischen Reich, in Burgund und vor allem in der später nach ihnen benannten Normandie.

Gewiss war es kein Zufall, dass die Normannen gerade in den schlimmsten Jahren des hart bedrängten Ludwigs aus Dänemark und Norwegen 835 eine neue, sich steigernde Reihe von Angriffen auf England einleiteten, die schließlich zur Besiedlung und Beherrschung von Nord- und Ostengland führten. Dass Südengland sich den Normannen entzog, war dem energischen Widerstand Alfreds des Großen zu verdanken, der überhaupt eine Wende herbeizuführen schien. Wie König Alfred durch seine Siege der Jahre 878 und 885, so vermochte nun auch der tatkräftige Robertiner Odo, der nachmalige westfränkische König, mit der Verteidigung von Paris und der ostfränkische König Arnulf, der spätere Kaiser, durch seinen Sieg bei Löwen an der Dyle in Flandern im Jahr 891 den Normannen Einhalt zu gebieten, wenn es auch über seine Kräfte ging, sie aus England und dem Frankenreich wieder ganz zu vertreiben.

Im westfränkischen Reich, dem späteren Frankreich, hat sich allein die Niederlassung der Normannen um die Seine-Mündung behaupten können, was sich tief in die Geschichte Europas eingrub. Sie hat nach verschiedenen Ansätzen unter Ludwig dem Frommen und Karl dem Kahlen, die aber nur von kurzer Dauer waren, unter Karl dem Einfältigen Gestalt gewonnen. Diese Entwicklung ist mit dem

Namen des Normannenführers Rollo (Hrólfr) verbunden, den der König nach dessen Raubzügen in Burgund und der Niederlage vor Chartres im Jahre 911 mit dem Angebot auf seine Seite zog, sich mit seinen Komplizen an der unteren Seine niederzulassen und dort das Land vor weiteren Einfällen zu schützen. Die Vereinbarung wurde wohl noch im selben Jahr durch einen hoch bedeutsamen und folgenreichen Vertrag abgesichert.

Der nur indirekt überlieferte Vertrag, in der Forschung unter der Bezeichnung Vertrag von Saint-Clair-sur-Epte bekannt und im Allgemeinen auf 911 datiert, markiert einen entscheidenden Umschlag in der Geschichte der Normannen, und zwar räumlich bezogen auf das Siedlungsgebiet, das Karl der Einfältige dem Normannenführer Rollo und dessen Gefolgsleuten übertrug. Wesentlich dafür sind vor allem zwei Veränderungen von fundamentaler Bedeutung.

Die erste Veränderung ist der mit der Taufe Rollos und seiner Gefährten vollzogene Übertritt zum Christentum, zunächst ein gewiss rein äußerlicher Vorgang, der aber allgemeine Aufnahme fand. Soweit man das erkennen kann, ließen die Neubekehrten ihre alten Götter ohne erkennbaren Widerstand hinter sich. Im Herrschaftsgebiet Rollos etwa, der Normandie, waren die einheimischen Westfranken längst Christen und wurden nach ihrem Herrschaftswechsel nicht gehindert, ihren Glauben weiter auszuüben. Bezeichnend dafür ist, dass Rollo den geflohenen Erzbischof von Rouen wieder zurückkehren ließ. Die Verbindung des Herzogs mit dem Erzbischof wurde geradezu symptomatisch für die Verbindung der Normannen mit dem Christentum, das zugleich die Brücke zu den fränkischen Vorbewohnern schlug, deren Kirchen fortbestanden und, wo sie beschädigt oder zerstört waren, wieder in Stand gesetzt wurden. Daneben entstanden neue Kirchen, die schon bald ein eigenes normannisches Gepräge trugen.

Rollo, der sich in Rouen festsetzte, fand seine letzte Ruhestätte in der Kathedrale zu Rouen. Sein Sohn und Nachfolger Wilhelm Langschwert heiratete eine christliche Prinzessin karolingischen Geblüts, was auf der Ebene des Herzogs der allgemeinen normannischen Praxis entsprach, einheimische, das heißt fränkische und christliche, Frauen zu heiraten. Wilhelm Langschwert ließ sich die Förderung der Klöster und Mönche angelegen sein und hat damit die Blüte des Mönchtums in der Normandie eingeleitet, die um die Jahrtausendwende deutlich in Erscheinung trat und für ganz Europa vorbildliche Bedeutung gewann.

Die Normannen haben sich also nach dem Vertrag von Saint-Clair-sur-Epte innerhalb einer, allenfalls zweier Generationen von Plünderern und Feinden in Gründer und Förderer der Kirchen ihres Landes verwandelt. Sie haben in ihrem neuen Siedlungsgebiet mit einer Aufnahmebereitschaft sondergleichen in kürzester Zeit nachgeholt, was die Franken sich als Wegbereiter Europas in Jahrhunderten angeeignet hatten und was ihnen im Guten wie im Bösen seit langem zur Gewohnheit geworden war. Ihre Mischung mit der westfränkischen Vorbevölkerung hat sich von vornherein als ungewöhnlich fruchtbar erwiesen.

Die zweite Veränderung, die sich aus dem Vertrag von Saint-Clair-sur-Epte ergab, war nicht weniger wirkungsvoll: Die Normandie, die damit als eigenes Gebilde ins Leben tritt, bleibt das Land der Normannen. Aber dieses Fürstentum ist ein Lehnsfürstentum des westfränkisch-französischen Königs, das neben den Normannen auch Westfranken umschließt, die sich mit jenen vermischen, wobei freilich bedeutsam bleibt, dass der Adel sich nachdrücklich als normannisch verstand. Rollo wurde bereits Herzog genannt; dementsprechend galt die Normandie als Herzogtum, das die Grafschaften Rouen, Evreux, Lisieux mit benachbarten Gebieten umfasste, die im Übrigen in den Jahren 924 und 933 für Nachzügler noch nach Westen hin um die Landstriche um Avranches und Coutances erweitert wurden, womit die Normandie im Wesentlichen ihre fortan gültige Ausdehnung erhalten hatte.

Es versteht sich, dass auch hier die Umorientierung nicht von einem Tag auf den anderen erfolgte. Aber auch wenn man berücksichtigt, dass einzelne Scharen in der Folgezeit noch an Raubzügen teilgenommen haben, so sind dies Rückfälle in alte Gewohnheiten, denen der Boden schon entzogen war. Denn es zeigte sich, dass der neue Herzog Rollo wie auch seine Nachfolger als Kronvasallen der Lehnspflicht gegenüber ihrem königlichen Herrn stets gerecht wurden, indem sie ihm die Waffenhilfe leisteten, auf die er Anspruch hatte.

Der Normandie haben die Normannen nicht nur ihren Namen gegeben, sie haben sie auch durch zahlreiche Burgen geprägt. Ein prominentes Beispiel in dieser Burgenlandschaft ist aus späterer, nachnormannischer Zeit das auf einem Bergsporn oberhalb der Seine gelegene Château Gaillard, 1197/98 vom englischen König Richard Löwenherz zum Schutz der Stadt Rouen angelegt. Es diente den Engländern nach dem Verlust von Gisors an den französischen König als neue Grenzsicherung. Bald nach dem Tod König Richards gelang es jedoch dem französischen König Philipp II., die Festung zu erobern. Das Bauwerk mit einer Gesamtlänge von 180 Metern steht in der Tradition der normannischen Burgen und bildet zugleich ihren kulminierenden Abschluss: Vor- und Mittelburg sind durch einen tiefen Graben getrennt, innerhalb der Mittelburg erhebt sich, durch einen weiteren Graben geschützt, die Hauptburg mit dem runden Donjon an der von der Natur am besten gesicherten Seite des Kalkfelsens.

Entscheidend ist, dass mit dem Vertrag zwischen Karl dem Einfältigen und Rollo das Lehnrecht Einzug in der Normandie hielt. Grundlage dafür war der Lehnseid, den Rollo dem König *pro tutela regni* (zum Schutz des Reiches) schwor; ihm folgten Handgang und Treueid der *comites* nach, die diese ihrem Herzog Rollo leisteten mit dem Gelöbnis, ihm (als Krieger) zu dienen und die Nachbarvölker zu »bekämpfen«. Bei der Erweiterung des Herzogtums im Jahre 933 hat Rollos Sohn Wilhelm Langschwert auch die bretonischen Grafen von Dol und Rennes zur Lehnsleistung gezwungen, die bereits unentbehrlich war und fortan stets gültige Regel blieb. Zu dieser Regel gehörte die Stufenfolge der Vasallität vom König zum Herzog, von diesem zu den *comites* und *fideles*. Das heißt: Die fränkischen Formen der Vasallität haben sich in der Normandie schon in den ersten beiden Generationen durchgesetzt. Ebenso ist gegen die alte normannische Besitzvorstellung die fränkische Landleihe, das *beneficium*, relativ rasch heimisch geworden, und schließlich spielt sich auch der Zusammenhang zwischen Vasallität und Lehen allmählich ein.

Im Großen und Ganzen darf man sagen, dass die Festsetzung der Normannen in dem nach ihnen benannten Gebiet sich sowohl für das westfränkische Reich als auch für die Normannen selbst gelohnt hat: Sie haben dem Westreich den Schutz, den Karl der Einfältige von ihnen gefordert hatte, in der Tat geboten. Sie haben die Lehnsoberhoheit dieses fränkischen Herrschers wie auch seiner Nachfolger stets anerkannt und sind dabei vor allem ihren militärischen Lehnspflichten durchaus gerecht geworden. Sie selbst haben ein eigenes Land gewonnen, das ihnen neuen Lebensraum und die Möglichkeit eines neuen Anfangs bot.

Dieser Anfang hat die Normannen religiös und herrschaftlich auf neue Grundlagen gestellt. Der Übertritt zum Christentum sollte ihr weiteres Schicksal tief prägen. Der neue Glaube wird selbst da, wo man es am wenigsten vermutet, nämlich auf militärischem Gebiet, als starke Triebkraft erkennbar. Und nicht zuletzt waren die Normannen von nun an in die im Großfränkischen Reich begründete und seitdem wachsende Gemeinschaft des werdenden Europa einbezogen.

In dieselbe Richtung wirkte auch die Übernahme des Lehnswesens, mit der sich die Normannen fränkisch-karolingisches Erbe zu Eigen machten. Zwar hat das neue Herrschaftssystem unter der Nachwirkung des normannischen Gefolgschafts- und Landnahmerechts zunächst nur die herzoglichen *comites* erreicht, aber schon die Nachfolger Rollos, die die Vorzüge des herrschaftlich ausgerichteten Lehnrechts durchaus erkannten, haben nach der Jahrtausendwende den erstarkten Adel systematisch in das Feudalsystem einbezogen, wobei es ihnen gelang, die feudalen Bindungen zur Stärkung ihrer eigenen Autorität zu nutzen. Kurz nach der Jahrtausendwende stellten sie bereits eine Feudalmacht ersten Ranges dar.

Mit der Besitznahme der Normandie haben sich die Fremden in Verbindung mit der einheimischen Bevölkerung schnell entfaltet und schon bald Zentren neuer Energien gebildet, unter denen zum Beispiel Burgen eine neuartige Rolle spielten. Offenbar haben die einstigen Krieger ihre kriegerischen Neigungen dabei aber nicht eingebüßt. Vor allem der erstarkte Adel hat trotz seiner Lehnsbindung an den Herzog immer wieder versucht, seine Eigenmacht zur Geltung zu bringen.

Es bleibt ein erstaunliches Phänomen, dass die Normannen bereits ein Jahrhundert, nachdem sie sesshaft geworden waren, zu neuen, kühnen Unternehmungen in zum Teil weit entfernte Gegenden aufbrachen: Von 1016 an eroberten sie in jahrzehntelangen Kämpfen mehrere Fürstentümer in Süditalien; 1060 begann die Eroberung Siziliens, die 1091 zum Abschluss kam, um 1100 die des Fürstentums Antiochia. Damit ließen sie es noch lange nicht bewenden, doch sei von den weiteren Unternehmungen nur noch die größte von allen erwähnt: die Eroberung Englands im Jahre 1066. Mit ihr begann nicht nur für England, sondern für ganz Europa ein neuer Abschnitt der Geschichte.

Man kann nicht übersehen, dass alle diese Unternehmungen unter sehr unterschiedlichen Voraussetzungen zu Stande gekommen sind. Sie sind fast ausnahmslos von einzelnen bedeutenden Adligen und ihrem Anhang in Angriff genommen, erstritten und behauptet worden. Dass es sich im Grunde fast immer um Einzelunternehmungen handelt, zeigt, welchen beträchtlichen Spielraum der einzelne

Adlige noch immer besaß; andererseits wird im Verlauf der Ereignisse aber auch erkennbar, dass diese Eroberungen keineswegs isoliert erfolgten, sondern dass die Akteure durchaus Verbindung untereinander hielten.

Die Eroberung Englands hob sich indes von allen anderen Eroberungszügen der Normannen dadurch ab, dass sie unter der Leitung des Herzogs Wilhelm (II.) von der Normandie, dem die Geschichte den Beinamen »der Eroberer« zuerkannte, als eine große normannische Gemeinschaftsaufgabe durchgeführt worden ist. Der Herzog gab, gestützt auf seinen Erbanspruch auf die Nachfolge König Eduards des Bekenners und auf den Eidbruch von dessen Nachfolger Harold, der Wilhelms eigener Vasall war und seinen Anspruch anerkannt hatte, den Anstoß zur Eroberung und behielt sowohl die Vorbereitung als auch die Durchführung des Unternehmens fest in der Hand. Er sorgte für die diplomatische Absicherung, die auch den Papst einschloss, und zog, ausgerüstet mit einer imposanten Flotte und dem riesigen Heer seiner Krieger, das durch die Anwerbung fremder Söldner noch verstärkt worden war, am 14. Oktober 1066 an der Spitze seiner schweren Reiterei bei Hastings in die Entscheidungsschlacht. Der Sieg, der durch den Bau mehrerer Burgen gesichert wurde, gipfelte am Weihnachtsfest 1066 zu Westminster in der Krönung des Herzogs der Normannen zum König von England.

Die Ausweitung war außerordentlich und brachte das Land außen- wie innenpolitisch in völlig neue Zusammenhänge. Der normannische Herrscher griff plötzlich über den Kanal aus und bezog das Königreich England in die normannische Herrschaft ein. Fortan bildete die Normandie den Knotenpunkt der Verbindung Englands mit Frankreich, da der französische König der Lehnsherr des normannischen Herzogs war, dieser aber entzog sich als König von England der französischen Lehnshoheit – eine komplizierte Kombination, die geschichtlich nicht ohne Folgen bleiben konnte. Damit ist aber nur die eine Seite der Eroberung beschrieben. Die zweite Seite ist nicht weniger bedeutsam und folgenreich, insbesondere für England selbst, das durch die Verbindung mit der Normandie in eine neue Phase seiner Geschichte trat, in der es sich an der Seite der Normannen militärisch, rechtlich und kulturell stärker als zuvor an die Entwicklung des kontinentalen Europa anschloss.

Dies gilt in erster Linie für das Lehnswesen, für dessen Einführung sich geradezu ideale Voraussetzungen boten. Die Eroberung spielte dem Sieger die Chance gewaltiger Konfiskationen in die Hand, die Wilhelm in seiner zupackenden Art mit klarem Blick nutzte, indem er das Land mit Lehen überzog und das Lehnswesen mit aller Konsequenz einführte. So konnte er die Krondomäne, über die sein Vorgänger verfügt hatte, um das Doppelte erweitern – und behielt immer noch genug, um nicht nur seine adligen Helfer mit ungewöhnlich großen Lehen zu belohnen, sondern auch die Masse seiner Krieger wie die Söldner gebührend auszustatten. Er baute einen voll durchgebildeten Lehnsstaat auf, der selbst sein fränkisches Vorbild übertraf. Er nahm den Grundsatz *nulle terre sans seigneur* vorweg, der, in Deutschland nie, in Frankreich erst seit dem 13. Jahrhundert als Anspruch formuliert, der Verwirklichung entgegenging.

Wilhelms Erfolge in England blieben nicht ohne Rückwirkung auf die Verhältnisse in seinem Stammland, der Normandie, die er als Herzogtum beibehielt. Mit der gestärkten Autorität des Siegers konnte er jetzt die feudalen Rechte und Beziehungen straffen und erweitern, indem er, wie in England, über die Vasallen auch die Untervasallen enger in das feudale Beziehungsnetz einband. So wurden nach den *comites* auch die *milites*, unbeschadet ihrer Pflichten gegenüber ihren Lehnsherren, den *comites*, an ihren Oberlehnsherrn, den Herzog, gebunden. Er stand an der Spitze einer streng gegliederten Lehnspyramide, die in klarer Abstufung bis zu den einfachen *milites* reichte.

Die höchste Pflicht des Vasallen war der Herrendienst, und diese Regelung kam besonders dem Heerwesen zugute, das den Normannen ohnehin schon immer am Herzen gelegen hatte. Waren sie zunächst noch unter einzelnen Führern als Banden ausgezogen, so hatte schon der Heerführer Rollo mit der Begründung der Normandie das Bandenwesen zurückgedrängt und nach und nach eine einheitliche Gewalt errichtet. Dabei erwies sich das Lehnswesen als das entscheidende Mittel zur Eingliederung und Unterordnung der Führer. Den überzeugendsten Ausdruck seiner Leistungsfähigkeit hat dieses System in der Eroberung Englands durch Wilhelm den Eroberer gefunden. Dieser Erfolg zeigt das normannische Heer auf der Höhe der Zeit.

Es ist ein Glücksfall, dass uns von diesem Ereignis neben den erzählenden Quellen ein zeitgenössisches Bildzeugnis von hoher Qualität überliefert ist: der berühmte Teppich von Bayeux. Der Teppich schildert den Kampf als Reiterkampf. Er wird zwar durch Bogenschützen eingeleitet und von Fußkämpfern begleitet, aber diese figurieren nur am Rande. Das Gewicht liegt eindeutig auf der Reiterei, die auch die Entscheidung herbeiführt. Die taktische Überlegenheit sicherten sich die Normannen durch einen Überraschungsangriff ihres Reiterheeres. Infolge dieser Maßnahme musste die sächsische (englische) Reiterei zu Fuß kämpfen, weil sie, abgesehen von ihren Führern, nicht mehr zum Aufsitzen kam. Im Übrigen ist in der Ausrüstung der Heere kein Unterschied wahrzunehmen. Die berittenen Krieger, wie im Frankenreich *milites* genannt, tragen auf beiden Seiten Ketten- und Ringelpanzer, dazu mandelförmige Langschilde und Helme mit Nasenschutz, die in der Literatur vielfach als normannische Helme bezeichnet werden. Die Langschilde sind in der Regel farblich umrandet und entweder ornamental oder figürlich geschmückt; sie kennzeichnen offensichtlich ihren Träger, so dass sie wie eine Vorform der Wappen wirken, ohne freilich bereits echte Wappen zu sein. Auch die Schildform wird gern als normannisch bezeichnet, allerdings mit fraglichem Recht – fraglich insofern, als sie ebenso wie der Nasalhelm zwar zuerst auf dem Teppich von Bayeux bezeugt ist, jedoch nicht nur für die Normannen, sondern ebenso für ihre sächsischen Gegner. Danach hat sie dann bekanntlich allgemein Verbreitung gefunden, so dass die Quellenlage keinen sicheren Schluss über die Priorität ihrer Einführung zulässt. Erlaubt sei aber die Annahme, dass die Normannen zumindest zur Entwicklung und Verbreitung der Schildform kräftig beigetragen und sie zweifellos weiterentwickelt haben.

Besonders eindrucksvoll schildert die Bilderfolge des Teppichs den Gebrauch der Hauptangriffswaffen Lanze und Schwert, der seit je allen *milites* gemeinsam war. Es lag in der Natur der Sache, dass das Schwert erst an die Reihe kam, wenn der Kampf durch den Einsatz der Lanze noch nicht entschieden oder die Lanze gebrochen war. Vor allem aber ist aufschlussreich, dass die verschiedenen Arten der Handhabung der Lanze erkennbar werden. Während sie beim Anmarsch mit dem Lanzenschuh auf den Steigbügel gestützt, oft auch geschultert oder frei in der Hand getragen wurde, ändert sich das Bild beim Angriff. Nun sucht der Reiter seine Reichweite zu verlängern, indem er die Lanze auf den Gegner schleudert; am sichersten und wirkungsvollsten wird diese Waffe jedoch zum Stoß verwandt, zumal wenn der Angriff in geschlossener Formation erfolgt. In beiden Fällen ist der Reiter auf einen festen Stand angewiesen, den der Steigbügel ermöglicht. In der Tat sind auf dem Teppich alle *milites* mit Steigbügel dargestellt, übrigens auch mit Sporen, die in der Blütezeit des Rittertums zum ritterlichen Standessymbol werden.

Der Teppich zeichnet ein ungewöhnlich breites Bild der Schlacht und gibt gleichsam nebenbei noch einige Hinweise, die unsere Aufmerksamkeit verdienen. So beteiligt sich zum Beispiel der Bischof Odo von Bayeux, der Halbbruder Herzog Wilhelms, an der Schlacht, wobei er in der üblichen Weise gepanzert erscheint, als Bischof aber statt des Schwertes eine Keule trägt; in früheren Szenen spielen Reliquien und eine Kirche eine Rolle; außerdem ist unmittelbar vor der Schlacht unter anderem der Bau eines *castellum*, einer Burg, dargestellt und ausdrücklich vermerkt.

Diese Hinweise sind insofern interessant, als sie das Spektrum der Beobachtungen zur fränkischen *militia*, der die normannische nachgebildet ist, erweitern, zumal dann, wenn man diese Hinweise durch Nachrichten der Geschichtsschreibung ergänzt. So ist die Tatsache, dass Bischof Odo von Bayeux in eigener Person Kriegsdienst leistet, noch keine Besonderheit, sondern zeigt nur, dass die Normannen sich als gelehrige Schüler der Franken erwiesen; denn es entspricht der bereits von Karl dem Großen angewandten Praxis, die geistlichen Großen wie alle Kronvasallen zum Kriegsdienst heranzuziehen. Bischof Odo kam also nur seiner Lehnspflicht nach. Bemerkenswert ist aber, dass er bei voller Rüstung statt des Schwertes eine Keule trägt. »Wer zum Schwert greift, soll durch das Schwert fallen«, durch dieses kirchliche Verbot ist den Geistlichen der Kriegsdienst untersagt. Indem der Bischof eine Keule trägt, lässt er sich formal nichts zu Schul-

1 Der Wind wirft Harolds Schiffe ans Land des Grafen Guido von Ponthieu.

3 Auf zwei Reliquienschreinen leistet Harold Wilhelm einen Treueeid.

5 Nach Überquerung des Kanals rücken Wilhelms Normannen gegen Harold vor.

Auf dem siebzig Meter langen Teppich von Bayeux ist die Geschichte vom Kampf zwischen Harold, Earl of Wessex, und Herzog Wilhelm von der Normandie um die Krone Englands dargestellt, der mit dem Sieg Wilhelms in der berühmten Schlacht von Hastings 1066 endete. Die Stickerei zählt zu den wertvollsten und lebendigsten Zeugnissen, die uns aus der Welt der Normannen überliefert sind.

2 *Guido befiehlt seinen Leuten, Harold festzunehmen.*

4 *Zurück auf der Insel, lässt Harold sich zum König von England krönen.*

6 *Herzog Wilhelm, den man verwundet glaubte, öffnet sein Visier und gibt sich zu erkennen.*

Auch Wilhelms Bruder, Bischof Odo von Bayeux, nimmt am Kampf teil (6. Bild, Zweiter von links), allerdings mit der Keule, nicht mit dem für die Geistlichen verbotenen Schwert.

den kommen, obwohl die Keule demselben Zweck dient wie das Schwert. Dieser Formalismus ist für die ganze Zeit charakteristisch. Doch soll hier der Bischof Odo von Bayeux nur als Beispiel dafür dienen, dass das Lehnswesen bei den Normannen wie schon bei den Franken auch die Kirche als Teil der Herrschaft erfasst.

Aber auch der kirchliche Einfluss im Lehns- und Heerwesen gewinnt an Geltung. Dass die Einwirkung auch in umgekehrter Richtung erfolgt, wird deutlich, wenn der Sachse Harold nach dem Bildzeugnis des Teppichs dem Herzog und nachmaligen König Wilhelm den Lehnseid über zwei Reliquienschreinen schwört. Am deutlichsten ist die direkte Einflussnahme der Kirche erkennbar, die sich aber auch in ihrer Wirkung widerspiegelt. So berichtet der Geschichtsschreiber Wilhelm von Poitiers, dass Papst Alexander II. vor der Schlacht von Hastings dem Normannenherzog Wilhelm die Fahne des heiligen Petrus als siegverheißendes Zeichen übersandt habe, das nach den Forschungen Carl Erdmanns als Symbol des heiligen Krieges gelten darf. Derselbe Wilhelm von Poitiers weiß zu berichten, dass Herzog Wilhelm vor der Schlacht der Messe beigewohnt, sich den Leib des Herrn habe reichen lassen und sich danach die Reliquien, über denen sein Gegner Harold den gebrochenen Eid geschworen hatte, um den Hals legte. Der Normannenherzog war offenbar überzeugt, dass die Reliquien wie der vorausgegangene Gottesdienst ihm zu einem günstigen Ausgang der Schlacht verhelfen würden. Dem entspricht auch der Schlachtruf der Normannen, der nach dem *Roman de Rou* des Robert Wace »Dieu aie!« – »Gott helfe!« – gelautet hat. Dieser Ruf erinnert sehr an die Parole bei der Mobilisierung der Ritter für den Ersten Kreuzzug durch Papst Urban II. in Clermont: »Deus lo vult!« – »Gott will es«! Beide Ausrufe sind von derselben Grundüberzeugung inspiriert. Ohne Zweifel war die Christianisierung der Normannen inzwischen so weit fortgeschritten, dass sie jetzt auch ihrer Haltung zum Krieg eine neue Ausrichtung gab.

In einen ganz anderen Bereich führen die Bildhinweise des Teppichs auf Burgen, die bis dahin im Zusammenhang mit *milites* nicht in den Blick treten. Von den dargestellten Burgen haben einige, nach Ordericus Vitalis jedoch nur wenige, in England bereits vor dem Einfall der Normannen existiert. Aber erst die Normannen haben das Land mit Burgen übersät, die im Übrigen in der Normandie bereits in großer Zahl bestanden. Der Burgenbau verweist auf die neue Funktion dieser Zufluchtsorte, die in England eindeutig in den Zusammenhang mit der Eroberung des Landes gehören. Das gilt auch für die auf dem Teppich dargestellte Burg, die nach der Beischrift auf Befehl Wilhelms des Eroberers errichtet wurde. Das Bild zeigt, wie mehrere Erdschichten aufgetürmt werden, die offenbar das Fundament einer so genannten Motte bilden, das heißt einer künstlich erhöhten Burg. Dieser Typ, der erst mit den Normannen in England Einzug hielt, war diesen aus der Normandie bereits vertraut. Hier wird erkennbar, dass es sich bei den Burgen nicht mehr um reine Fluchtburgen für die bedrohte Bevölkerung, sondern um militärische Stützpunkte der *milites* handelt. Ihre Verbindung mit Burgen ist offenbar herrschaftlich begründet, und es ist die Frage, ob dieser Bezug nicht überhaupt zuerst bei den Normannen festgestellt werden kann. Die Frage ist insofern wichtig, als die *militia* mit dem Bezug zur Burg strukturell eine tiefgreifende Veränderung erfährt: Die *militia* erhält durch diesen Bezug einen neuen Wirkungskreis mit einer Vielzahl neuer Zentren, in denen neben der militärischen vor allem die herrschaftliche Bedeutung dieser Gruppe sichtbar zum Ausdruck kommt. In Zukunft wird die Burg die Wehr-, Herrschafts- und Heimstatt der Ritter sein, werden Rittertum und Burg eine feste Einheit bilden.

Es liegt auf der Hand, dass unter diesen Voraussetzungen die Bindung der *milites* an die Burg als ein gewichtiges Kriterium – wenn auch nicht als einziges – für den Übergang vom Krieger- zum Rittertum gelten darf. So legt das normannische Beispiel nahe anzunehmen, dass im selben Zusammenhang die Einwirkungen der Kirche auf die *milites* eine wichtige Rolle spielten. Ob es sich hierbei um Veränderungen von regionaler oder von allgemeiner Bedeutung handelte, lässt sich nur unter einem weiteren Horizont überprüfen, der Vergleichsmöglichkeiten gewährt.

2. Die »agrarii milites« Heinrichs I. und die Bildung einer neuen Reiterei

Annähernd gleichzeitig mit der Festsetzung und der durch sie ausgelösten Wandlung der Normannen wird aus Sachsen von den so genannten *agrarii milites* berichtet, die mit den *milites* der Franken offensichtlich nicht gerade viel gemeinsam haben. Nach dem Bericht Widukinds von Corvey handelt es sich um Bewohner Sachsens, die normalerweise das Land bestellten, also wohl um Bauern, und zwar um waffenfähige, das heißt um freie Bauern. Wie Widukind hervorhebt, bewog der Ansturm der Ungarn aus dem Osten König Heinrich I., den Bauern neben der Bestellung ihrer Felder auch den Schutz ihres Landes, der *patria*, anzuvertrauen, wobei ihnen bereits bestehende oder noch zu errichtende Burgen (*urbes*) Rückhalt bieten sollten. Auf diese Doppelaufgabe geht offenbar Widukinds Bezeichnung *agrarii milites* zurück, womit er diese deutlich von den »normalen« *milites* unterscheidet.

Der Unterschied liegt vor allem in ihrer neuartigen Organisation, eine unmittelbare Reaktion Heinrichs I. auf die Bedrohung durch die Ungarn. Diese Bauern bildeten die Ergänzung zu dem bestehenden Heerbann, der dem Angriff der Ungarn nicht gewachsen war. Man muss daher beide Organisationsformen, die der *agrarii milites* und die der *milites*, ins Auge fassen, um die Besonderheit der einen gegenüber der anderen erkennen zu können.

Wie Widukind darlegt, hat König Heinrich I. den neunjährigen Waffenstillstand, den er (wohl 926) durch die Auslieferung eines gefangenen Führers der Ungarn erkaufen konnte, genutzt, um eine neue Grenzverteidigung zu organisieren. Ein Teil dieser Grenzsicherung diente eindeutig der Verteidigung, der andere darüber hinaus dem Angriff. Beide Teile sind klar und deutlich voneinander unterschieden, aber nach dem Bericht Widukinds durchaus einander zugeordnet. Den einen Teil bilden die *agrarii milites*, den anderen eine schlagkräftige Reiterei, die zur selben Zeit ins Leben gerufen wurde.

Was die *agrarii milites* angeht, so kann kein Zweifel bestehen, dass sie ausschließlich für die Verteidigung bestimmt waren. Sie sollten den

Boden, auf dem sie saßen und den sie bestellten, verteidigen. Die Verteidigung sollte mit Hilfe der Burgen erfolgen, die sie entweder neu zu errichten oder auszubauen hatten. Der Zusammenhang der *agrarii milites* mit den Burgen ist auf jeden Fall wesentlich; er bildet die Voraussetzung für die Erfüllung der ihnen neu zugewachsenen Aufgabe. Wesentlich ist ebenso, dass die als *agrarii milites* charakterisierten Bewohner in Gruppen zu je neun *confamiliares* eingeteilt wurden, was gewöhnlich mit »Genossen« übersetzt worden ist. Der Begriff könnte aber auch auf die Angehörigen einer *familia*, das heißt auf Unfreie, bezogen werden – eine Annahme, die schon mehrfach vertreten worden ist, sich aber nie durchsetzen konnte. Tatsächlich handelt es sich um eine Frage, die nicht philologisch, sondern historisch gelöst werden muss. Hier interessiert nur die auffallende Einteilung der *agrarii milites*, die als solche schon vielsagend genug ist, denn es ist unvorstellbar, dass der König die Hauptlast der Verteidigung des Landes (ausdrücklich als *patria* der *agrarii milites* bezeugt!) Unfreien überlassen haben sollte.

Die Teilung in Neunergruppen hatte folgenden Sinn: Der jeweils größte Teil der Gruppe, nämlich acht Mann, hatte sich um Saat und Ernte und den normalen Fortgang der Wirtschaft zu kümmern, während der neunte Mann für die gesamte Gruppe, die sein Feld mitbestellte, den Burgenbau zu betreiben hatte. Dies ging natürlich nur, wenn ihm dafür zumindest sein Gesinde zur Verfügung stand, was aber für die normale Feldarbeit der übrigen acht wohl ebenso gegolten haben dürfte. Die Aufteilung auf verschiedene Aufgabenbereiche ist jedenfalls nicht zu übersehen. Sie zeigt an, dass der Bebauung des Landes größeres Gewicht zukam als dem Burgenbau: Die Burg hat dem Land, nicht das Land der Burg zu dienen. Das wiederum heißt, dass der Herr der Burg offenbar der Herr des Landes ist, der König, der dementsprechend auch ihr Auftraggeber ist.

Im Übrigen ist nicht zu übersehen, dass von einem Burg- oder Grundherrn zwischen dem König und den *agrarii milites* nicht die Rede ist, allem Anschein nach auch nicht bei den Burgen, die es im Grenzgebiet Sachsen schon gab und die Widukind mit Namen nennt. Da diese aber für den Schutz der gesamten Bevölkerung nicht ausreichten, sollte Heinrichs Burgenprogramm sie komplettieren. Die Vorkehrungen, von denen Widukind berichtet, wirken freilich recht bescheiden. Er hebt die Errichtung steinerner Mauern hervor, die es sonst im Lande kaum gab; außerdem bezeugt er Vorratshäuser für Ernte und Nahrung und im Notfall Unterkünfte für die Erbauer, ihre Genossen (*confamiliares*) und deren Angehörige. Nach den Grabungsbefunden der Archäologen dürften zu den Mauern jeweils noch Wall und Graben hinzukommen, insgesamt also Grundformen der einfachsten Art, aus denen die künftigen Burgen noch kaum zu erahnen sind.

Es ist bemerkenswert, dass die Burgen der *agrarii milites* nie um einen Hof, etwa einen Adelshof, errichtet worden sind. Sie lagen vielmehr abseits von den Höfen, offenbar aber so, dass sie von der jeweiligen Neunergruppe samt Angehörigen leicht zu erreichen waren. Widukind überliefert, dass die neuen Burgen von ihren Erbauern bereits während der Bauzeit zu Zusammenkünften, Festen und Gelagen aufgesucht werden sollten, damit die Bevölkerung sich schon im Frieden darauf einstelle, wie sie sich bei feindlichen Einfällen zu verhalten habe.

Soweit man sehen kann, hat sich in der Folgezeit ein wirkliches Gemeinschaftsleben um diese Burgen, von denen nur wenige Reste noch erhalten sind, jedoch nicht entwickelt. Die Dinge sind offenbar anders verlaufen, als es die Planung vorsah. So lässt sich von den so genannten Heinrichsburgen nur sagen, dass sie im Grunde nur Fluchtburgen waren, darauf angelegt, sich in Volksburgen zu verwandeln. Aber die Zeit der Volksburgen war bereits vorbei. Verglichen mit den Burgen, die die Normannen – vor allem seit der Eroberung Englands – aufführten, stellen sie offensichtlich einen archaischen Typus dar. Die Zukunft sollte nicht der Volksburg, sondern der Herrenburg, vorab der Königsburg, danach der Adels- oder Dynastenburg gehören, die nicht nur vorübergehend, sondern ständig besetzt war, und zwar von ihrem Herrn oder dessen Stellvertreter mit einer Besatzung, die aus regulären *milites*, das heißt aus Berufskriegern, bestand.

Mit den Volksburgen war auch die Zeit der *agrarii milites* abgelaufen. Als die Bedrohung durch die Ungarn, die sie hervorgebracht hatte, vorüber war, ist von ihnen keine Rede mehr. Sie kehrten offenbar zu ihrer altgewohnten Tätigkeit in Haus, Hof und Feld zurück und waren wieder, was sie vordem gewesen, nämlich freie Bauern auf dem Boden ihrer *patria*. Als solche tauchen sie nach einer Zeit des Übergangs sogar wieder im Zusammenhang mit den künftigen Burgen auf, bezeichnenderweise erneut mit den herkömmlichen Aufgaben von Burgwerk und Wachdienst verbunden, die durchaus auch für Freie bezeugt sind. Während die Freien demnach in Sachsen mit dem Prinzip der Sesshaftigkeit eine gewisse Beständigkeit verkörpern, treten indessen die neuen Burgen und mit ihnen ihre Herren und deren Umgebung in neue Zusammenhänge ein.

Neben den *agrarii milites* hat Heinrich I. eine weitere Neuerung zum militärischen Schutz des Landes eingeführt. Da das Heer Heinrichs beim Einfall der Ungarn unfähig gewesen war, die auf ihren schnellen Pferden kaum zu packenden gefährlichen Eindringlinge zurückzuschlagen, sah sich der König veranlasst, sein Heer, das bis dahin offenbar vorwiegend ein Fußheer gewesen war, für den Reiterkampf zu schulen. Widukind bezeugt ausdrücklich, dass Heinrich die Schulung während des neunjährigen Waffenstillstands durchführen ließ und erst, als er im Reiterkampf erprobte Krieger aufbieten konnte, den Kampf gegen die erneut einfallenden Ungarn wieder aufnahm – mit dem Ergebnis, dass er bei Riade (wahrscheinlich an der Unstrut) 933 seinen bedeutendsten, in ganz Europa beachteten Sieg errang.

Der Sieg ging vornehmlich auf die neue Reiterei zurück, die sich dadurch zugleich ihre Zukunft sicherte. Während die *agrarii milites* nicht mehr unter den *milites* erscheinen, sondern als *rustici* wiederkehren, konzentriert sich der Begriff der *milites* in Zukunft auf die Reiterei. Damit scheint sich eine Annäherung an die Entwicklung des Westens anzudeuten. Verbindungen im Adel und in der Kirche könnten sie ermöglicht haben. Sicher ist, dass Otto der Große militärisch die Wandlung weiterführte, die sein Vater eingeleitet hat. Symptomatisch dafür ist der Siegeszug der Reiterei, die fortan den Kern des Heeres bildete. Auf sie engt sich der Begriff des *miles* immer mehr ein. Im 10. Jahrhundert sind unter *milites* dann auch in Sachsen wie in West- und Ostfranken nur noch berittene und schwer bewaffnete Krieger (*loricati*) zu verstehen, die gleichzeitig als Vasallen erscheinen. Das Lehnswesen hat also auch sie erfasst. Es war offenbar die treibende Kraft, die die *milites* in einen weiteren Zusammenhang brachte und ihnen zugleich Halt und Bestand gab.

Die Wandlung läuft, wie sich im Rückblick zeigt, auf eine Angleichung an die Verhältnisse hinaus, die sich im Großfränkischen Reich herausgebildet hatten und sich danach mit den Normannen auch in England durchsetzten, hier sogar noch konsequenter als in ihrem Ursprungsgebiet. Sie war in jedem Falle doppelter Natur: Einerseits geht aus der Tatsache, dass die *agrarii milites* nicht als *milites*, sondern als *rustici*, als Bauern, wiederkehren, in aller Deutlichkeit hervor, dass die Sonderung zwischen *milites* und *rustici* sich nach dem fränkischen Vorgang jetzt auch in Sachsen wie in Alemannien und Bayern vollzog – eine Sonderung, die im Übrigen bewirkte, dass die *milites* sich hier wie da über die Bauern erhoben. Andererseits – und dies ist hier von besonderer Bedeutung – kommt es unter den sich von den Bauern abhebenden *milites* über die Landesgrenzen hinweg zu einer Annäherung, hinter der die Triebkraft des Lehnswesens mit seinen mächtigen Komponenten Vasallität und Lehen steht.

Der Zusammenhang ist unverkennbar, denn in dem Maße, wie sich die *milites* über die Bauern erheben, nähern sie sich untereinander stärker an. Die regional und landschaftlich bedingten Unterschiede, die für die alte Kriegerschaft charakteristisch waren, schleifen sich ab, und unter der Einwirkung des Lehnswesens nehmen die nunmehr berittenen und schwer bewaffneten *milites* immer mehr gemeinsame Züge an, wobei das gemeinsame karolingische Erbe keine geringe Rolle spielte. Zu diesem Erbe gehört vor allem das Lehnswesen, das alle einbindet. Es schafft damit die Rahmenbedingungen, unter denen sich der Übergang vom Krieger- zum Rittertum vollzieht. Andere Bedingungen kommen hinzu, zum Beispiel die Einbeziehung der Burgen in das Feudalsystem, die nicht von vornherein vorgegeben war, aber von großer Bedeutung für das Leben und Wirken der Ritter werden sollte.

3. Die Bedeutung der Burg

Burg und Rittertum haben sich unserem Bewusstsein als eine feste, sich wechselseitig bedingende Einheit eingeprägt. In der Tat hat es Zeiten gegeben, in denen Ritter ohne Burg nicht denkbar waren. Gleichwohl verstand sich ihre Verbindung nicht von selbst.

Burgen sind nach dem Zeugnis der Geschichte auf jeden Fall älter als das Rittertum. Sie sind bereits in der Antike bezeugt, und sie tauchen selbst in den fernsten Kulturen auf. Offenbar gehen sie auf ein uraltes Schutzbedürfnis der Menschen zurück, das sich in vielfältigen Formen der Befestigung zu helfen sucht. Im europäischen Kulturkreis fanden besonders die römischen Wehranlagen weite Verbreitung, umringt und teilweise auch durchsetzt von Zufluchtsstätten der einheimischen Bevölkerung, die in der Zeit der großen Wanderungen allerdings wieder verfielen. Nach der Völkerwanderung setzt dann mit den Invasionen der Sarazenen, Ungarn und Normannen im 9. Jahrhundert ein Befestigungsbau ein, der sich wie eine mächtig anschwellende Welle von Italien und Spanien über das gesamte Großfränkische Reich beziehungsweise seine Nachfolgestaaten Frankreich und Deutschland bis nach England, Irland und Skandinavien ausbreitet. Mit den neuen Befestigungsanlagen kündigen sich die verschiedenen Typen der mittelalterlichen Burgen an.

Soweit man sehen kann, waren die Burgen in der Regel zunächst für die Verteidigung bestimmt. Dies war eindeutig der Fall bei den Wehranlagen, die Karl der Große gegen die Normannen einrichten ließ – Anlagen, bei denen es sich ausnahmslos um Bauwerke des Königs handelte. Sie genügten aber bald nicht mehr, denn die Angriffe nahmen zu. Da die Nachfolger Karls aber nicht zuletzt auf Grund ihrer inneren Zwistigkeiten nicht in der Lage waren, die Verteidigung weiter auszubauen, mussten notgedrungen Magnaten, die dazu mächtig genug waren, diese Aufgabe übernehmen. Auf diese Weise wuchs mit der Zahl der Burgen auch der Kreis derer, die für ihre Errichtung Sorge trugen und sich damit auch als ihre Herren fühlen durften. Sie verleibten schließlich die Burgen, die der König nicht an sich zu ziehen vermochte, ihrer eigenen Herrschaft ein.

Es kommt hinzu, dass es neben den großen Bedrängnissen der Zeit in den verschiedenen Landschaften auch regionale Gründe gab, die den Bau von Burgen veranlassten. Als Beispiel sei nur Sachsen genannt, wo es auch schon vor Karl dem Großen eine ganze Reihe von Burgen gab, und zwar nicht nur in den Grenzgebieten gegen Slawen oder Franken, sondern auch im Innern, wo es offenbar um die Durchsetzung oder Abgrenzung unterschiedlicher Herrschaften ging. So bildeten etwa die Sigiburg (Hohensyburg) an der Ruhr, die Eresburg (Obermarsberg) an der Diemel, die Brunsburg an der Weser und andere so wesentliche Zentren des sächsischen Widerstandes, dass Karl der Große die Eroberung Sachsens als einen regelrechten Burgenkrieg führen musste. Er behielt diese nach der Einnahme als Faustpfänder, indem er sie durch fränkische Besatzungen sicherte.

Diese Besatzungen waren ursprünglich Teile des Heeres, die zunächst immer wieder wechselten. Es war aber nur eine Frage der Zeit, bis man der Zweckmäßigkeit folgend von der wechselnden zur stehenden Besatzung überging. Möglicherweise haben die Normannen diesen Schritt als Erste getan. Jedenfalls sind bei ihnen auch bereits *milites* als Wächter der Burgen bezeugt.

Die Verbindung der *milites* mit den Burgen sollte bekanntlich die Lösung der Zukunft sein. Dies setzte allerdings in Bezug auf die alte Volksburg mehrere bedeutende Veränderungen voraus: Die Burg geriet in den Bannkreis der Herrschaft und wurde damit selbst zu einem Instrument der Herrschaft, und zwar zunächst der Königsherrschaft, danach aber auch der Adelsherrschaft, so dass sich zu den königlichen Burgen immer mehr Adelsburgen hinzugesellten. Die Zahl der Burgen, die nunmehr ausnahmslos Herrenburgen sind, wächst seit dem 10. Jahrhundert über den Bereich der Nachfolgestaaten des Großfränkischen Reiches hinaus auf erstaunliche Weise. Da sie in ihrer neuen Funktion als Herrschaftszentren nicht mehr die im Umkreis siedelnde Bevölkerung bei Gefahr aufnehmen, sondern nur den Burgherrn oder dessen Stellvertreter mit Familie und Gefolge beherbergen, gibt es bald mehr, dafür aber wesentlich kleinere Burgen, was besonders deutlich dort erkennbar ist, wo sie an derselben Stelle wie die alte Volksburg errichtet werden, aber nur ein Bruchteil von deren Ausmaßen erreichen. Bevorzugt werden für die neuen Burgen höher gelegene Bauplätze gewählt. Obendrein überhöht man sie durch einen mächtigen Turm oder eine Schildmauer, um damit ihre beherrschende Bedeutung weithin sichtbar zu machen.

Diese Stellung kommt voll zur Geltung, nachdem die Erbauer der Burgen vom Holzbau zum Steinbau übergegangen waren. Das dürfte um die Jahrtausendwende der Fall gewesen sein, und zwar allem Anschein nach zuerst im Nordwesten Frankreichs, in der Grafschaft Anjou, wo die Burg von Langeais an der Loire (zwischen Angers und Tours) jedenfalls vor 995 als eine der frühesten Steinburgen bereits bestand. Ihr Bauherr war Graf Fulco Nerra von Anjou, der überhaupt als einer der ersten großen Burgenbauer in die Geschichte eingegangen ist. Auf ähnliche Weise treten noch im selben Jahrhundert die Grafen von Ponthieu und wohl auch die mächtigen Grafen von Blois hervor. Es ist erstaunlich, wie schnell sich der Bau steinerner Burgen verbreitete. Auch dabei spielten wiederum die Normannen eine wichtige Rolle, die England, wo es nach dem Zeugnis des Ordericus Vitalis vor 1066 nur wenige Burgen gab, bereits während der Eroberung und in den folgenden Jahren in ein von Burgen übersätes Land verwandelten. Um 1100 sollen es bereits mehr als 500 gewesen sein, die meisten noch als Motten aus Erde und Holz errichtet, doch sind mitunter auch schon Steinburgen bezeugt. Seit der Jahrhundertwende ist der Siegeszug der Steinburg unübersehbar, und zwar über alle Grenzen der karolingischen Nachfolgestaaten hinaus.

Hier findet offenbar eine große Strukturveränderung statt, die für die gesamte feudale Welt charakteristisch ist. Die Burg ist nur das markanteste Zeichen dieser Veränderung, die sich im militärischen Bereich am deutlichsten zu erkennen gibt, in ihrer Auswirkung und Bedeutung aber weit darüber hinausgeht. Je deutlicher sie im Laufe der Zeit hervortritt, umso klarer wird erkennbar, dass ihre herausragende und schließlich oft dominierende Stellung in einem engen Zusammenhang mit der wachsenden Bedeutung der *milites* steht. *Milites* und *urbes* scheinen sich wechselseitig zu bedingen. Beide umschließt jedenfalls derselbe herrschaftliche Rahmen, in dem sich nach der Grundlegung unter Karl dem Großen seit dem 10. Jahrhundert eine stetige

Intensivierung vollzog, die durch den Ausbau oder die Lockerung der Feudalbeziehungen vorangetrieben wurde.

Auf den ersten Blick scheint es, dass der entscheidende Anstoß jeweils von den Mächtigen ausging, in erster Linie vom König oder – mit, eventuell aber auch ohne dessen Zustimmung – von Magnaten wie dem Herzog der Normandie oder dem Grafen von Anjou, in jedem Fall vom Herrn der Burg; die Gründung ist und bleibt in der Tat im Wesentlichen ihr Werk, wobei der Westen dem Osten unverkennbar vorangeht.

Aber auch im ostfränkisch-deutschen Reich nehmen sowohl die Burgen als auch die *milites* zu, erkennbar etwa in Gestalt der Burgwardverfassung unter Otto dem Großen, die neben militärischen auch Aufgaben der Verwaltung und der Gerichtsbarkeit umfasst, von denen anzunehmen ist, dass sie in den Aufgabenkreis der *milites* gehörten. Eindeutig bezeugt ist hier allerdings nur die Zunahme der Burgen und die der *milites*, noch nicht jedoch deren innerer Zusammenhang. Dass er bestand, liegt jedoch nicht nur in der Natur der Sache – er ist uns wenigstens zum Teil auch direkt bezeugt. Der Domherr Bruno von Merseburg schildert ausführlich, dass der junge König Heinrich IV. auf den Rat des Erzbischofs Adalbert von Bremen begann, »an einsamen Örtlichkeiten hohe und von Natur befestigte Berge zu suchen und auf ihnen Burgen zu errichten« (*castella fabricare*): für das Reich Schutz und Schmuck zugleich (*firmamentum et ornamentum*). Und ganz selbstverständlich fügt der Domherr hinzu, dass der König diese Burgen, als deren mächtigste Bruno die Harzburg hervorhebt, mit bewaffneten Kriegern (*militibus armatis*) und mit allem, was sie nötig hatten, ausstattete. Dabei erfährt man gleichsam nebenbei, dass die dort ansässige Bevölkerung, die zum Burgwerk herangezogen wurde, sich dieser Aufgabe widersetzte, weil die neuen Burgen nicht als Grenzburgen »gegen Heiden« (*contra paganos*) errichtet wurden. Den eigenen Landsleuten erschien das Bauprogramm des Königs wegen der mit den Bürgern verbundenen Belästigungen durch die *milites* zuerst nur als ein »kindisches Spiel«, womit Bruno widerwillig die herrschaftliche Funktion im Innern umschreibt.

Diese Mitteilungen sind zum Teil Gegnern des Königs in den

Mund gelegt, wie ja auch Bruno von Merseburg selbst kein Hehl aus seiner Abneigung dagegen macht. Gleichwohl haben sie für uns beträchtlichen Wert. Reduziert man sie auf ihren sachlichen Kern, so ergibt sich, dass um die Mitte des 11. Jahrhunderts auf Veranlassung Heinrichs IV. in seinem Reich, besonders in Sachsen, der Burgenbau kräftig zunimmt und dass diese Burgen planmäßig auf schwer zugänglichen Bergen errichtet und durchweg mit *milites* besetzt wurden, die nach Bruno dem Umland zur Last fielen. Die Burgen bildeten also den herrschaftlichen Mittelpunkt des Landes, und die *milites*, die als Vasallen in der Regel Burglehen erhielten, bezogen aus ihm ihren Unterhalt. Dabei hat es wohl auch Übergriffe gegeben. Auf jeden Fall ist wie im Westen nun auch im Osten der karolingischen Nachfolgestaaten der Burgenbau in Gang gekommen. Die Burgen verwandelten sich in Festungen aus Stein, die auf möglichst unzugänglichen Bergen aufragten. Damit demonstrierten sie die Macht ihres Herrn und waren zugleich Wohnburgen der *milites*, die sich ihrerseits mit den Burgen kräftig vermehrten.

Ging im Reich Heinrichs IV. (im Unterschied zu Frankreich, aber ähnlich wie in England) im Burgenbau der König noch voran, so folgt aber auch in Deutschland mit dem Investiturstreit der Adel in zunehmender Konkurrenz zum König nach. Berühmt ist das Beispiel des Herzogs Friedrich von Schwaben, von dem man nach dem Bericht seines Verwandten, des Bischofs Otto von Freising, sagte, dass er beim Ritt durch sein Herzogtum »am Schweif seines Rosses immer eine Burg nach sich zog«: offensichtlich ein Burgenbauer von der Art des Grafen Fulco Nerra von Anjou. Die Reihe, die mit diesem begann, hat sich inzwischen wie im Westen so auch im Osten verlängert.

Es ist die Zeit, in welcher der Adel, der bis dahin innerhalb seiner Grundherrschaft seinen Aufenthalt mal auf diesem, mal auf jenem Hof nahm, allenthalben auf die Berge zieht und dort in Burgen, abgehoben von der Masse seiner Dienstleute, von denen er auch weiterhin lebt, zu einem neuartigen, in buchstäblichem Sinne »gehobenen« Dasein übergeht. Je mächtiger er ist, umso größer ist die Zahl der Burgen, über die er gebietet und die insgesamt, weithin sichtbar, seine Macht bekunden. Aber selbst wenn ein Burgherr sich mit einer einzigen Burg begnügen muss, strahlt diese Macht und Herrschaft aus: Sie ist das unübersehbare Zeichen der Zugehörigkeit zur vielgestaltigen feudalen Welt. Allmählich gehen dann auch die Mächtigen, etwa Herzöge und Grafen, die über eine Vielzahl von Burgen verfügen, auf denen sie Aufenthalt nehmen können, dazu über, sich auf eine dieser Burgen zu konzentrieren, die damit als Zentrum der Herrschaft erkennbar wird.

Diese Konzentration war ebenso wirtschaftlich wie militärisch bedingt, sie ging aber in ihrer Wirkung noch weit darüber hinaus: Sie hat nämlich nicht nur zu einer Umstrukturierung des Adels geführt, sondern spiegelt auch die Umstrukturierung der *militia* im Ganzen wider.

Seit der Adel auf den Berg gezogen ist, hat er in der Burg einen festen örtlichen Mittelpunkt gefunden, der die lose Verbindung, die für die früheren Geschlechter in der Zeit ihrer Einnamigkeit kennzeichnend gewesen war, zu einer festen macht und dem Geschlecht einen neuen Halt gibt. Dieser Halt drückt sich in einem neuen Namen aus, nämlich (in erster Linie) im Namen der Burg, die zur Stammburg wird und allen (im Unterschied zum »Stammvater«, von dem man nur aus flüchtiger Erinnerung wusste) stets konkret vor Augen stand. Die Burg war der tatsächliche Mittelpunkt der eigenen Welt. Zu ihr bekannte man sich, indem man sich nach ihr benannte. Damit trat im Selbstverständnis des einzelnen Adligen zum Personennamen der Name der Stammburg hinzu, die gleichzeitig als Name des Geschlechts erscheint. Die Verbindung beider Namen zeigt symptomatisch das Bewusstsein des Zusammenhangs und zugleich die Verfestigung des Geschlechts an, das nunmehr auch den Begriff der Familie im gehobenen Sinne an sich zieht. Die Burg hat offensichtlich seine (und ihre) Struktur verändert. (Sie sind identisch geworden.)

Die Burg hat aber auch die Struktur der *milites* verwandelt; denn mit dem Adel haben die *milites* allgemein Einzug in die Burg gehalten. Sie hat wohl wesentlichen Anteil daran, dass Adel und *milites* zusammenwuchsen. In diesem Anteil vor allem offenbart sich der Übergang der *milites* vom Krieger- zum Rittertum. Mit dem »Zusammenwachsen« hat es allerdings seine besondere Bewandtnis: Es hat nicht nur eine, sondern mehrere Voraussetzungen, die zum Teil schon für die

Die über einem mächtigen Basaltgestein aufragende Burg Münzenberg in der Wetterau gehört zu den eindrucksvollsten Burgen der frühen Stauferzeit. Die Herren von Münzenberg, Ministerialen der Staufer, errichteten sie um die Mitte des 12. Jahrhunderts. Die von einer zum Teil doppelten Buckelsteinringmauer umgebene ovalförmige Anlage weist zwei Rundtürme auf, von denen der westliche (links im Bild) erst später errichtet wurde.

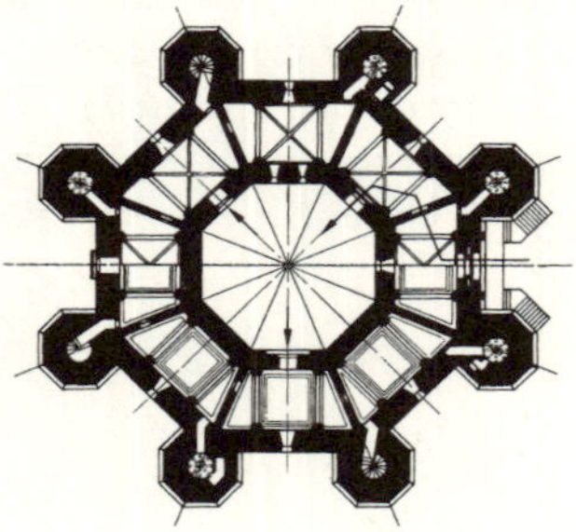

Aus der Spätzeit der Staufer stammt das Castel del Monte, die »Krone Apuliens«, wie Ferdinand Gregorovius den eigenwilligsten Profanbau Friedrichs II. nannte. Die Baumeister, wohl eine Zisterzienser-Bauhütte, verbanden Formen der Frühgotik mit Antikem und Orientalischem. Das Bauwerk fasziniert durch seine klare Monumentalität wie durch die Wirkung des Bündels der achteckigen Prismen, die aus dem Boden zu wachsen scheinen und dem Ganzen einen Kristallcharakter verleihen.

Das Innere macht auf Grund der fehlenden Durchgänge zwischen den trapezförmigen Räumen – sie sind nur über einzelne Treppenaufgänge erreichbar – den Eindruck eines Labyrinths. Die Frage nach dem architektonischen Sinn konnte bislang nicht befriedigend beantwortet werden.

Der Saal im Obergeschoss ist wie die übrigen Innenräume von einem quadratischen Kreuzrippengewölbe zisterziensischen Stils beherrscht, welches schlanke dreifache Säulenbündel aus hellgrauem Marmor tragen. Zwischen den zwei Fenstern sind Reste eines Kamins zu erkennen.

Burg selbst gelten, aber auch über sie hinausgreifen – und es hat zudem auch seine Grenzen.

Die Grundvoraussetzung für diese Entwicklung bildet das Lehnswesen oder (mit anderer Akzentuierung) der Feudalismus. Durch das ganze Mittelalter hindurch bleibt wirksam, dass die Vasallität nach ihren Anfängen in den unteren Schichten mit ihrer Militarisierung auf die Schicht der Freien und von ihnen bereits früh auch auf den Adel übergegriffen hat. Damit ist in der Vasallität eine Stufung eingetreten. Es gibt seitdem höhere und niedere Vasallen. Und da seit dem 9. Jahrhundert *vasallus* und *miles* bedeutungsgleich ist, gibt es dementsprechend auch höhere und niedere *milites*. Die höchsten sind diejenigen, die dem König direkt unterstehen: die Kronvasallen. Sie empfangen in der Regel größere Lehen und nehmen als *milites* demgemäß auch eine höhere Stellung, zum Beispiel als Heerführer, ein. Unter ihnen gliedert sich (unter der Oberhoheit des Königs!) das Gros der *milites* in mehrere Schichten auf, die insgesamt die *militia* bilden. Aber auch diejenigen, die auf der unteren Stufe stehen (sie werden später »Einschildritter« genannt), erheben sich noch über die allgemeine Bevölkerung, repräsentiert durch die *rustici*, das Landvolk, das die Bauern, aber eben nicht mehr nur freie Bauern, umfasst.

Generell bleibt festzuhalten, dass die *milites* insgesamt sowohl durch Gemeinsamkeiten als auch durch Unterschiede gekennzeichnet sind – eine Konstellation, die während des Mittelalters für die gesamte Feudalgesellschaft wesentlich bleiben wird. Die Gemeinsamkeiten gehen auf die Treuebindung an einen Herrn zurück, dem sie zu berittenem Kriegsdienst verpflichtet sind; er bestimmt ihr Erscheinungsbild, das in ihrem Auftreten hoch zu Ross und in ihrer gleichartigen Bewaffnung seinen imposanten Ausdruck findet; es zeigt zugleich an, dass sie sowohl dem Krieg als auch der Herrschaft zugewandt sind. Der Kriegsdienst setzt sich als Dienst im Rahmen der Herrschaft fort.

Aber zwischen den *milites* gibt es auch unverkennbare Unterschiede, die im Wesentlichen ständisch bedingt sind. Der adlige *miles* nimmt von vornherein eine höhere Stellung ein als der freie, ganz zu schweigen von den zunächst unfreien Ministerialen, die allerdings dank ihres Dienstes die Merkmale der Unfreiheit zusehends abstreifen. In der Regel drücken sich diese Unterschiede auch in der Größe der Lehen aus.

Wie aber kommen diese Unterschiede beim Übergang der *milites* zur Burg zur Geltung? Was sagen sie über die Bedeutung der Burg für das Verhältnis von Adel und *militia* in ihren Mauern aus?

Im Normalfall ist der adlige Burgherr, auch wenn er sich als Inhaber eines hohen Amtes – etwa als Graf – gewöhnlich nach dem Amt benennt, gleichwohl ein *miles*, nicht selten ist er sogar als *miles probus*, *fortis* oder *probissimus* beziehungsweise *fortissimus* bezeugt; er ist darüber hinaus in der Regel der *senior* seiner *milites*, deren Gros aus den Burgmannen besteht, denen der Wach- und Wehrdienst auf der Burg obliegt. Diese Burgmannen sind im Allgemeinen verpflichtet, auf der Burg zu leben. Für ihre Dienste erhalten sie so genanntes Burggut, das in der Folgezeit in ein Burglehen verwandelt wird. Die Burg bringt sie in die Nähe zum adligen Burgherrn, dessen Lebensweise sie sich zu Eigen machen; sie tragen die gleichen Waffen wie er, nehmen an der Jagd teil und können, was besonders aufschlussreich ist, als Burgmannen sogar im Umkreis ihrer Dienstburg eigene Burgen erwerben, was den erfolgreichsten unter ihnen immer wieder einmal gelingt. So bietet ihnen der Burgdienst – wie der Kampf – die Möglichkeit zum Aufstieg, der schließlich im Übergang zum niederen Adel gipfelt.

Dies alles sind Symptome, die anzeigen, wie die gleich bleibende Bezeichnung *miles* nicht zuletzt durch das Zusammenleben der *milites* in der Burg allmählich eine neue Bedeutung gewinnt und schließlich für »Ritter« steht. Betrachtet man die äußeren Merkmale – die Erscheinung hoch zu Ross, die Bewaffnung mit Lanze, Schwert und Schild samt dem kostspieligen Kettenpanzer – und das Leben auf der Burg, so erkennt man seit Beginn des 11. Jahrhunderts kaum noch Unterschiede, die es rechtfertigen, die *milites* nur noch als Krieger und noch nicht als Ritter zu verstehen. Da indessen für die Ritter auch innere Merkmale von Bedeutung sind, empfiehlt es sich, die Frage nach dem Übergang vom Krieger- zum Rittertum noch offen zu halten und zuvor noch die inneren Merkmale, insbesondere das Selbstverständnis der Ritterschaft, ins Auge zu fassen. Dieses Selbstverständnis spricht

Nur wenige Gegenstände aus der Alltagskultur der Ritterzeit haben sich bis heute erhalten. Auf dieser olivgrünen Reliefkachel aus der Mitte des 14. Jahrhunderts ist eine Hirschjagd dargestellt, die neben der Beiz- und der Eberjagd zu den edelsten Jagdarten zählte. Dass die Szene zum Schmuck der Stube – einer Burg oder eines städtischen Wohnhauses – diente, zeugt von der Beliebtheit dieses Zeitvertreibs beim ländlichen Adel ebenso wie beim ritterlichen Patriziat der Städte.

sich im ritterlichen Ethos aus, das die unterschiedlichen Schichten der *milites* zu einer inneren Einheit zusammenschließt und nicht zuletzt auch ihr relativ einheitliches Verhalten bestimmt. Gewiß wirken auch hier unterschiedliche Kräfte zusammen, von denen aber eine zu dominierender Wirkung gelangt und die anderen sich gleichsam zuzuordnen vermag. Diese Kraft wird unübersehbar von außen gefördert, nämlich von der Kirche, die sich mit wachsendem Erfolg um die Verchristlichung von Adel und *militia* bemüht. Der Erfolg dieser Bemühungen hat auch in den Burgen seinen Niederschlag gefunden, und zwar in der Burgkapelle, die zumindest in keiner der größeren Burgen fehlen darf. Wie immer man die Vielfalt der Formen, die vom eigenständigen Kapellenbau über die Tor- oder Turmkapelle bis hin zum schlichten Kapellenerker am Wohnbau reicht, beurteilen mag – es besteht kein Zweifel, dass die Kapelle als sichtbares Zeichen die Verchristlichung des Kriegertums demonstriert –, und zwar eines Kriegertums, das sich mit der Verchristlichung offensichtlich kirchlichen Einflüssen geöffnet hat und damit in eine neue Phase seiner Entwicklung eingetreten ist. Um zu ermessen, was dies bedeutet, muss man die Einwirkung der Kirche auf Adel und Kriegertum im Hinblick auf ihre Symbiose im Rittertum kennen.

4. Die Einwirkung der Kirche

Kirche und Rittertum haben im Allgemeinen in einem guten Verhältnis zueinander gestanden. Dies war jedoch nicht von vornherein der Fall. Ihrer Eintracht ging vielmehr eine lange Zeit des Widerstreits voraus, der letztlich in dem strikten Dualismus von Kirche und Welt begründet war. Den Angelpunkt des Widerstreits bildete der Krieg, der zutiefst der christlichen Botschaft der Kirche widersprach, während die Könige wie der Adel und ihre Gefolgsleute in ihrem Element waren, wenn sie kämpfen konnten. Ihnen bot der Kampf seit Generationen die Aussicht auf Ehre und Ruhm, den höchsten Lohn, den sie sich wünschen konnten.

Diese Voraussetzungen galten für Königtum und Adel in gleicher

Weise, doch es bestand insofern ein Unterschied, als das Königtum dem Adel (aus dem es selbst hervorgegangen war) im Bewusstsein seines Vorrangs gegenüberstand. Dieser Vorrang beruhte nicht nur auf dem größeren Besitz, den es seinen Eroberungen verdankte, sondern vor allem auf dem Verständnis des Königtums als eines Sakralkönigtums, das sich von den alten Göttern herleitete und daher nach den Vorstellungen der Zeit als magische Kraft wirksam war, die der König im königlichen Blut weitergab. Karl Hauck hat dieses Phänomen treffend als »Geblütsheiligkeit« bezeichnet und damit zugleich die Qualität, die dem Königsheil zu Grunde lag, definiert. Das Königsheil musste sich in Sieg und Erfolg offenbaren und rief, wo diese ausblieben, sogleich den Widerstand von Adel und Volk hervor. Es war so tief verwurzelt, dass es auch nach der Verchristlichung des Königtums noch untergründig erhalten blieb.

Gleichwohl bedeutete es einen entscheidenden Umschlag, als mit der Ablösung der Merowinger durch die Karolinger, ausgelöst durch die Wahl der Franken und, nach der päpstlichen Autorisation, durch die kirchliche Salbung, der die Krönung folgen sollte, die Verchristlichung des Königtums mit bleibender Wirkung gelang. Mit der Salbung war das »Gottesgnadentum« begründet, nunmehr verstanden als ein Amt, das Gott verlieh, betont durch den Titel *gratia Dei rex (Francorum)* – »König von Gottes Gnaden« –, der über das Mittelalter hinaus gültig blieb.

Das neue karolingische Königtum besaß damit zwar eine eigene neuartige Legitimation seiner Herrschaft, die seinen Vorrang dokumentierte, es musste jedoch auf Grund seiner eigenen Erfahrung darauf bedacht sein, die Unterordnung des Adels nach Möglichkeit zu wahren, indem es ihn überwachte und, so gut es ging, an sich band.

Es ist bekannt, dass die Kirche bei ihren Bemühungen um die Verchristlichung der Welt dieser Situation besonders in der Frühzeit Rechnung getragen hat, indem sie das Volk jeweils über den König und den Adel zu gewinnen suchte. Es war denn auch die Regel, dass der christliche Glaube sich dementsprechend von oben nach unten ausbreitete.

Die Einwurzelung des christlichen Glaubens brauchte allerdings

Zeit. Den Angelpunkt bildete dabei das Königtum, das formal zwar seit der Taufe Chlodwigs als christlich galt, in dem aber noch lange die magische Kraft des Königszaubers wirksam blieb. Als es sich dagegen mit der Salbung und Weihe des Karolingers Pippin dem Jüngeren in das Gottesgnadentum verwandelt hatte, galt seine Würde auch kirchlich als Sakrament, das seine Inhaber über die Schar der Gläubigen emporhob. Seitdem wurde der Herrscher zugleich zum »Mittler zwischen Klerus und Volk«, der im Auftrag Gottes für die Einhaltung des *ordo*, der Weltordnung im heilsgeschichtlichen Sinne, Sorge zu tragen hatte. Es war die Kirche selbst, die dem König diese Aufgaben vor Augen hielt; sie waren so groß und bedeutend, dass die Könige sie sich nach dem Zeugnis der Arengen ihrer eigenen Urkunden auch im eigenen Interesse zu Eigen machten. Sie waren offenbar davon überzeugt, dass das Ziel der Herrschaft Königtum und Kirche miteinander verband, und die Kirche hat es ihrerseits nie versäumt, dem König bei jeder Herrscherweihe die Pflichten, die ihm aus diesem Verhältnis erwuchsen, neu einzuhämmern, angefangen beim Schutz der Kirche selbst und ihrer Diener über den Schutz der Witwen und Waisen bis hin zum Schutz aller, die in der Unzulänglichkeit dieser Welt des Schutzes bedurften.

Das Ordnungsschema, das dieser Vorstellung zu Grunde lag, setzte voraus, dass der König in der Lage war, diese Aufgaben zu erfüllen. Dies war zwar des Öfteren, aber keineswegs immer der Fall. Es war letztlich eine Frage der Macht, die er tatsächlich besaß und die man ihm zubilligte, weil seine Überlegenheit offenkundig war. Der Grad seiner Überlegenheit entschied über seine wirkliche Geltung. Dabei zeigte sich, dass der Adel im Grunde stets in einem ambivalenten Verhältnis zum Königtum stand. Im Falle der Stärke der königlichen Gewalt war es für den Adel offensichtlich von Vorteil, wenn er die Nähe des Königs suchte und sich mit ihm verband. Sobald dieser jedoch Zeichen der Schwäche oder der Unentschiedenheit erkennen ließ, rückte der Adel von ihm ab, um sich auf Kosten der Krone zu stärken.

Aber die emporstrebenden großen Familien rivalisierten nicht nur mit dem Herrscher, sondern auch miteinander um die Macht. Diese Rivalität spielte sich wesentlich in den Fehden ab, die sie untereinander austrugen und die in dem Maße zunahmen, in dem der Adel sich vom König entfernte. Das bedeutet aber nicht, dass der Adel sich enger zusammenschloss – im Gegenteil: Seine Angehörigen folgten jetzt mehr als zuvor ihren eigenen Interessen, die nur in Einzelfällen mehrere Familien verbanden. Eine wirkliche Einheit bildete der Adel in dieser Zeit nur durch die Bindekraft des Königtums. Fiel diese aus, gingen die meisten ihre eigenen Wege, wobei sie freilich bestrebt waren, ihre Position nicht nur zu behaupten, sondern sie nach Möglichkeit zu verbessern. Die Schwächung des Königtums ermöglichte ihnen letztlich eine freiere Form der Lehnsherrschaft. Der Feudalismus blieb zwar formal-rechtlich auf das Königtum orientiert, kam aber de facto stärker als zuvor dem Adel selbst zugute, der sein Recht jetzt nicht mit Hilfe des Königs, sondern mit Hilfe der Fehde, das heißt gestützt auf seinen eigenen Rechtsanspruch, suchte.

Dabei zeigten sich regional beträchtliche Unterschiede, die Ost und West des sich aufspaltenden Großfränkischen Reiches seit der Mitte des 9. Jahrhunderts getrennte Wege führten, deutlich erkennbar in der unterschiedlichen Wirkung des Königsschutzes, dessen vornehmste Aufgabe im Friedensschutz bestand. Der Feudalismus war im Osten bereits seit den letzten Karolingern, vor allem aber seit dem machtvollen Aufstieg der Ottonen, besser intakt als im Westen, wo sich das Königtum immer mehr auf das Kerngebiet der Ile-de-France beschränkt sah. Niederburgund hatte sich bereits völlig entzogen, und das immer etwas eigenwillige Aquitanien hatte sich zum Vorkämpfer der fürstlichen Autonomie im Süden aufgeworfen, während die Normandie im Norden sich zwar an ihre Lehnspflichten gegenüber dem französischen König hielt, aber bei ihren weit ausgreifenden Unternehmungen im Norden wie im Süden durchaus eigene Wege ging. Die Gewinner waren jedenfalls die Fürsten. Aber wenn sie im Allgemeinen auch wesentliche königliche Rechte an sich zogen, so konnten sie die königliche Gewalt für ihre Untertanen dennoch nicht ersetzen. Den klarsten Beweis dafür, dass die königliche Gewalt unersetzlich war, liefert das Überhandnehmen der Fehden, in denen der Adel und sein kriegerischer Anhang die Streitigkeiten mit den Standesgenossen zum Schaden der Umgebung öffentlich austrugen.

In dieser Situation allgemeiner Bedrängnis trat die Kirche auf den Plan. Da das Königtum, dem sich die Kirche nach wie vor eng verbunden wusste, in vielen Gegenden nicht im Stande war zu dem ihm traditionell zustehenden Friedensschutz, schloss die Kirche in Gestalt der hohen Geistlichkeit gleichsam als Helfer in der Not die schmerzliche Lücke, indem sie die so genannte Gottesfriedensbewegung ins Leben rief. Das geschah nicht zufällig zuerst im Süden Frankreichs, wo die allgemeine Bedrängnis – nicht zuletzt der Kirche selbst – infolge der Fehden des Adels als besonders drückend empfunden wurde.

Abgesehen davon, dass die Kirche bei der Bewältigung dieses Problems der Unterstützung derer bedurfte, die das Problem verursachten, war dies eine höchst diffizile Aufgabe, denn die Bischöfe und Äbte, die an die Spitze der Gottesfriedensbewegung traten, waren in der Regel mit den Fehde führenden Adligen und *milites* verwandt. Gerade deswegen waren sie als Kontrahenten zugleich die einzigen Partner einer möglichen Verständigung, zumal sie auch schon früher den König ihnen gegenüber vertreten hatten. Zu den Fällen, in denen in der Vergangenheit Vertreter der Kirche für den König gesprochen hatten, bestand aber ein größerer Unterschied, als es auf den ersten Blick erscheint. Denn die Friedensbewegung lehnte sich zwar an die entsprechenden Bestimmungen der königlichen Kapitularien an, aber sie berief sich nicht auf königliche Anordnungen, sondern auf Canones – Synodalbeschlüsse der Kirche –, die den Frieden sichern sollten; und es waren nicht Hof- oder Reichstage, sondern Synoden, die den Betroffenen ihre »Gesetze« auferlegten. In der Tat waren die Gottesfrieden seit der ersten Friedenssynode von Charroux (v. 989) durchweg das Werk von Synoden, und es waren ausschließlich kirchliche Strafen, die die Einhaltung der Vereinbarungen notfalls erzwingen sollten.

Die Frage war nur, ob die Kirche in der Lage war, die originär königliche Funktion der Friedenswahrung, die nur mit weltlicher Gewalt durchzusetzen war, zu übernehmen. Sie bedurfte dazu offenbar des weltlichen Arms, der ihr aber als ihr Widerpart gerade Anlass zur Sorge war; denn dieser Arm konnte nach Lage der Dinge nur die um den Adel gruppierte Kriegerschaft in Gestalt der *milites* sein. So kam es darauf an, die *milites* nicht nur zu zügeln, sondern darüber hinaus ein neues, positives Verhältnis zu ihnen zu gewinnen.

Dies sind in der Tat zentrale Bemühungen der kirchlichen Großen, Bemühungen, die sich seit der Synode von Charroux durch die folgenden Synoden besonders in Süd- und Mittelfrankreich ziehen, aber auch den Norden Frankreichs erreichen und schließlich in den Herrschaftsbereich des deutschen Königs und Kaisers übergreifen, wo sie von diesem allerdings in andere, nämlich königliche Bahnen gelenkt werden.

In diesem Zusammenhang muss es genügen, die Auswirkungen dieser Bemühungen auf das Verhältnis der *milites*, vor allem ihrer adligen Häupter, zur Kirche etwas näher ins Auge zu fassen.

Die ersten Bestimmungen (von Charroux) spiegeln deutlich die Notlage wider, in der die Kirche selbst sich befand. Sie setzte sich gegen Übergriffe, Plünderung und Raub von Kirchengut zur Wehr, und zwar zunächst mit dem einzigen Mittel, das ihr zur Verfügung stand: dem Kirchenbann. Sie beschränkte sich aber von vornherein nicht auf ihren Selbstschutz, sondern bezog auch die Bauern und die »übrigen Armen« (*ceteri pauperes*) in ihre Schutzvorkehrungen ein. Diese litten darunter, dass ihre Schafe, Rinder, Esel, Ziegen und Schweine, also Haus- und Nutztiere, mit denen sie ihre Existenz bestritten, ihre unentbehrliche Habe, oft Plünderungen zum Opfer fielen. Die Bauern und ihre Habe bedurften dringend des Schutzes, den die Kirche durch die Androhung des Ausschlusses der Plünderer aus der kirchlichen Gemeinschaft zu erzwingen suchte. Interessant, aber kaum überraschend ist, dass der Mord an Klerikern besonders nachdrücklich verurteilt wurde, jedoch mit der Einschränkung, dass diese nicht bewaffnet sein durften, denn das hätte bedeutet, dass die Kleriker sich an den Kämpfen beteiligten, statt sie zu verhindern.

Die Urheber der bekämpften Nöte werden nicht ausdrücklich genannt. Es besteht aber kein Zweifel, dass es sich nur um kriegerische Adlige gehandelt haben kann, die im Übrigen in den folgenden Synodalbeschlüssen immer wieder als die großen Unruhestifter der Zeit apostrophiert wurden und dementsprechend als die eigentlichen Adressaten der Verbote erscheinen.

Dennoch ist es falsch, daraus zu schließen, dass die Friedensbemühungen als Bündnis der Kirche mit der bäuerlichen Bevölkerung begonnen habe und dass diese Klassenkampfsituation fortan bestimmend geblieben sei. Entscheidend ist vielmehr, dass der Adel von Anfang an von der Kirche nicht nur bekämpft, sondern ebenso auch umworben worden ist. So sind bereits auf den Synoden des folgenden Jahres (990 in Narbonne und Le Puy) *multi laici nobiles* als Teilnehmer der Provinzialsynoden bezeugt, vor allem mehrere Grafen, das heißt die großen Herren der Provinz. Unter diesen befanden sich auch zwei Brüder des Initiators Erzbischof Ermengard von Narbonne, die offensichtlich auf Seiten der Kirche standen, während die Synode Front bezog gegen diejenigen Adligen, die sich auf Kosten der Kirche bereicherten und sie ausplünderten: Ihnen wurden zur Abschreckung Kirchenstrafen angedroht.

Dies wiederholt sich immer wieder, und es bestätigt sich, dass die Synoden nicht gegen den Adel schlechthin gerichtet sind, sondern vielmehr von den großen Adligen unterstützt werden. Probleme bereitet dagegen der kleine und mittlere Adel. Aufschlussreich in diesem Zusammenhang sind besonders die Bestimmungen zum Bau von Burgen, der um die Jahrhundertwende offenbar stark zunimmt. Es wird verfügt, dass der Burgenbau nicht willkürlich und nicht überall vorgenommen werden darf, sondern nur auf dem Eigengut (Allod) oder auf den Lehen der *nobiles* und *milites* zulässig sei: ein deutlicher Hinweis darauf, dass ein starker Strukturwandel in Gang gekommen ist, der seinen offenkundigsten Ausdruck im Bau neuer Burgen findet. Durch ihn nimmt nicht nur die Landschaft selbst wehrhafte Züge an: Mit der Zahl der Burgen wächst naturgemäß auch die Zahl der Burgmannen, und so versuchen die Burgherren, sich der öffentlichen Gerichtsbarkeit zu entziehen und sich gegen ihre Nachbarn auf eigene Faust durchzusetzen. Kampf und Streit zwischen den Burgherren nehmen in dieser Zeit zu. Sie überziehen das Land mit Totschlag und Zerstörung, rauben und lassen fette Beute mit sich gehen. Geschädigt sind die Kirchen, die Geistlichen, die arme und waffenlose Bevölkerung, das heißt Bauern und Kaufleute, Frauen und Kinder.

Seit dem Ende des 10. Jahrhunderts haben sich deshalb hohe Geist-

Der »Bassenheimer Reiter«, ein Sandsteinrelief mit einer Fläche von gut einem Quadratmeter, gilt als Frühwerk des Naumburger Meisters, der diese Skulptur wahrscheinlich vor 1239 für den Westlettner des Mainzer Doms schuf. Die Gestalten des heiligen Martin und des Bettlers heben sich deutlich vom Hintergrund ab und zeigen in der Oberfläche eine reiche Modellierung. Der Ritterheilige erhebt mit weit ausholender Gebärde das überlange Schwert. Reiter und Pferd bilden eine Einheit, die noch dadurch unterstrichen wird, dass das Pferd wie der Heilige den Kopf wendet. Das hier gespiegelte Idealbild des christlichen Ritters hatte seinen Ursprung in der Gottesfriedensbewegung des 10./11. Jahrhunderts.

liche um Abhilfe bemüht. Sie verbanden sich mit weltlichen Großen, mit denen sie in der Regel verwandt waren, um mit ihnen zusammen durch die Verkündigung von Gottesfrieden (*pax Dei* u. ä.) die vielfach schon verlorene Ordnung in ihrem Machtbereich wiederherzustellen.

Mit dem Vordringen der Gottesfrieden von Aquitanien nach Burgund und von dort nach Nordfrankreich ist ihre deutliche Intensivierung zu beobachten, wobei Impulse der Kirchenreform, die vor allem auf Cluny zurückgingen, eine wichtige Rolle spielten. Die Intensivierung zeichnet sich schon dadurch ab, dass der Gottesfrieden um die *treuga Dei* (spätestens seit 1027 in Elnes) erweitert wird: Nach dem Schutz einzelner Personen und Orte (über Mönche, Kleriker, Bauern, Kaufleute, Jäger, Frauen und Kinder, ferner Kirchen und Kirchengut sowie Bezirke der engeren Immunität) bezog sie den Schutz bestimmter Zeiten ein. Vor allem die Weihnachts- und Osterzeit, ferner Pfingsten und von den Wochentagen die Leidenstage und Auferstehungstage des Herrn zählten dazu, also Freitag bis Sonntag oder erweitert: Donnerstagabend bis Montagfrüh. An diesen Tagen sollten auch keine Waffen getragen werden. Derartige Bestimmungen offenbaren immer deutlicher, dass das eigentliche Ziel die Begrenzung der Ritterfehde war. Wer den Frieden brach, verlor sein Gut und die rechte Hand, mit der er den Frieden beschworen hatte.

Andererseits wurden nun neben den herkömmlichen, aber nicht mehr ausreichend wirksamen weltlichen zunehmend geistliche Strafen verhängt. So traten neben die Buß- und Leibesstrafen wie Blendung, Hand- oder Fußverlust auch Schadensersatz, in zunehmendem Maße Exkommunikation, Verfluchung und Verbannung aus der Kirchengemeinde, Ausschluss vom Sakramentenempfang und Verweigerung der kirchlichen Bestattung.

Damit waren die Möglichkeiten der Friedensbewegung erschöpft. Der Versuch, sie durch die Gründung von Friedensmilizen, die seit 1038 mit den Gottesfrieden von Bourges bezeugt sind, in ihrer Wirkung noch zu steigern, hatte nicht den erhofften Erfolg. Es handelte sich dabei um waffenfähige Teile der Bevölkerung, die vom Erzbischof zwar vereidigt, aber nicht so ausgebildet und gerüstet waren wie ihre Gegner. Diese Milizen konnten bei der Belagerung von Burgen gute

Dienste leisten, hatten aber keine Aussicht, in der offenen Feldschlacht einem kampferfahrenen Ritterheer standzuhalten, da sie diesem weit unterlegen waren.

Die Friedensmilizen sind zum Beispiel in Bourges noch bis ins 13. Jahrhundert hinein nachzuweisen, da lag der Höhepunkt der Friedensbewegung längst hinter ihnen, nicht allerdings die Ausdehnung der Gottesfrieden. Sie fanden noch um die Mitte des 11. Jahrhunderts Anklang in Spanien, wo sie auf fruchtbaren Boden fielen. Um die gleiche Zeit gelang der Ausgriff nach Italien, wobei der große Abt Hugo von Cluny kräftige Antriebe gab.

Relativ spät drang die Gottesfriedensbewegung von Flandern aus auch in deutsches Herrschaftsgebiet ein. Bahnbrechend waren hier 1081 die Friedensgebote von Lüttich und besonders folgenreich 1083 diejenigen von Köln. Vor allem in Süddeutschland setzten sich die Bischöfe und Fürsten kräftig für die Einhaltung der Friedensgebote ein. So brachte die Synode von Ulm im Jahre 1093 eine bemerkenswerte Wende. Dank der massiven Unterstützung der weltlichen und der geistlichen Großen gewann die öffentliche Gerichtsbarkeit wieder größeres Gewicht. Die Gottesfriedensbewegung, ursprünglich eine unter dem Druck der Not von der Kirche ins Leben gerufene Aktion der Selbsthilfe, trat immer mehr aus der kirchlichen Sphäre heraus und fand schließlich in den Landfrieden ihre Fortsetzung. In ihnen haben die Gottesfrieden unter veränderten Bedingungen Früchte getragen.

Es ist bemerkenswert, dass eine Reihe von Reichen davon unberührt geblieben sind: Im normannischen England (im Unterschied zur Normandie Wilhelms des Eroberers), in den skandinavischen und den osteuropäischen Reichen sind die Gottesfrieden nicht aufgenommen worden. Hier hat man ihrer offenbar nicht bedurft, oder es fehlten überhaupt die Voraussetzungen für einen Frieden, den die Kirche im Namen Gottes erzwingen konnte. Die Reichweite der Gottesfriedensbewegung blieb jedenfalls begrenzt, und als die Bewegung ausklang, traten die Landfrieden ihr Erbe an. Auch sie konnten zwar das Fehderecht nicht aus der Welt schaffen, kamen aber doch über den Bereich der Gottesfrieden weiter hinaus.

Gleichwohl hat die Gottesfriedensbewegung gerade gegenüber der Kriegerschaft Erfolge erzielt, die für deren Weiterentwicklung von entscheidender Bedeutung geblieben sind. Wenn man zum Beispiel die lange Reihe der Synodalbeschlüsse überblickt, so scheinen sie sich zunächst weit gehend zu wiederholen, doch zeichnen sich auch Erweiterungen und Veränderungen ab, die Drohungen, Verbote und Strafen enthalten und zunächst allgemein für alle Christen gelten sollen. Die Nöte und Bedrängnisse, unter denen die Bevölkerung leidet, gehen, so wird unterstellt, auf allen gemeinsame Sünden zurück. Danach wird dann zwischen Bewaffneten und Unbewaffneten unterschieden; die Geistlichen zumindest sollen unbewaffnet sein und mit Hilfe der Heiligen der Kirche, den Armen und dem Frieden dienen. So schälen sich in den Synodalbeschlüssen allmählich drei Gruppen heraus: die Geistlichen (*oratores*), die Arbeitenden (*laboratores*) und die Bewaffneten (*armati*, *pugnatores* oder *milites*, das heißt die Mächtigen), von denen Letztere als die eigentlichen Bedränger der Zeit erscheinen. In der Tat wurden durch die Fehden, die sie untereinander führen, alle anderen, besonders die Kirchen, in Mitleidenschaft gezogen. Am deutlichsten zeigte sich dies in den *treuga-Dei*-Bestimmungen, die die Tage bezeichneten, an denen Waffen überhaupt ruhen mussten. Es waren nicht nur geistliche, sondern auch weltliche Große, die sich mit diesem Ziel an die Spitze der Gottesfriedensbewegung stellten.

Es sei hier nur am Rande vermerkt, dass das in der neueren Forschung mit Recht stark beachtete Dreierschema, das die mittelalterliche Gesellschaft nach Adalbero von Laon vornehmlich in *oratores*, *laboratores* und *pugnatores* teilt, auch Überschneidungen kannte. Sie sind daher nicht als konstante Größen anzusehen, sondern als Gliederungsversuch, der die Einordnung der unter Umständen auch wechselnden Gruppierungen in die Heilsgeschichte begründen sollte. In ihr sind die verschiedenen Gruppen einander zugeordnet; sie stehen im Verhältnis der wechselseitigen Repräsentation zueinander und erfüllen erst im Zusammenwirken ihren Sinn.

Voraussetzung dafür war, dass es gelang, die verschiedenen Gruppen an feste Aufgaben zu binden. Das war zu Beginn der Gottesfriedensbewegung offensichtlich nicht der Fall, zumindest gab es keine klare Abgrenzung, da die kriegerischen *milites* immer wieder im Zuge ihrer Fehden die übrige Bevölkerung durch räuberische Überfälle drangsalierten. Es kam darauf an, diesen durch die Fehde Geschädigten Schutz zu bieten – eine Aufgabe, die letztlich nur die Verursacher des Übels, die *milites*, leisten konnten und zunehmend auch geleistet haben. Es war die bleibende Frucht der Gottesfriedensbewegung, dass sie den *milites* den Schutz der Schutzbedürftigen als ihr spezielles *officium*, als ihr Amt, ans Herz gelegt hat. Wolfram von Eschenbach sollte es in der Blütezeit des Rittertums als »Schildamt« bezeichnen, als das Amt, das Schutz und Schirm zum Ritter macht. Obwohl die Fehden nicht schlagartig aufhörten, sind sie doch in dem Maße, wie die Gottesfrieden ihre Kreise zogen, spürbar zurückgegangen. Das aber heißt, dass damit zugleich eine Ethisierung des Kriegerberufs erreicht worden ist.

Im Hintergrund zeichnet sich sogar die Tendenz zu seiner Vergeistlichung ab. Wie Carl Erdmann zeigen konnte, spiegelt sich seit der Jahrtausendwende in den liturgischen Gebeten für den König ein neues Verhältnis der Kirche zu den *milites* wider. Dieses Verhältnis war bisher durch den König vermittelt; so schloss ein Gebet für die *milites* in der Regel an das Gebet für den König an. Das änderte sich – gewiss nicht zufällig – im 10. Jahrhundert, und es scheint, dass die älteste Überlieferung, die sich auf das Gebet für die *milites* beschränkt, nach Lothringen, ins Herzland des alten Karolingerreichs, verweist. Der Eindruck drängt sich auf, dass seit dem 10. Jahrhundert die Kirche ein direktes Verhältnis zu den *milites* sucht, und zwar, wie es scheint, im Zusammenhang mit ihren Bemühungen, die *milites* mit den Gottesfrieden auf ihre Seite zu ziehen, um sie (wenn nötig auch ohne den König) als Helfer zu gewinnen. Diesem Zweck dient der vom Priester vollzogene Schwertsegen mit der Formel, dass das Schwert *defensio atque protectio* – »Verteidigung und Schutz« – der Kirchen, Witwen, Waisen und aller im Dienst Gottes Stehenden sichern möge. Vergleichbare Formeln tauchen in den Gottesfrieden auf und überleben sie im Übrigen lange. Dabei tritt der geistliche Charakter noch deutlicher in Erscheinung, indem der Schwertsegen sich zur Ritterweihe fortentwickelt. Man erkennt jedoch besonders am Schwertsegen bereits den großen Zug. Das Schwert hatte schon für den vorchristlichen Krieger eine magische Qualität, aber das geweihte Schwert schloss jetzt alles zusammen, was es für den Ritter unentbehrlich machte: Es wurde Ausdruck der Herrschaft, des Schutzes und des Beistandes Gottes zugleich. Dabei ist es geblieben, solange das Rittertum in voller Geltung war.

5. Zwischenbilanz vor Ausbruch der Kreuzzüge

Die Kombination von Herrschaft, Schutz und Beistand Gottes geht bis in die Zeit der Gottesfrieden zurück, die damit über sich hinauswirkt. Freilich greifen die Gottesfrieden auch auf ältere Formen zurück. Zwischen den älteren und den jüngeren Formen der Gottesfrieden müsste der Übergang vom Krieger- zum Rittertum erfolgt sein. Die erste Stufe dieses Übergangs deutet sich mit der Absonderung der schwer gepanzerten Reiterei vom Fußheer und der Eingliederung der Reiter in die sich bildende Feudalstruktur an, die auf der Grundherrschaft sowie auf den Grundsäulen von Vasallität und Beneficium ruht. Zu dieser ersten Stufe gehört nach dem Zeugnis des berühmten Teppichs von Bayeux eine überraschend einheitliche Bewaffnung, die allen Herren, auch den feindlichen, gemeinsam ist, bestehend aus Schwert und Lanze, Kettenpanzer (das kostbarste Stück) und Helm. Weiter gehören dazu schließlich die Sporen, die der fränkischen Reiterei (als Erbe der antiken) von Anfang an vertraut sind. Seit dem 12. Jahrhundert erlangen sie jedoch eine neue Bedeutung, nämlich als Symbole und Kennzeichen der ritterlichen Würde. Der Ritter trägt goldene, der Knappe silberne Sporen, doch beide müssen die Sporen zuerst »verdienen«. Als diese Auffassung sich durchsetzt, war der Übergang vom Krieger- zum Rittertum bereits erfolgt.

Erfolgt war eine weitere, noch tiefer einschneidende Änderung, die dem ritterlichen Dasein eine neue Form und einen neuen Charakter verlieh: der Aufstieg und Einzug des Ritters in die Burg, die er auch selbst erbauen ließ. Die Änderung trat nicht schlagartig ein, sondern zog sich über mehrere Generationen hin. Dabei ist aufs Ganze gesehen wesentlich, dass die alte Form der Volksburg, die in der Regel eine Fluchtburg war, abgelöst wurde durch die neue Form der Herrenburg. Diese war der befestigte Wohnsitz eines Herrn, seiner Familie und seines Gefolges (beziehungsweise seines Stellvertreters), die den Schutz der Burg genießen, und zugleich Mittelpunkt oder Schwerpunkt der Herrschaft. Die Burg war schwer zugänglich und lag im Allgemeinen über dem bisherigen Herrenhof innerhalb der Grundherrschaft. Sie war das sichtbare Zeichen der Militarisierung des Landes. In ihrer Größe spiegelte sich die Macht des Herrn, die natürlich auch in Gestalt mehrerer Burgen in Erscheinung treten konnte.

Die Burgen passen sich an das jeweilige Gelände an, weshalb sich verschiedene Formen ausbilden, die sich aber im Grundtypus gewöhnlich in Bergfried, Palas, Kapelle, Burgtor, Wohngebäude, Stallungen und Burggraben einander angleichen. Eine Ausnahme bildet das *incastellamento*, eine Art Mischung aus Burg und Dorf. Eine Frühform dieses Typs taucht im 9. Jahrhundert in Italien und im westlichen Mittelmeerraum als grundherrliche Gründung auf, die zugleich der bäuerlichen Bevölkerung Schutz bietet. Sie ist der Verbindung von Burg und Grundherrschaft im übrigen Europa verwandt. Im 13. Jahrhundert klingt diese Form jedoch im so genannten *decastellamento* aus – während die Burg sich behauptet. Sie bleibt bis zum Ausklang des Rittertums gemeinhin der Wohnsitz des Ritters und seiner Familie. In der Neuzeit ersetzt dann das mehr auf Repräsentation als auf Befestigung bedachte Schloss die Burg, die wie die Rüstung als Signum des Rittertums gilt.

Da sich der Übergang vom Kriegertum zum Rittertum aus verschiedenen Elementen zusammensetzt, ist er nicht präzise zu bestimmen. Die Hauptmerkmale Rüstung und Burg lassen immerhin auf einen Übergang im 10. Jahrhundert schließen. Es ist ferner hinreichend deutlich zu erkennen, dass die Kirche in dieser Zeit zweifellos bemüht war, den Schutz aller anderen den *milites* als Pflicht aufzuerlegen, von deren Erfüllung ihr Seelenheil abhänge. Der Übergang war demnach im 10. Jahrhundert sicher im vollen Gange. Entscheidend ist aber, wann dieses Bewusstsein, das die Kirche an die *milites* herantrug, das Selbstbewusstsein der Ritter bestimmt hat.

KAPITEL III

Die Angleichung des europäischen Rittertums seit den Kreuzzügen

Im 10. und 11. Jahrhundert machten sich in den verschiedenen Ländern Europas unterschiedliche Formen der feudalen Abhängigkeit bemerkbar. Nach dem fränkischen Grundmodell hatte das Königtum die *militia* durch Vasallität und Lehen verstärkt an sich zu binden vermocht. Dies hatte sich nach dem Zerfall des Großfränkischen Reiches verändert. In dem Maße, wie die Bindekraft des Königtums zurückgegangen war, hatten sich die *milites* auf sich selbst zurückgezogen und zeigten sich bestrebt, in dem Verhältnis zwischen Senior (beziehungsweise König) und Vasall die Vasallenseite zu stärken. Je mehr das Kriegertum sich aber wieder über seine vasallitische Bindung hinwegsetzte, desto mehr geriet die alte Ordnung ins Wanken. Um deren gänzlichen Verfall zu verhindern, hatte daraufhin die Kirche im 10. Jahrhundert die Gottesfriedensbewegung ins Leben gerufen. Sie trachtete auf diese Weise die *milites* im Haus der Kirche zu domestizieren, was ihr im Laufe der Zeit auch einigermaßen gelang. Es war ein beachtlicher Erfolg, dass die Kirche, beharrlich voranschreitend von Synode zu Synode, die *milites* dazu bringen konnte, sich im Gebrauch der Waffen einzuschränken und ihre Fehden zu reduzieren. Die Kirche verlangte nicht nur, dass sie das Plündern und Verwüsten ihrer Umgebung unterließen, sondern auch, dass sie sich zum Schutz der Schutzbedürftigen verpflichteten. Damit war das Verbot zum Gebot gewendet, der Schutz der Schutzbedürftigen wurde zur vornehmen Pflicht der zum Waffendienst berufenen *milites*, das heißt der Krieger, die sich zunehmend als Ritter erwiesen. Denn in dem Moment, als die Schutzpflicht in ihr Selbstverständnis einging, ließen sie die Stufe der bloßen Krieger hinter sich und traten, indem sie als Frucht der Gottesfriedensbewegung ihre eigensüchtigen Interessen mit den kirchlichen Forderungen in Einklang zu bringen suchten, immer eindeutiger als Ritter hervor.

Die Kirche hat nicht nur diese Wende bewirkt, sie hat diese Schutzpflicht als Standesaufgabe auch liturgisch unterstrichen, und zwar durch den Schwertsegen, der sich nach Carl Erdmanns Beobachtungen an Gebetsformeln um Schutz für den König anlehnt und diesen Schutz in Beziehung setzt zu jenem, den der Ritter dem gewähren sollte, der seiner bedurfte. Der Schutz (*defensio*, *protectio*) erhöhte den Rang des Ritters und ordnete ihn gleichsam an höherer Stelle in das mittelalterliche Weltbild ein.

Es besteht kein Zweifel, dass die *milites* aus der Gottesfriedensbewegung im Großen und Ganzen gewandelt hervorgegangen sind: Im 11. Jahrhundert erscheinen sie disziplinierter und sind – wenn die Beschlüsse der Synoden nicht täuschen – offenbar auch stärker an den Normen der christlichen Ethik orientiert als zuvor. In ihrem disziplinierteren Verhalten scheint sich überhaupt die Wandlung der allgemeinen Atmosphäre der Zeit widerzuspiegeln, die man allenthalben beobachten kann, andeutungsweise im Investiturstreit und eindeutig dann mit Beginn des Ersten Kreuzzuges, mit dem ein neues Zeitalter beginnt.

Die Gottesfriedensbewegung war noch nicht ganz ausgeklungen, als sich im fernen Osten Gefahren zusammenballten, die Schlimmes befürchten ließen. Sie bedrohten zuerst die Führungsmacht aus römischem Erbe im Osten: Konstantinopel/Byzanz, das nicht ohne Beziehung zu Jerusalem war. Damit kam aus der Ferne der Anstoß zum Ersten Kreuzzug, aber noch ahnte niemand, dass mit ihm ein neues Zeitalter beginnen sollte.

Tatsächlich sollte dieses neue Zeitalter im Zeichen des Rittertums stehen. Die Frage ist allerdings, ob es das Rittertum selber war, das dieses Zeitalter heraufgeführt hat – oder ob es andere Kräfte waren, die sich seiner bedient haben, und so erst im Zusammenwirken aller Kräfte das neue Zeitalter heraufzog. Auf jeden Fall stehen die Wandlung des Rittertums, sein Schicksal und seine Gestalt mit den Wandlungen seiner Umwelt in Zusammenhang.

1. Die Bedrohung der westlichen Christenheit und die Predigt Papst Urbans II. in Clermont

Aus der Vielzahl der Synoden in Burgund sticht die Synode in Clermont hervor, die vom 18. bis 28. November 1095 unter der Leitung Urbans II. abgehalten wurde. Sie sollte der Reform der französischen Kirche dienen und schloss mit einer ungewöhnlichen Predigt, die an die ganze westliche Christenheit gerichtet war und sie zum Kampf gegen die ungläubigen Türken bewegen sollte. Seit der Mitte des 11. Jahrhunderts hatten sich die Türken in Mittelasien wieder in Bewegung gesetzt und waren darangegangen, ein Riesenreich aufzubauen, das vom Kaukasus über Mesopotamien, Syrien und Palästina reichte und damit das Byzantinische Reich aufs Schlimmste gefährdete.

Die Wendung mag für viele der in Clermont Versammelten überraschend gewesen sein, dennoch lenkte sie nicht ganz unvorbereitet die Aufmerksamkeit auf den Orient, das Einfallstor der aus der Tiefe Asiens vordrängenden Völker. Es war vor allem das Gelobte Land, das Juden, Christen und Muslime zu verteidigen gedachten und auf das sie zugleich Anspruch erhoben. Alle drei Religionen bezogen ihre Lebenskraft im Wesentlichen aus der gleichen Offenbarung, die Gott ihnen in Palästina anvertraut hatte. Darum wollten alle dasselbe Land in Besitz nehmen, was naturgemäß nicht möglich war und zu Konflikten führen musste. Daran änderte auch nichts, dass das reale Land eine geistige Überhöhung erfuhr – am deutlichsten erkennbar in seinem Mittelpunkt Jerusalem, das sich in doppelter Gestalt entfaltete, nämlich über dem realen als das himmlische Jerusalem, wobei sich aber weder das eine noch das andere dem Streit entzog. Über die Jahrhunderte verschoben sich so zwischen den streitenden Völkern und Religionen immer wieder die Gewichte.

Von bleibender Auswirkung erwies sich insbesondere seit 622 der gewaltige Siegeszug des Islam, dem 717/18 Byzanz im Osten, 732 das Frankenreich im Westen Halt geboten. In der Verfestigung dieser Komplexe bildeten sich allmählich die Grenzen gewisser Einflusszonen aus, von denen jede in der Folgezeit ein gewisses, keineswegs spannungsfreies Eigenleben entwickelte. Seit Mitte des 11. Jahrhun-

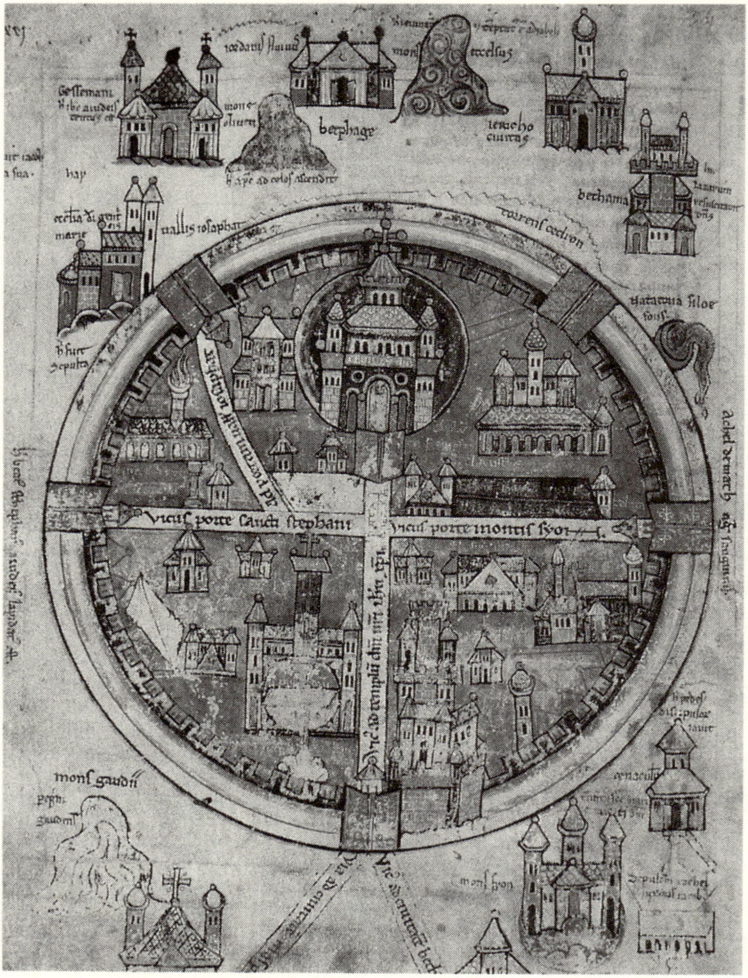

Jerusalem war Ziel- und Angelpunkt der Kreuzzüge ins Heilige Land. Die Karte aus der Kreuzzugschronik des Robert von Reims, entstanden im frühen 13. Jahrhundert, ist geostet und zeigt im Osten, also oben, das Templum Salomonis, die heutige Al-Aksa-Moschee. Nach der Eroberung der Stadt durch die Christen im Jahre 1099 befanden sich dort die Residenz der Könige und der Sitz des nach diesem Tempel benannten Templerordens. Im Nordwesten (unten links) ist die Grabeskirche eingezeichnet, von deren Altar Friedrich II. im Jahre 1229 die Krone des Königreichs Jerusalem aufgenommen hat.

Unter dem Eindruck der Kreuzzugsbewegung wird häufig auch das himmlische Jerusalem ins Bild gesetzt, von dem der Evangelist Johannes in der Geheimen Offenbarung spricht. Im »Liber floridus« des Lambert von Saint-Omer erhebt sich eine Stadt auf dem Felsen, verstärkt mit Mauern und zwölf Türmen, die für die zwölf Apostel stehen. Der Turm Petri befindet sich im Zentrum dieser imaginierten Stadt.

derts bewirkten dann die erst seit der Zeit um 1000 für den Islam gewonnenen seldschukischen Türken eine kräftige Verschiebung dieser Einflussgebiete, besonders seit sie sich 1071 mit ihrem Sieg über den byzantinischen Kaiser bei Mantzikert als eine neue Großmacht anmeldeten, die für Konstantinopel/Byzanz, damals die führende Macht der Mittelmeerwelt, gefährlich zu werden drohte.

Zur Sicherung seiner Existenz wandte sich Kaiser Alexios Komnenos nun um Hilfe an den Westen, der freilich damals in sich selbst gespalten war, und zwar in die wichtigsten Repräsentanten des Abendlandes, Kaiser und Papst. Diese machten sich seit 1075 im so genannten Investiturstreit das Recht der Investitur streitig, das heißt der Einsetzung der Bischöfe und Äbte und damit letztlich den Vorrang der geistlichen und der weltlichen Gewalt. In diesem Streit gewann der Papst, damals Gregor VII., die Oberhand. Kaiser Heinrich IV. verfiel bekanntlich dem Kirchenbann. Er kam deshalb als Helfer des Basileus Alexios Komnenos nicht in Betracht. Und wenn es Gregor VII. persönlich auch nicht vergönnt war, die Früchte seiner Mühen und Kämpfe zu ernten, so kamen sie immerhin dem fähigsten seiner Nachfolger, Urban II., zugute, der seit 1088 auf dem Stuhle Petri saß und dort im Sinne Gregors wirkte. An ihn wandte sich deshalb Kaiser Alexios Komnenos mit seinem Hilfegesuch, das eine Gesandtschaft dem Papst überbrachte.

Die Gesandtschaft erreichte den Papst, der sich erst kurz zuvor gegen den kaiserlichen Gegenpapst Clemens III. durchgesetzt hatte, im März 1095 auf seinem ersten Konzil in Piacenza. Sie fand bei Urban II. und den Teilnehmern des Konzils Gehör, doch bedurfte das gewaltige Unternehmen noch gründlicher Planung und Vorbereitung.

Mit den Vorbereitungen beschäftigte sich der Papst offenbar, als er sich auf die Reise nach Clermont begab. Denn als unterwegs, in Le Puy, die Einberufung des Konzils nach Clermont erfolgte, hieß es ausdrücklich, dass nicht nur Kleriker, sondern auch Laien, natürlich vor allem die waffenfähigen und mächtigeren unter ihnen, zur Teilnahme aufgefordert werden sollten. Dies lässt schon darauf schließen, dass es auf dem Konzil nicht nur darum gehen sollte, den großen Reformzielen, dem Verbot der Simonie, der Priesterehe und anderer Missbräuche Geltung zu verschaffen, sondern auch zu dem Hilferuf aus Byzanz klare Beschlüsse zu fassen. Darüber stand nach Piacenza die Entscheidung noch aus, die, vorbereitet durch die große Predigt des Papstes, dem Abschluss des Konzils von Clermont vorbehalten sein sollte.

Die Predigt gehört zu den aufrüttelndsten und wirkungsmächtigsten Aufrufen der Weltgeschichte. Sie ist mit Recht berühmt, obwohl sie nicht zweifelsfrei überliefert ist, da die vier bekannten Fassungen untereinander differieren und im Übrigen auch zeitlich in unterschiedlichen Abständen nach der Predigt notiert worden sind, so dass die Urfassung nicht mehr rekonstruiert werden kann. Andererseits sind die Grundbestandteile der übermittelten Nachrichten und Ermahnungen zwar chronologisch verschoben, aber der Sache nach nicht verdächtig, zumal sie mit den urkundlichen und chronikalischen Nachrichten, die sich auf die folgenden Zusammenhänge beziehen, durchaus in Einklang zu bringen sind. So verweist die Predigt eindeutig auf den Hilferuf des Kaisers von Byzanz als Ausgangspunkt des abenteuerlichen Unternehmens. Glaubhaft ist auch die Betonung von Not und Gefährdung der Christen im Osten, denen durch die gesamte Christenheit, arm wie reich, zu begegnen sei. Damit klingt an, dass sich an den bevorstehenden Kämpfen, die in erster Linie natürlich Sache der Krieger sein mussten, auch Nicht-Krieger beteiligen sollten. Dies wird sogar noch eigens begründet. Vor allem aber scheint hinter Byzanz zunehmend Jerusalem auf. Es war das Grab Christi, das schon das Ziel der vorausgegangenen Pilgerfahrten gewesen war und fortan immer mehr an Bedeutung gewann. Christus selbst tritt somit immer deutlicher in den Mittelpunkt des geplanten Kreuzzuges, und die Hauptakteure, die *milites*, werden zu *milites Christi*.

In der Bezeichnung *milites Christi* drückt sich eine spezielle Aufgabe aus, die größte, die den *milites* je zuteil geworden ist. Sie bezieht sich auf die Christenheit schlechthin und eröffnet ihnen damit nicht nur eine neue Dimension, sondern erlegt ihnen nach den Worten Urbans zugleich auch eine wesentliche Wandlung auf. Denn Urban erklärt nach dem Zeugnis Fulchers von Chartres ausdrücklich, dass die Formel *milites Christi* einen Neuansatz markiere, der den früheren von dem neuen Zustand unterscheidet. Während die Ritter nämlich (als reine Krieger) Brüder und Verwandte bekämpften und also nur Räuber gewesen seien, kämpften sie als Kreuzfahrer legitimerweise gegen Heiden und Barbaren. Dafür konnten sie fortan ewigen Lohn erwarten. Der ewige Lohn war begründet in dem Ablass, den Urban II. im Anschluss an die Praxis bei den Wallfahrten in Spanien nun auch für die Kreuzfahrer nach Jerusalem in Clermont verkünden ließ. Damit war Jerusalem an Stelle von Byzanz zum eigentlichen Ziel des Kreuzzugs erklärt: ein irdisches und zugleich überirdisches Ziel, das mit dem irdischen zugleich überirdischen Lohn verhieß.

Es entsprach dem heiligen Ort, dass der Krieg, der um ihn geführt wurde, ein heiliger Krieg war. Die Aufgabe hob denjenigen, der sich ihr widmete, über sich selbst hinaus und verband ihn mit seinen Gefährten zu einer großen Gemeinschaft, die nicht nur, wie zuvor die Gottesfriedensbewegung, Brüder und Verwandte, sondern die Christenheit als Ganze umschloss oder sie jedenfalls umschließen sollte. Die Aufgabe konnte in der Tat nicht größer sein, und so antworteten die Teilnehmer der Synode auf den Aufruf des Papstes mit der Begeisterung, mit der Urban sie aufgerufen hatte: »Deus lo vult!« – »Gott will es!« Damit bekundeten sie ihre Bereitschaft zum Aufbruch in der feierlichsten Form, die ihnen möglich war. Aufruf und Zustimmung flossen zusammen, so dass der Beschluss von beiden Seiten vollkommen war.

Freilich war der Beschluss nicht von heute auf morgen in die Tat umzusetzen. Zu seiner Ausführung war lange Zeit vonnöten. Bevor der Papst die Versammlung entließ, kam man überein, dass der Aufbruch am 15. August des folgenden Jahres, dem Fest Mariä Himmelfahrt 1096, erfolgen sollte. Außerdem bekräftigten die Aufbruchswilligen noch an Ort und Stelle ihre Bereitschaft, am Kreuzzug teilzunehmen, durch einen heiligen Eid und hefteten als äußeres Zeichen der Kreuznahme rote Stoffkreuze an ihre Schultern. Diese sollten gleichsam als sichtbare Gelübde dienen und wohl auch andere, noch unentschlossene Besucher zur Teilnahme am heiligen Krieg bewegen.

Die Zahl derer, die sich in Clermont zum Kreuzzug gemeldet haben, ist nicht näher bekannt. Sie kann nicht ganz unbeträchtlich gewesen sein, doch haben zunächst gerade die Mächtigen gefehlt; sie müssen sich aber wenig später dank der wirkungsvollen Werbung, die der Papst in eigener Person und durch zahlreiche Bischöfe betrieb, außerordentlich zahlreich dem Unternehmen angeschlossen haben. Die äußeren Zeichen, die die Anwerbung beförderten, erwiesen sich als eindrucksvoll und dauerhaft. Schon der Zuruf »Gott will es!« schallte nicht nur dem Papst als Zustimmung zu seiner Aufforderung entgegen, sondern er diente künftig auch als Kampfruf vor jeder einzelnen Schlacht. Beibehalten wurde in der langen Geschichte der Kreuzzüge auch die Kennzeichnung der Kreuzfahrer durch die angehefteten Stoffkreuze an der Schulter. Von neuartiger, aber bleibender Bedeutung wird sich vor allem die Bezeichnung *milites Christi* für die Teilnehmer am nächsten und an allen weiteren Kreuzzügen erweisen, die der Predigt des Papstes ihre eigenartige Zugkraft verliehen hatte. Sie wurzelt in dem ursprünglich geistlichen Begriff des *miles Christi*, den der Papst speziell dem bewaffneten Ritter auf dem Kreuzzug zuordnete. In dieser Bedeutung bleibt der Begriff für die Dauer der Kreuzzüge erhalten; er bleibt jedoch nicht auf den Kreuzzug beschränkt, sondern weitet sich mit der Zeit allgemein auf Leben und Verhalten, ja auf den Beruf des Ritters aus.

Praktisch kündigt Urban II. den Rittern mit dem Kreuzzug einen neuen Abschnitt der Geschichte an. Die Ankündigung greift zwar den Tatsachen voraus, aber es ist nicht zu übersehen, dass bereits während der Predigt unter den Hörern ein Stimmungsumschwung einzusetzen begann. Plötzlich stellten sich neue Erwartungen ein, charakterisiert durch die Überzeugung der Versammlung, dass die angekündigte Wendung unzweifelhaft einsetzen werde – unzweifelhaft deshalb, weil die bevorstehenden Kämpfe im Zeichen des Kreuzes erfolgten, das schon seit Konstantin als Siegeszeichen galt. Darum konnte »Kreuzzug« nur Kampf für die gute Sache bedeuten.

2. Vorbereitung und Aufbruch zum Ersten Kreuzzug

Am 28. November 1095 entließ Urban II. das Konzil, doch die Begeisterung, die der Beschluss zum Aufbruch hervorgerufen hatte, hielt an. Das musste auch so sein, schließlich war der Aufbruch erst für die Zeit nach der Ernte des folgenden Jahres vorgesehen, weil die Teilnehmer sich bis dahin noch hinreichend mit Proviant und Geld versorgen und weitere Teilnehmer geworben werden sollten. Kreuzfahrer stellten sich in der Tat in weit größerer Zahl ein als in Clermont, und sie kamen nicht nur aus Frankreich und Deutschland, sondern auch aus England, Spanien, Portugal und Italien, kurzum: nahezu aus allen Ländern Europas. Der Papst höchstpersönlich bemühte sich nach Kräften darum, diesem Unternehmen Zulauf zu verschaffen. Ursprünglich war es seine Absicht gewesen, selbst an die Spitze des Kreuzzuges zu treten. Als sich dies als undurchführbar erwies, sollte Bischof Adhémar von Le Puy als sein Legat die Leitung übernehmen.

Dem Papst ging es vor allem darum, möglichst viele hohe Adlige für die Kreuzfahrt zu gewinnen, etwa solche Männer wie den mächtigen Grafen Raimund von Toulouse, der sogar von sich aus an den Papst herantrat, um für sich als kampferfahrenen Herrn eine geeignete Position zu erbitten. Auffällig ist, dass unter den Freiwilligen sehr früh Normannen auftauchen, und zwar von überall her, wo sie festen Boden unter den Füßen gefunden hatten: aus der Normandie, aus Sizilien und Süditalien. Naturgemäß traten schon bei den Vorbereitungen die Grafen und Mächtigen besonders deutlich in Erscheinung, dennoch sollten sich, wie Urban II. schon in Clermont erklärt hatte, alle Christen, arme wie reiche, am Kampf gegen die Ungläubigen beteiligen.

Das war ein schwieriges Unterfangen, denn es kam eine recht gemischte Gesellschaft zusammen. Man könnte von zwei großen Gruppierungen mit jeweils mehreren Unterabteilungen sprechen. Obwohl schon der erste und die folgenden Kreuzzüge als Angelegenheit der ganzen Christenheit galten, gab es ständig Verschiebungen in der Zusammensetzung, was das Zusammengehörigkeitsgefühl der Kreuzfahrer gelegentlich beeinträchtigte, grundsätzlich aber nicht in Frage stellte. Besonders merkwürdig war schon der unkonzentrierte Beginn, obwohl man in Clermont doch vereinbart hatte, sich behutsam und gründlich vorzubereiten und erst im August 1096 aufzubrechen. Die Absprachen von Clermont blieben gewiss gültig, aber sie forderten Geduld in einer Zeit, die von Unruhe erfüllt war. Alles drängte auf den Kreuzzug hin: eine ungewöhnliche Mischung aus Begeisterung, eschatologischer Erwartung und Drang zur Buße, das Ganze verquickt mit einer ausgreifenden Armutsbewegung in der Nachfolge Christi.

Wegbereiter der Armutsbewegung waren nicht selten die Wanderprediger, die für den Kreuzzug warben. Einer der erfolgreichsten war Robert d'Arbrissel, der Gründer von Fontevrault, bei dem Eleonore von Aquitanien, die Gemahlin Heinrichs II. von England, ihre letzte Zuflucht fand. Der zeitweilige Eremit und Bußprediger war vom Papst selbst als Werbeprediger für den Kreuzzug bestellt worden. Er wurde von vielen verehrt, von anderen aber auch entschieden abgelehnt. Der schlimmste, weil radikalste der Wander- und Bußprediger, die dem Anstoß Urbans II. zu breiter Zustimmung und Erfolg verhelfen sollten, war der Eremit Peter von Amiens: ein religiöser Eiferer von harter Frömmigkeit, aber ohne Barmherzigkeit. Er hatte sich ganz und gar der Armutsbewegung verschrieben, für die er mit großem Erfolg als wortgewaltiger Redner warb. Das tat, wie sich schon bald herausstellte, seinen kriegerischen Neigungen keinen Abbruch, im Gegenteil: Es passte zwar mehr zum Vorstreiter der Armut als zu einem Feldherrn, wenn er denjenigen, die er um sich versammelt hatte, auf einem Esel vorausritt. Er aber hatte erkannt, dass die Ärmsten unter Umständen die erbittertsten Kämpfer sein können. Was diese unter dem Eremiten Peter darüber hinaus seit Clermont zusammenhielt, war die mächtig anschwellende religiöse Erregung, verbunden mit der Verheißung, sich als Sieger über die Glaubensfeinde von der eigenen Sündenlast befreien zu können. Die Motive seiner Anhänger waren vielschichtig, der Eremit Peter aber lenkte sie auf das einzig wesentliche Ziel: den Kampf gegen die Ungläubigen, letztlich die zu erwartenden Kämpfe im Heiligen Land.

Zunächst suchte der Eremit nur möglichst viele Kreuzfahrer um sich zu sammeln, die dann zum vereinbarten Zeitpunkt ausrücken sollten. Aber er sah die Sache weder mit den Augen des Papstes noch mit denen der großen Adligen und Ritter, die sich auf Mariä Himmelfahrt eingestellt hatten. Er wollte das Heilige Land offenbar möglichst bald erreichen, zumal der Mangel an Proviant die hungrigen Horden ohnehin zwang, ihren Standort möglichst oft zu wechseln, und es im Übrigen immer schwieriger für sie wurde, sich nicht nur durch Raub oder Plünderung zu verproviantieren. Je mehr Peters Anhang zunahm, umso mehr trieb er deshalb seine undisziplinierten Banden an, die alte Heimat hinter sich zu lassen. Dies ließ sich allerdings nicht mit dem Kreuzzugsplan von Clermont, der durchaus noch fortbestand, vereinbaren, sondern durchkreuzte ihn.

Um die Ungeduld seiner Banden zu zügeln, eilte der Eremit den Ereignissen voraus, indem er die in der Ferne aufzusuchenden Kämpfe in der Heimat vorwegnahm durch die grässlichsten Judenpogrome. Den Zug des Eremiten Peter und seiner Banden von Rouen über Köln, Trier, Mainz, Worms und Speyer, Regensburg und Prag markierten Zwangstaufen, Verfolgung und Mord. Sie wateten durch ein Meer von Blut und Tränen. Diese Pogrome haben sich tief in das Gedächtnis der Juden eingeprägt als schmerzende Brandmale aus der Zeit der Kreuzzüge. Dass die Könige die Juden unter ihren Schutz genommen hatten, zuletzt noch Kaiser Heinrich IV., spielt in der Erinnerung keine Rolle mehr, da die Banden Peters, des Einsiedlers, sich einfach darüber hinwegsetzten.

Gegen das sinnloses Wüten dieser Horden kamen in verschiedenen Bischofsstädten selbst die Bischöfe nicht an. Am entschiedensten setzte sich der Bischof von Speyer für die bedrohten Juden ein, indem er ihnen in seinem Palast Schutz bot. Aber er konnte nicht verhindern, dass die aufgeputschten Verfolger mit Gewalt in den Palast eindrangen und die Juden trotz der Gegenwehr des Bischofs niedermetzelten. Es sollen an die 500 Juden gewesen sein, die diesem Gemetzel zum Opfer fielen. Ähnlich erfolglos war der Widerstand des Bischofs von Worms, und den mächtigen Erzbischof von Mainz trieben die fanatischen Banden (in Mainz geschah dies unter dem besonders berüchtigten Grafen Emicho von Flonheim) gar zur Flucht. Am Ende waren etwa tausend jüdische Opfer zu beklagen, die der Eremit Peter mit sei-

Mit dem Ruf »Deus lo vult!« sind die Kreuzfahrer zum Ersten Kreuzzug ins Heilige Land aufgebrochen. Die Darstellung aus dem 13. Jahrhundert drückt aus, dass sie sich als »milites Christi«, als Streiter Gottes, fühlten, wie es Papst Urban II. im Jahre 1095 in seiner Predigt zu Clermont formuliert hat. Als eigentlicher Anführer des Kreuzritterheeres galt daher Christus. Er reitet voran, das Schwert zwischen den Zähnen und das Buch des Lebens in Händen haltend, womit er den Kreuzfahrern den Sieg und im Falle ihres Schlachtentodes das ewige Leben verheißt.

nen Genossen, vor allem Emicho von Flonheim sowie Volkmar und Gottschalk, auf dem Gewissen hatten.

Inzwischen war die Anhängerschaft des Eremiten auf rund 20000 zweifelhafte Figuren angewachsen, die sich auf getrennten Wegen nach Konstantinopel in Marsch setzten. Der Kaiser hatte den Aufbruch nicht so früh erwartet und nahm sie daher auch wenig erfreut in Empfang. Er riet dem Einsiedler Peter und seinen Leuten abzuwarten, bis die große Masse der Ritter sich, wie er hoffte, zur Verstärkung einstellte. Aber Peter, von seinen Leuten gedrängt, ließ sich nicht aufhalten und verkündete, dass er mit den Türken im Heiligen Land so verfahren werde wie mit den Juden in der Heimat. Aber diese Rechnung ging nicht auf.

Der Eremit und seine Gesinnungsgenossen Volkmar und Gottschalk, die Wanderprediger geblieben und alles andere als Ritter geworden waren, hatten die undisziplinierten Horden ihrer Anhänger schon ins Verderben geführt, noch ehe die ritterliche Hauptmacht aus der Heimat aufgebrochen war. Das Fiasko schien vollkommen, und nicht wenige Zeitgenossen gewannen den Eindruck, dass Gott den Plünderern, Räubern und Judenmördern seinen Segen verweigert hatte.

In der Tat meldeten sich nun kritische Geister, die von einer Wiederaufnahme der Kämpfe abrieten. Ihnen stand jedoch die große Schar derer gegenüber, die den Kreuzzug gelobt und sich an den Zeitplan von Clermont gehalten hatten. Diese befanden sich im August 1096 gerade vor oder mitten in den Vorbereitungen zum Aufbruch, als die Kunde von der schlimmen Niederlage der undisziplinierten Vorboten eintraf. Sie ließen sich durch diese Hiobsbotschaft nicht von dem Vorhaben abbringen, im August 1096 in mehreren wohl geordneten Formationen zum Zug nach Jerusalem aufzubrechen. Ihre Kreuzzugsbegeisterung war noch immer stärker als die Wirkung der Niederlage ihrer bäuerlichen Vorstreiter, die im Übrigen nicht unverschuldet untergingen. Hätten sie nicht so entschieden, wäre der Aufruf Urbans II. in Clermont umsonst gewesen und der Kreuzzug ein zwar ersehnter, aber unerfüllter Wunschtraum geblieben. Doch davon kann keine Rede sein. Es zeigte sich vielmehr, dass erst jetzt die

Hauptschar der Kreuzfahrer nach längerer Vorbereitung zum Aufbruch rüstete.

Man darf nicht übersehen, dass diese beiden Züge ins Heilige Land zwei große, grundverschiedene Unternehmungen waren: auf der einen Seite Arme und Bauern, meist zügellose Gesellen, zum Teil mit Frauen und Kindern, die sich um Absprachen, und seien es auch solche mit dem Papst, nicht kümmerten, sondern nur darauf brannten, die gottlosen Eindringlinge aus dem Osten zurückzuschlagen. Sie waren meist schlecht, oft überhaupt nicht bewaffnet, und sowohl bei den Führern als auch bei der Gefolgschaft handelte es sich im Allgemeinen um regelrechte Abenteurer, die keinen großen Eindruck auf die kampferfahrenen Gegner machten, aber sich unverkennbar kampfentschlossen zeigten. Im Grunde waren sie selbst das Opfer ihrer Begeisterung. Auf der anderen Seite die im August 1096 aufbrechenden Kreuzfahrer; begeistert waren sie auch, aber sie wiesen noch ganz andere Eigenschaften und Fähigkeiten auf, durch die sie weit über jenen standen: Sie waren Adlige, Fürsten und in jedem Fall Ritter. Sie bildeten den Kern dieser und aller folgenden Kreuzzüge.

Der Kreuzzug stellte die größte Herausforderung des Rittertums dar. Er hat sie in einer neuen Gemeinschaft vereint, in der Altes und Neues sich verband. Das Alte blieb grundlegend. Ritter waren im Allgemeinen Grundherren, in der Regel damit im Besitz von Lehen; als Vasallen oder Ministerialen waren sie ihrem Lehnsherrn zu Dienst und Treue verpflichtet. Sie hatten allmählich das Monopol der Kriegerschaft gewonnen und kämpften im Kettenpanzer hoch zu Ross, stets von einem oder mehreren Knappen oder Knechten begleitet. Meistens bildete eine Burg – manchmal waren es auch mehrere –, die zugleich als Wohnstatt diente, ihren Rückhalt. Dies wird in der Fremde zu einem besonderen Problem.

Alles in allem bildete das Lehnswesen die Grundlage der ritterlichen Existenz, die nach feudaler Ordnung klar gegliedert war, einer Ordnung, die freilich stets der Überwachung bedurfte, da der eigene Vorteil noch durchaus wahrgenommen wurde, selbst wenn er auf Kosten des Lehnsherrn ging. Andererseits war die Annäherung der Ritter an die Kirche schon recht weit gediehen und erst recht die der

Kirche an die Ritter, was deutlich erkennbar wird an den Kapellen in den größeren Burgen. Und wie die Ritter allgemein Kirchen und Klöster in ihren Schutz nahmen, so auch ihre Eigenleute und Knechte. Schließlich war ein weiterer Ausdruck ihrer zunehmenden Verchristlichung die Teilnahme von Adligen und Rittern an Pilgerreisen nach Rom, nach Jerusalem oder nach Santiago de Compostela, die bereits spürbar zugenommen hatte, noch bevor die neue Gefahr aus dem Osten zur Sorge Anlass gab.

Zunächst konnte man noch hoffen, die Gefahr durch Buße abzuwenden oder den Himmel durch verstärkte Verehrung zu besänftigen. Die Unruhe der Zeit nahm aber zu und zog immer weitere Kreise. Dies war ein langsamer und ungleichmäßig voranschreitender Prozess, der durch Wechselseitigkeit gekennzeichnet ist: einerseits schloss er an die feudalen, zum Teil vorchristlichen Vorstellungen an, und andererseits bezog er sie in die christliche Werteordnung ein, indem er beides miteinander verband. Urban II. sollte dies auf die Formel bringen, dass die Ritter fortan nicht mehr nur *milites*, sondern *milites Christi* werden sollten. Die Möglichkeit dazu bot eben der Kreuzzug. Er wurde zur höchsten Aufgabe der Ritter, und diese Aufgabe galt der Kirche und dem Schutz der gesamten Christenheit. Indem sie diesen Schutz auf sich nahmen, leiteten sie einen neuen Abschnitt ihrer Geschichte ein.

Zum Kreuzzug waren nun freilich – sogar vor den Rittern – schon die Armen und Bauern ausgerückt. Aber schon bald nach dem voreiligen Angriff der Bauernkrieger hatte sich herausgestellt, dass nur die Ritter in der Lage waren, mit den fremden Eindringlingen fertig zu werden und sich ihnen gegenüber zu behaupten.

In der Tat ließ sich schon der Aufbruch der Ritter gut an. Sie nutzten die vereinbarte, wohl bedachte Vorbereitungszeit. Während sich die hochgestellten Adligen in Clermont noch auffallend zurückgehalten hatten, waren sie inzwischen an die Spitze der verschiedenen Unternehmungen getreten, allen voran die besonders Mächtigen aus Lothringen und der Normandie, aus Südfrankreich und Süditalien. Unter ihnen waren Träger großer Namen mit gutem Klang, etwa Gottfried von Bouillon aus dem Hause der Grafen von Boulogne, und sein Bruder Balduin von Boulogne. Gottfried war nicht nur dem französischen König, sondern auch dem deutschen Kaiser Heinrich IV. verbunden, da dieser ihn 1087 zum Herzog von Niederlothringen ernannt hatte. Gottfried hatte vor dem Aufbruch ins Heilige Land Mitte August 1096 über seine Besitzungen verfügt und sie in andere Hände gelegt, so dass man wohl mit Recht vermutet hat, er habe sein Schicksal von vornherein an den Kreuzzug gebunden. Balduin sollte es beschieden sein, nach dem Tod Gottfrieds (1100) die Krone von Jerusalem zu erlangen.

Ein weiterer hoch angesehener Kreuzfahrer war der Graf Hugo von Vermandois, ein jüngerer Sohn König Heinrichs I. von Frankreich, dessen Herkunft allerdings bedeutender war als seine militärisch-ritterlichen Qualitäten. Im Unterschied zu Gottfried von Bouillon und seinem Bruder Balduin wählte Hugo jedoch nicht den Landweg, sondern wollte nach dem Marsch durch Italien mit Hilfe einer kleinen angemieteten Flotte über das Adriatische Meer ins Heilige Land gelangen. Er hatte jedoch kein Glück: Aus einem Schiffbruch mit Mühe und Not gerettet, sah er sich auf die Hilfe des Kaisers von Konstantinopel angewiesen, der ihn zwar äußerst wohlwollend aufnahm, ihn zugleich aber seine Überlegenheit spüren ließ, indem er unumwunden seine Intentionen zu erkennen gab. Nie zuvor war bis dahin die Rede davon gewesen, dass der Kaiser die Lehnsoberhoheit über die Gebiete anstrebte, die das Ziel der Kreuzfahrer waren – praktisch also das Gegenteil dessen, was sie für sich selbst erstrebten. Während Hugo von Vermandois keine Bedenken hatte, dem Kaiser den gewünschten Lehnseid zu leisten, wusste Gottfried von Bouillon sich einem solchen Eid zu entziehen und ihn schließlich abzuschwächen. Damit trat die erste Spannung zwischen den Kreuzfahrern und dem Kaiser ein.

Zu den wachsamsten und entschlossensten Kreuzfahrern gehörten von Anfang an die Normannen, etwa Tankred und Bohemund von Tarent in Süditalien oder Robert von der Normandie im Norden, die freilich nicht nur Frömmigkeit, sondern auch handfeste Beutelust und damit Erweiterung ihres Machtbereichs zum Kreuzzug trieben. Weitere hochrangige Adlige traten an die Spitze anderer, nach geographischen und herrschaftlichen Gesichtspunkten geordneter Heereszüge.

Es dürften insgesamt gut 100 000 Menschen gewesen sein, über die sie geboten. Da jede Heeresgruppe ihren eigenen Weg wählte, kam es auf die Verbindung zwischen den Heerführern an. Dieser Zusammenhang blieb im Großen und Ganzen gewahrt, was das Verdienst des päpstlichen Legaten Adhémar de Monteuil, Bischof von Le Puy, war.

Der Sammelpunkt für die Heerfahrer auf dem Weg ins Heilige Land war Konstantinopel, das sie im Frühjahr 1097, die einen etwas früher, die anderen später, erreichten. Staunend standen sie vor der Größe und der durch die Pracht ihrer goldenen Dächer blendenden Stadt, die alles in den Schatten stellte, was sie aus ihren heimischen Städten kannten. Da das Heer der Kreuzfahrer größer war als erwartet, hatte es auf Befehl des Kaisers die Wartezeit außerhalb der Stadtmauern zu verbringen. Nun zeigte sich, dass das Heer unter Führung der Ritter mit den undisziplinierten und räuberischen Horden des Eremiten Peter nicht zu vergleichen war. Am Kaiserhof erinnerte man sich mit Schaudern dieser Banden und deren Missetaten, die das Verhältnis zwischen dem Kaiser und den Kreuzfahrern von vornherein schwer belastet hatten – ganz abgesehen davon, dass es sich bei den Bauernhorden Peters nicht um ein schlagkräftiges Heer gehandelt hatte.

Nun lagen die Dinge ganz anders, denn schon beim ersten Zusammenstoß der Ritter mit den Türken zeigte sich, dass die ritterlichen Kreuzfahrer Gegner von ganz anderem Kaliber waren als die Bauern des Eremiten Petrus. Es stellte sich sogleich heraus, dass der Kreuzzug kein gewöhnlicher Krieg war. Es ging zwar wie in jedem Krieg um die Güte der Waffen, um Beute und Ruhm, vor allem aber ging es um die Befreiung der Christen im Orient, um das Erbe Christi und dessen Nachfolge. Das Ganze war getragen von einer ungeheuren Überzeugungskraft. Die physische Leistung, die sich die Ritter abverlangten, hat die Zeitgenossen und die Kreuzfahrer selbst in Erstaunen versetzt. Bereits im ersten Jahr wurden sie im Heiligen Land in zahllose Kämpfe verwickelt, und obwohl sie daraus meist als Sieger hervorgingen, blieben ihnen Hunger und Durst, die an ihren Kräften zehrten, nicht erspart. Unter dem Wassermangel litten besonders die Pferde, von denen viele kläglich verendeten, so dass ein Teil der Ritter schließlich zu Fuß kämpfen musste in der verzweifelten Hoffnung, dass himmlischer Beistand ihnen am Ende doch den Sieg schenken werde. Diese Hoffnung nährte sich aus der Überzeugung, dass ihnen die Toten auf den Schlachtfeldern geholfen hatten. Die Toten waren in ihren Augen Märtyrer – das heißt Vorkämpfer und damit wirkungsvolle Helfer und Vermittler bei Gott –, die sich durch ermutigende Zeichen zu erkennen gaben.

Es ist charakteristisch für den Heiligen Krieg, dass Religion und Kampf nahtlos ineinander übergingen. So spielen – wie schon bei den Wallfahrten – Reliquien eine wichtige Rolle. Im Heiligen Land waren sie nicht zu übersehen. Der Bericht über die Auffindung der Heiligen Lanze etwa, die Christus am Kreuz durchbohrt hatte, erregte großes Aufsehen. Vor allem aber wiesen Visionen von Ritterheiligen den kämpfenden Rittern den Weg auf ihrem Vormarsch zum heiß ersehnten Jerusalem. Bis dahin war der Weg allerdings noch weit und, wie der Graf Stefan von Blois an seine Gemahlin Adela schrieb, beschwerlich, da immer neue Kämpfe zu überstehen waren und es wenig zu essen gab. Die Nahrungsmittelknappheit veranlasste die führenden Fürsten, jeweils auf eigenen Wegen dem gemeinsamen Ziel Jerusalem zuzustreben. Schon während dieser Märsche offenbarte sich, dass sie danach trachteten, sich im Heiligen Land eigene Herrschaften aufzubauen.

Inzwischen hatten sie sich auch mit der Kampftaktik ihrer türkischen Gegner vertraut gemacht, die darin bestand, dass die Türken mit ihren schnellen, leichten Pferden in der Hauptsache als Bogenschützen angriffen. Sie setzten damit auf Überraschung und schnellen Rückzug, um sogleich die schwer gerüsteten Kreuzfahrer in neuen Wellen wieder anzugreifen und sie und ihre Pferde mit Pfeilen zu überschütten. Das konnte im unübersichtlichen Gelände gefährlich werden, war aber zu parieren, wenn man sie auf offenem Feld stellen konnte. Hier waren sie mit ihren schweren Rüstungen, mit Schild und Panzer den Türken weit überlegen. Der Wucht ihres Angriffs waren die leicht bewaffneten Türken nicht gewachsen. Tatsächlich lag die größte Chance der Kreuzritter in der offenen Feldschlacht. Gelegentlich reihten sie sich direkt aneinander – mit dem Erfolg, dass sie durch die Verbindung untereinander ihre Gewinne stabilisieren konnten.

Im Sommer 1098 rückten die Kreuzfahrer auf das mit starken Mauern bewehrte Antiochia zu. Bei dieser Gelegenheit schilderte der Geschichtsschreiber Albert von Aachen, ein sachkundiger Chronist, den eindrucksvollen Vormarsch der Kreuzritter im Glanze der vergoldeten, grünen, roten und andersfarbigen Schilde und die Entfaltung ihrer goldenen und purpurnen Banner und fügte dann erläuternd hinzu, dass sie auf Schlachtrossen ritten und »funkelnde Schilde und Helme« trügen. Die Schilderung erinnert an die Darstellung der Ritter auf dem Teppich von Bayeux, die vermutlich, dem zeitlichen Abstand entsprechend, einen leicht überholten Zustand festhält. Vor allem die Banner (*vexilla*) werden nun häufiger als zuvor bezeugt. Sie zeigten an, wo der Anführer der Abteilung (zum Beispiel der Bischof von Puy) kämpfte. Andererseits wird berichtet, dass in der Bedrängnis des Kampfes die Priester im Heer zum Herrn beteten, sangen und unter Tränen ihre Sünden bekannten, um die Hilfe des Herrn zu erlangen. Wenn Erfolge und Niederlagen sich auch ablösten, blieb zuletzt doch das Vertrauen in Gott, der den Kreuzfahrern in der Regel beistand.

Wie die Kreuzfahrer den Zusammenhang selbst gesehen haben, zeigt der Brief des Grafen Stefan von Blois an seine Frau Adela von der Normandie, in dem der Graf berichtet, dass er mit seinen Leuten wohlbehalten vor Antiochia angelangt sei, nachdem sie nach der Einnahme von Nikaia eine gewaltige Schlacht gegen die »falschen« Türken geschlagen und sie mit Gottes Hilfe besiegt hätten. Daraufhin hätten sie dem in Kappadokien herrschenden türkischen Fürsten alle seine Burgen (*cuncta castra*) abgerungen und sie einigen der Kreuzritter übergeben. Dann seien sie nach Antiochia vorgerückt.

Der Brief Stefans, den mehrere der Kreuzfahrerfürsten zum Anführer ihrer Abteilung gewählt hatten, geht auf die Geschicke und Erfolge der anderen Abteilungen nicht weiter ein. Doch muss hier wenigstens das Vorgehen Balduins von Boulogne erwähnt werden, der seinen Weg nach Antiochia über Armenien suchte. Er hatte es verstanden, seine guten Kontakte zu armenischen Christen zu nutzen und auch deren Herrscher in Edessa günstig zu beeinflussen, bis er sich gegen diesen wandte, um die Herrschaft über Edessa an sich zu reißen.

Mit dem Vorgehen Balduins griff das Rittertum erobernd über

Die Chronik des Matthäus Parisiensis aus dem frühen 13. Jahrhundert zeigt einen Kreuzritter im vollen Ornat. Er ist mit dem Schwert umgürtet, sein Waffenrock vielfach mit dem Kreuz gezeichnet, die Schließe hat Kreuzesform, und auch auf dem Banner kehrt das Kreuzzeichen wieder.

Europa hinaus. Die Stadt Edessa wird damit nicht nur zur Grafschaft, sondern zum ersten Kreuzfahrerfürstentum im Orient, und dabei sollte es nicht bleiben. Denn es gab unter den Kreuzrittern mehrere Fürsten vom Schlage Balduins, die darauf brannten, den ungläubigen Eindringlingen ihre »Beute« abzujagen und sich als echte Diener Christi zu erweisen, indem sie die Treuhandschaft über die Stätten seines Wirkens übernahmen. Von einer Rückgabe an den Kaiser von Byzanz konnte nach ihrer Vorstellung natürlich keine Rede sein.

Noch war Antiochia freilich nicht bezwungen; aber diese Aufgabe stand nun bevor. Zwar hatte das Kreuzfahrerheer in Armenien gesiegt, aber es war abgekämpft und bedurfte der Erholung, ganz abgesehen davon, dass es nicht in der Lage war, die stark befestigte Stadt in vollem Umfang einzuschließen. Kostbare Zeit blieb ungenutzt. Was noch an Kräften zur Verfügung stand, wurde beim Bau von Belagerungsmaschinen und Kastellen im Vorgelände der Stadt dringend benötigt. Schließlich kam es unter Aufbietung aller Kräfte zu einer gewaltigen Belagerung. Dies war die letzte Station des Kreuzzugs vor Jerusalem. Hier warf sich der Normanne Bohemund, der sich als der führende Kopf der Belagerer erwies, zum Anführer auf. Wie zuvor Balduin von Boulogne die Herrschaft in Edessa an sich gerissen hatte, so strebte Bohemund diejenige über Antiochia an. Auch er erreichte sein Ziel. Antiochia war nach Edessa das zweite Kreuzfahrerherzogtum im Orient. Später folgen noch andere, zum Beispiel die Grafschaft Tripolis, die Graf Raimund von Saint-Gilles an sich zog. Bereits jetzt kündigte sich aber an, auf welche Weise die Kreuzfahrer sich das Heilige Land einzuverleiben gedachten: nach dem feudalen Modell.

Kurz vor dem Ziel stellten sich in Antiochia allerdings noch empfindliche Komplikationen ein. Es kam zu Spannungen zwischen den Fürsten, die das ganze Heer belasteten. Dies war umso schlimmer, als der vielleicht einzige Mann, der als päpstlicher Legat sowohl die militärische als auch die geistliche Leitung auszuüben und das Ganze zusammenzuhalten vermochte, der Bischof Adhémar von Puy, in diesem kritischen Moment verstarb. Der Verlust war offenbar nicht wettzumachen. Nur mit Not und in tiefer Erschöpfung legte man das letzte Stück des Weges nach Jerusalem zurück. Wie schon so oft in schwierigen Lagen wuchsen den Kreuzfahrern neue Kräfte durch himmlische Erscheinungen zu. Es waren Engel und Heilige, die ihnen nun zu Hilfe eilten, an ihrer Spitze der heilige Georg, der beliebteste unter den Ritterheiligen, der schon immer Diesseits und Jenseits miteinander verbunden hatte: ein Himmelsbote und ein Helfer auf der Erde zugleich.

Die Hilfe scheint schon im Spiel gewesen zu sein, als die Kreuzritter am 7. Juni 1099 die Kuppeln und Dächer von Jerusalem am Horizont erblickten. Sie nannten den Berg, der ihnen den Blick auf die Heilige Stadt freigab, *mons gaudii* – »Berg der Freude« –, und warfen sich nieder auf die Knie, um Gott für seine so sehnlich erwartete Hilfe zu danken. Jerusalem war zwar in Sichtweite gekommen, aber es war noch nicht wirklich erreicht. Keinem konnte verborgen bleiben, wie sehr der lange Marsch von Konstantinopel nach Jerusalem die Ritter dezimiert und an ihren Kräften gezehrt hatte. Nur dem Nachschub aus ihren Heimatländern hatten sie es letztlich zu verdanken, dass sie sich den Ungläubigen gegenüber behaupten konnten. Und wenn sie mit der Belagerung Jerusalems auch so bald wie möglich beginnen wollten, so mussten sie doch zunächst den Mangel an Wasser, Holz und Getreide beheben, bevor sie an die Erstürmung der Stadt denken konnten. Unentbehrlich waren dabei die Belagerungsmaschinen, deren Bau allein fünf Wochen in Anspruch nahm.

Am 15. Juli 1099 gelang es endlich einzelnen Gruppen, in die Stadt einzudringen. Es folgten erbitterte, blutige Kämpfe. Was soeben noch als Siegesfreude empfunden worden war, schlug mitten im Kampf plötzlich in Trauer, Schuld und Reue um. Auf beiden Seiten überschnitten sich die Empfindungen Triumph und Wut. Im Orient war man entschlossen, die Niederlage wettzumachen und die verlorene Mitte der Welt zurückzuerobern, während der christliche Westen die Einnahme von Jerusalem als verdienten Triumph genoss. Im Heiligen Land selbst wusste man freilich, dass der Sieg noch der Sicherung bedurfte – dies umso mehr, als nach der Einnahme von Jerusalem bedeutende Kreuzfahrer wie Robert von der Normandie, Robert von Flandern und andere, die schon drei Jahre im Heiligen Land gekämpft hatten, zur Heimkehr rüsteten.

Einen gewissen Entsatz brachten die Neuankömmlinge, die das befreite Jerusalem ebenso angezog wie vordem das umkämpfte ihre Vorgänger. Sie kamen aber nicht zahlreich genug, um die Feinde im Lande in Schach zu halten. Immerhin gelang es, den orthodoxen Patriarchen von Jerusalem zu verdrängen und ihn durch einen lateinischen zu ersetzen. Es verstand sich, dass der neue Patriarch dem Papst in Rom unterstellt werden sollte.

Wichtiger jedoch als die Verfügung über den geistlichen war auf die Dauer die Regelung über den weltlichen Thron im Heiligen Land. Einen solchen fand man nicht vor. Um ihn zu installieren, kam man zu einer außerordentlichen, ausgesprochen ritterlichen Lösung.

Eine klare Führung gab es während des Ersten Kreuzzugs nicht mehr, seit der sehr fähige päpstliche Legat Adhémar von Monteuil, Bischof von Le Puy, verstorben war. Es gab aber mehrere, zum Teil bedeutende Heerführer; sie kamen alle oder fast alle für die Nachfolge in Betracht, und es scheint, dass sie dementsprechend auch alle gemeinsam als Wahlmännergremium fungierten. Nach längerem Hin und Her einigte man sich schließlich auf Gottfried von Bouillon, Herzog von Niederlothringen, der sowohl nach der französischen als auch nach der deutschen Seite gute Beziehungen unterhielt. Er galt als Ritter ohne Tadel und war als solcher allgemein anerkannt durch seine Tapferkeit und seine Frömmigkeit. Auf die Frage, ob er die Krone annehmen wolle, antwortete er nach einigem Zögern: Er nehme die Herrschaft an – aber nicht als König, weil es ihm nicht möglich sei, sich mit der Krone zu schmücken, wo der Herr einst die Dornenkrone getragen habe. Er bat deshalb, man möge ihn unter dem Titel *advocatus Sancti Sepulchri*, das heißt »Vogt« oder »Schützer des Heiligen Grabes«, wählen. Obwohl es einen vergleichbaren Titel nicht gab und noch nie gegeben hatte, fand er ohne weiteres Zustimmung.

Man darf daraus wohl schließen, dass der von Gottfried gewählte Titel im Wesentlichen einer Grundstimmung der Zeit entsprach. Es offenbarte sich, dass das Rittertum in Fortsetzung des Weges, der in Clermont von Urban II. beschritten worden war, verstärkt in einen religiösen Sog geraten war. Dabei mag der *genius loci* mitgewirkt haben, der in der Grabeskirche die überirdische Erscheinung Christi, am See

Genezareth die Gestalt des Apostels Petrus beschwor oder im Tempel Davids den großen König Israels als Vorstreiter zu Hilfe rief.

Diese Entwicklung betraf alle Kreuzritter, insbesondere alle Heerführer. Die Wahl fiel, wie es scheint, einmütig auf Gottfried. Aber das war eine Täuschung, denn in Wirklichkeit war sie von Spannungen durchzogen. Erst nach einem kurzen Widerstreit – besonders gegen Raimund von Toulouse – wurde Gottfried als Herr von Jerusalem anerkannt. In und um Jerusalem konnte er seine Stellung festigen. In dieser Zeit wuchs bei ihm die Erkenntnis, dass die westlichen und die östlichen Christen sich zum gegenseitigen Nutzen enger verbinden müssten. Ferner war er darauf bedacht, die wirtschaftlichen Beziehungen zu den islamischen Städten an der Küste zu verbessern, die besonders für die Verbindung zu Italien (etwa zu Genua) unentbehrlich waren.

Im Großen und Ganzen waren die Fortschritte, die Gottfried bei der Festigung seiner Stellung machte, zwar bescheiden, aber unverkennbar. Eine Frage war allerdings noch offen. Sie bezog sich auf das Verhältnis der geistlichen zur weltlichen Gewalt in Jerusalem, ihrer Über- oder Unterordnung. Die geistliche Gewalt war repräsentiert durch den lateinischen Patriarchen, damals Daimbert (Dagobert), der den orientalischen Patriarchen von Jerusalem verdrängt hatte, während die weltliche Gewalt sich eben in der Gestalt Gottfrieds unter dem Titel *advocatus Sancti Sepulchri* zur Geltung zu bringen suchte, wobei sich Gottfried selbst im Allgemeinen *princeps* nannte. Es schien, als würde sich in Jerusalem die Waage hin zur Theokratie neigen. Die Entscheidung darüber sollte aber erst nach der Wahl Gottfrieds erfolgen. Damit war aber zugleich die Entscheidung über die Lehnsoberhoheit verbunden, und so drängte Daimbert Gottfried auf Anerkennung der Lehnsoberhoheit des lateinischen Patriarchen. Gottfried war anscheinend auch bereit, dem Patriarchen entgegenzukommen. Doch dazu kam es nicht mehr, da er nach kurzer, schwerer Krankheit in Jerusalem verstarb. Am 18. Juli 1100 schnitt der Tod dem »Schützer des Heiligen Grabes« den Lebensfaden ab. Er war eine singuläre Figur, hoch geschätzt und tief betrauert, ein Ritter, der sich durch Mut, Bescheidenheit und Frömmigkeit ausgezeichnet hatte, Eigenschaften,

Die Miniatur des 14. Jahrhunderts aus dem Roman über Gottfried von Bouillon, den Protagonisten des Ersten Kreuzzugs und »princeps« des Königreichs Jerusalem, und alle übrigen Kreuzfahrerkönige bis zu Ludwig dem Heiligen zeigt das Aufeinandertreffen eines christlichen und eines muslimischen Heeres. Links kämpft ein muslimischer Reiter ohne Schild, den Kopf nur mit einem Turban bedeckt, während die christlichen Ritter durch Topfhelm und Schild geschützt sind. Beide Seiten agieren mit dem Schwert, wobei gerade ein muslimischer Kämpfer einen vom Pferd sinkenden Christen mit der Waffe trifft.

die sich in seinem Charakter die Waage hielten. Gerade ein Jahr lang hatte er geherrscht. Jetzt wurde er zur Idealfigur stilisiert. Es scheint, dass mit ihm, unter dem die Eroberung Jerusalems gelang, eine neue Entwicklung, kaum dass sie begonnen hatte, schon zu Ende ging.

Tatsächlich hatte diese Entwicklung erst nach dem Tod Gottfrieds von Bouillon neue Kraft gewonnen, und dies, wie sich zeigen sollte, weil die Kreuzfahrer die Wahlordnung, die sie für den verstorbenen Gottfried praktiziert hatten, nicht beibehielten, sondern den Kreis der Wähler neu bestimmten – mit der Folge, dass Jerusalem fortan eine stark sammelnde Kraft gewann, die zugleich dem Rittertum über das Heilige Land hinaus zur Ausstrahlung verhalf.

3. Das Königreich Jerusalem und das europäische Rittertum

Als Gottfried von Bouillon beigesetzt war, wusste man unter den Kreuzfahrern noch nicht, wie es weitergehen sollte. Der lateinische Patriarch Daimbert hoffte im Vertrauen auf eine frühere Zusage des Verstorbenen, dass Jerusalem fortan als Lehen der Kirche zuerkannt und ihm, dem Patriarchen, unterstellt werde. Damit wäre der Traum, Jerusalem zum eigenständigen Königreich zu erheben, ausgeträumt gewesen.

Es gab aber auch andere Vorstellungen, zum Beispiel von Seiten der lothringischen Ritter, Verwandten und Anhänger Gottfrieds; sie beabsichtigten, Gottfrieds Bruder Balduin, der die Grafschaft Edessa an sich gerissen hatte, das Erbe seines Bruders anzutragen. Mit diesem Wunsch wurde aber Gottfrieds Entschluss, auf die Königskrone in Jerusalem zu verzichten, rückgängig gemacht und praktisch die Erbmonarchie angestrebt. Es war vor allem Balduin selbst, dem an dieser Lösung lag. Es gelang im schließlich sogar, den Patriarchen Daimbert dafür zu gewinnen, allerdings forderte dieser als Gegenleistung, dass die Krönung nicht in der Grabeskirche in Jerusalem, sondern in der Geburtskirche in Bethlehem vollzogen werde, was am Weihnachtsfest des Jahres 1100 auch geschah. Der nächste Schritt sollte die Erhebung der Grabeskirche in Jerusalem zur künftigen Königskirche sein.

Als Balduin im Jahre 1118 starb, wurde er an der Seite seines Bruders Gottfried beigesetzt. Damit ist er, dessen Herrschaftsdrang stärker als der Gottfrieds und dessen Frömmigkeit weniger ausgeprägt als die seines Bruders war, der eigentliche Gründer des Königreichs Jerusalem geworden. Balduin hat ihm die gerade für den Anfang besonders wichtige äußere wie innere Festigkeit gegeben und vor allem die ständige Bedrohung von Jerusalem weitestgehend abgewehrt. Jerusalem blieb aber die brennende Wunde, die ihre Vorbesitzer nicht verschmerzen konnten.

In dieser unentschiedenen Situation starb Balduin, ohne dass für seinen Nachfolger Vorsorge getroffen worden war. Die Neubesetzung duldete keinen Aufschub. Der Nachfolger sollte möglichst aus dem Kreis der Verwandten des oder der bisherigen Herrscher stammen. Man entschied sich schließlich für den Vetter des verstorbenen Königs, und so folgte auf König Balduin I. König Balduin II., auch Balduin von Le Bourg genannt.

Die große Herausforderung, vor der der neue Herrscher stand, war die Sicherung Jerusalems, der heiligsten der Städte im Heiligen Land. Hier war Balduin I. noch mit dem Bau der Burg Montreal ein guter Griff gelungen; denn Montreal war so glücklich gelegen, dass Balduin seine Eroberungen von hier aus um weitere Burgen erweitern konnte. Sie bildeten die Stützpunkte der Herrschaft des Königs, unter ihnen die Burgen der Fürsten und großen Herren, schließlich die der Ritter, die oft zu Lehen in ihnen saßen. Die Regierung des Königreichs erfolgte mit Rat und Hilfe der Kronvasallen, deren Zahl zwischen 500 und 800 Rittern schwankte.

Dabei hatte sich die Streitmacht, die gegen Ende des Ersten Kreuzzugs die heimkehrenden Ritter ihrem neu gewählten Herrn Gottfried von Bouillon zurückließen, auf insgesamt 300 Ritter belaufen – wahrhaftig keine allzu große Zahl, wenn man bedenkt, dass ihnen die viel größere Zahl der Einwohner des Heiligen Landes gegenüberstand. Um deren Macht gewachsen zu sein, waren die Ritter auf Nachschub aus der alten Heimat angewiesen, der zunächst sehr spärlich eintraf. Indem nun die allmählich wachsende Ritterschaft des Heiligen Landes in Burgen angesiedelt wurde, bildete sich ein neuer Burgentyp heraus, nämlich der durch permanente Besatzung gesicherte Stützpunkt; er spiegelt einen längerfristigen Strukturwandel wider, der den Lebensraum von ganz Europa erfasste. Wenn sich unter Karl dem Großen die Herrschaft im Wesentlichen noch auf die Fernzüge der *militia* stützte, die meist unter der Leitung des Königs selbst stand, so ist auffällig, dass trotz aller Unterschiede in den verschiedenen Ländern seit dem Ende des 9. Jahrhunderts allgemein im Norden wie im Süden, im Westen wie im Osten Burgen eines neuen Typs erscheinen, die nicht mehr Flucht- oder Grenzburgen sind, sondern Stützpunkte der Herrschaft. In erster Linie sind es solche des Königs oder eines seiner Stellvertreter, dann aber auch in zunehmendem Maße anderer Herren, die die Burg – unter oder ohne den König – als Faustpfand ihrer eigenen Herrschaft errichten oder an sich ziehen. Jeder dieser Burgherren ist auf seine *milites* angewiesen, denen damit ein Anteil an der Herrschaft zufällt.

Dabei zeichnet sich zunächst auf der Ebene der Burgherren ein interessanter Zusammenhang ab. Der Burgenbau großen Stils galt wohl ursprünglich als königliches Hoheitsrecht, nach dem allerdings erst später belegten Terminus: als Regal. Im Karolingerreich stand dieses Regal nicht zur Disposition, da der König selbst in seinen Pfalzen residierte, die stets unbefestigt waren, denn wo er weilte, bedurfte es keiner Befestigung.

Dabei blieb es jedoch nicht. Vielmehr setzte schon mit dem Zerfall des Großfränkischen Reiches eine Verschiebung im Verhältnis der königlichen Gewalt zur Machtstellung des Adels ein: Während der König an Macht verlor, gewann der Adel an Einfluss und Macht, und zwar umso mehr, je weiter der Adelssitz vom Zentrum der Königsmacht entfernt war. Dabei sind allerdings zwischen den einzelnen Königreichen bedeutende Unterschiede zu beobachten. So zeichnete sich England als Erbe der Normannen durch ein besonders starkes Königtum aus – mit der Wirkung, dass der König die Burgen insgesamt als königliche Burgen zu behaupten vermochte. Eine solche Position hat der westfränkisch-französische König nicht erlangen können. Vielmehr sah er sich einem machtvoll erstarkenden Adel gegenüber, der in relativer Königsferne seine Eigenständigkeit weit gehend zu sichern und zu behaupten vermochte, indem er sich vor allem auf den neuen Typus der Burg konzentrierte.

Im Grunde berührten sich die Aufgaben, die sich beim Bau und bei der Besatzung der neuen Burgen allenthalben stellten. Die Frage, wen man dafür heranziehen konnte, war noch zu lösen. Es bot sich an, dafür zunächst Angehörige des *exercitus* einzusetzen. Diese Entwicklung kündigte sich schon in einem Erlass Karls des Kahlen vom Jahre 864 an, in dem Karl mit Zustimmung der *fideles* verfügte, dass die Wehrpflichtigen, die verhindert seien, dem Aufgebot zu folgen, stattdessen an neuen Burgen, Brücken und Sumpfübergängen arbeiten und in der Burg oder im Grenzgebiet (*in marca*) Wachdienst leisten sollten. Dabei wird ausdrücklich vermerkt, dass dies altem, auch bei anderen Völkern befolgten Brauch entspreche. Von *milites* ist in diesem Zusammenhang keine Rede. Burgwerk und Wachdienst lagen offenbar unter ihrem Rang. Schließlich handelte es sich bei den erforderlichen Aufgaben um eine vorübergehende Leistung, die im Rahmen des allgemeinen Aufgebots zu bewältigen war. Mit Recht wird deshalb in der neueren Forschung von einem Ersatzdienst gesprochen, eine Bezeichnung, die zugleich die begrenzte Zeit des Wachdienstes erkennen lässt. Und da der Ersatzdienst mit dem Wachdienst im Grenzgebiet gleichgesetzt wurde, handelte es sich bei den »neuen Burgen« offenbar um Grenzburgen, für die der König das »Befestigungsrecht« in Anspruch nahm und die ausschließlich der Verteidigung gegen feindliche Einfälle dienten. Der Wachdienst entfiel, sobald die äußere Gefahr vorüber war – im Unterschied zur so genannten Burghut, die zur Daueraufgabe wird, und zwar zur Daueraufgabe der *milites*, die damit in einem festen Verhältnis zur Burg erscheinen.

Offenbar hatte sich bis zur Jahrtausendwende das Bedürfnis eingestellt, den vorübergehenden Schutz in einen Dauerschutz zu verwandeln, und zwar im Westen wie im Osten. Der Übergang zur festen Burgbesatzung lag gleichsam in der Luft. Merkwürdig ist, dass er länderübergreifend erfolgte. Nach der Eroberung Jerusalems lebte der alte Kreuzzugsgeist von neuem auf. Schon gegen Ende des Ersten Kreuzzugs war deutlich geworden, dass der Kampf zwischen Christen und Muslimen den Charakter eines Kampfes an der Grenze anzunehmen begann, und zwar unter Bedingungen, die für beide Seiten grundverschieden waren: Die Länge des Anmarschweges unterschied sich deutlich, und die Bewaffnung war verschiedenartig. Es war für die Ritter ungleich schwerer, den Kontakt zur Bevölkerung herzustellen, aber sie waren von diesen Kontakten abhängig, da sie nicht nur auf den Burgen, sondern zu einem guten Teil in den Dörfern untergebracht waren. Der Zugriff auf die Dörfer war schon deshalb nötig, weil die üblichen Abgaben der Bauern unentbehrlich waren. Dementsprechend blieb man darauf bedacht, die ländlichen Strukturen intakt zu halten.

4. Zur Begründung der geistlichen Ritterorden

Während der im Westen wie im Osten zu beobachtende Funktionswandel der Burg noch in den traditionellen Bahnen des Befestigungswesens blieb, entstand unter den Kreuzfahrern im Heiligen Land etwas anderes, völlig Neues, das für die weitere Entwicklung des Rittertums von wesentlicher Bedeutung sein sollte. Gemeint ist die Bildung von neuen Kernen der Ritterschaft – die Begründung der geistlichen Ritterorden.

Die geistlichen Ritterorden haben eine neue Wendung, eine substanzielle Bereicherung in die Geschichte des Rittertums gebracht. Die entscheidende Veränderung lag darin, dass, was bisher nicht möglich gewesen war, Rittertum und Mönchtum auf eine neuartige Weise miteinander verbunden wurden, allerdings so, dass die Verbindung auch in Zukunft nicht das ganze Rittertum und nicht das ganze Mönchtum erfasste, sondern immer nur Teile von beiden. Das Gros der Ritter wie der Mönche blieb stets eigenständig. Zwar konnte der einzelne Ritter Mönch werden, doch schied er dann aus der Ritterschaft aus, und das Gleiche galt beim Wechsel vom Mönch zum Ritter. Es ging in beiden Fällen um einen Wechsel der Lebensform schlechthin, und dies in Frankreich ebenso wie in Deutschland, England oder Italien. Es fand also eine Annäherung im allgemeinen Sinne, aber keine Verbindung der beiden Lebensformen statt. Diese Annäherung könnte man mit

Fug und Recht als die Verchristlichung der Ritter bezeichnen; sie bildet in der Tat eine, wenn nicht die wesentliche Voraussetzung für die Entstehung der Ritterorden.

Dabei bleibt indes die Frage offen, was denn das Mönchtum zur Verbindung mit dem Rittertum trieb. Hier ist nun nicht zu übersehen, dass in der Zeit um den Ersten und den Zweiten Kreuzzug eine tiefe Wandlung im Mönchtum vor sich gegangen ist – eine Wandlung, die, wie Gerd Tellenbach und Herbert Grundmann gezeigt haben, in den großen Zusammenhang des so genannten Investiturstreits gehört, mit dem wiederum die Kirchenreform wie auch die Kreuzzugsbewegung eng verflochten sind.

Es ist bekannt, dass vor dem Investiturstreit das Mönchtum überhaupt nur benediktinisch war und dass erst im letzten Viertel des 11. Jahrhunderts – zum Teil aus dem Benediktinertum heraus, zum Teil neben ihm – eine Reihe neuer Orden entstanden ist: vor allem die Kartäuser, Zisterzienser und Prämonstratenser. Was diese Orden vom älteren Benediktinertum unterschied, war der große Ernst des Armutsgedankens, der ihren Geist und ihre Haltung bestimmte, ferner – zuerst bei den Zisterziensern – eine neuartige, straffe Ordensverfassung, die wiederum für weitere Ordensbildungen vorbildlich wurde.

Deutlich macht sich ein Zug zur Aufgliederung, zur Vielfalt bemerkbar, dem das Streben nach neuen christlichen Lebensformen zu Grunde liegt. Denn allenthalben war der Zweifel an der alleinigen Gültigkeit der alten Formen erwacht, und die Frage, wie ein wahrhaft christliches Leben zu verwirklichen sei, ließ die Menschen nach neuen Formen Ausschau halten. Das Ergebnis dieser neuen Tendenzen war eine bis dahin nicht gekannte Mannigfaltigkeit religiöser Lebensformen. So sind seit dem Ende des 11. und besonders im 12. Jahrhundert neben den großen Ordensgemeinschaften die Orden von Grandmont und Fontevrault entstanden, die Kongregationen der Gilbertiner und der Kreuzherren, die klösterlichen Gemeinschaften der Humiliaten, der Antoniter, Trinitarier, der Hospitaliter zum Heiligen Geist oder auch ordensähnliche Bruderschaften wie die Brückenbrüder (*fratres de ponte*), die an Brücken und Flussübergängen den Reisenden behilflich waren, und manche andere mehr.

Das wesentliche Kennzeichen der neuen Gemeinschaften ist, dass sie sich alle an eine Regel binden, und zwar entweder an die Regel Benedikts oder an die so genannte Regel Augustins, wobei die Regeln nun aber entsprechend dem besonderen Anliegen der Orden verändert werden. Daraus ergibt sich im Vergleich mit dem benediktinischen Mönchtum als ein entscheidendes Novum, dass mit der Vielzahl der Orden und Kongregationen eine Spezialisierung der Aufgaben eingetreten ist, indem die einzelnen Orden sich auf bestimmte Aufgaben konzentrierten. Diese wurden für den Orden charakteristisch und bestimmten seine Sonderart. Jetzt gab es Orden, die sich mehr nach innen, vor allem aber solche, die sich verstärkt nach außen wandten und in Predigt und Seelsorge oder in der Krankenpflege, in der Beherbergung von Pilgern oder auch im Loskauf von Gefangenen ihre Hauptaufgabe sahen. Dabei handelt es sich um so genannte Werke der Barmherzigkeit, für welche die Regel Benedikts durchaus Platz ließ, nur mussten sie hier dem Gesamt des monastischen Lebens untergeordnet werden. Die Hervorhebung solcher Werke der Barmherzigkeit verweist auf eine veränderte Beziehung zur Außenwelt: Deren Bedürfnisse, nicht die der Mönche zu befriedigen wird jetzt zur besonderen Aufgabe der neuen Orden. Damit hängt zusammen, dass auch das Laienelement in ihnen oder in Verbindung mit ihnen (etwa in Gestalt der Konversen oder der dritten Orden) eine größere Rolle spielt. Das zeigt sich besonders deutlich bei den Hospitalgemeinschaften, die aus Laiengemeinschaften hervorgegangen, dann aber ebenfalls Orden geworden sind.

An diese Hospitalgemeinschaften knüpfen zum guten Teil die Ritterorden an, und wie deren ritterliche Komponente leitet sich auch ihre monastische aus abendländischer Tradition her. Das gilt für die auf Benedikt oder Augustin zurückgreifende Regel sowie – in eigentümlicher Abwandlung – für den Armutsgedanken der *pauperes commilitones Christi*. Diese sich damals verstärkende Beziehung des abendländischen Mönchtums zum Laientum bildet eine weitere Voraussetzung für die Entstehung der Ritterorden.

So ist also ein Zusammenhang mit der Entwicklung im Abendland unverkennbar vorhanden. Aber zweifellos steckt in den Ritterorden, in der Bindung des Ritters an die mönchischen Gelübde, im Griff des Mönches nach dem Schwert noch etwas, das weder aus der Eigenentwicklung des Mönchtums noch aus der Sozialgeschichte des Rittertums erklärbar ist. Weder das eine noch das andere trug die Tendenz zur Verbindung und gegenseitigen Durchdringung in sich. Diese Verbindung lag nicht »in der Luft«, was selbst ein so guter Kenner wie Bruno Schumacher gemeint hat, sondern sie war, von den Verhältnissen des westlichen Europa her gesehen, durchaus ungewöhnlich; sie durchbrach jedenfalls die geltende Norm. Wie es gleichwohl zu dieser überraschenden Verbindung kommen konnte, darüber gibt am eindeutigsten die Geschichte der großen Orden Auskunft.

Die Anfänge der Johanniter, des Ritterordens, der als Erster auftaucht, sind an ein Spital des heiligen Johannes in Jerusalem geknüpft. Es war bald nach der Mitte des 11. Jahrhunderts, also bereits vor dem Ersten Kreuzzug, von Kaufleuten aus Amalfi gegründet worden und für die Betreuung armer und kranker Pilger bestimmt. Seine Pfleger nahmen wie die Insassen des Klosters Santa Maria Latina, zu dem das Spital gehörte, die Benediktinerregel an. Auch das ist ein Vorgang, der in europäischen Klöstern zu beobachten ist. Im Jahre 1099 änderte sich die Situation aber, denn der Erste Kreuzzug hatte an Stelle der Pilger bewaffnete Scharen ins Heilige Land geschwemmt. Sie übertrafen an Größe bei weitem alle Pilgerströme, die zuvor die heiligen Stätten aufgesucht hatten. So war das kleine Spital dem Andrang der Kranken und Verwundeten gar nicht gewachsen, als Jerusalem im Jahre 1099 in die Hände der Kreuzfahrer fiel. Es musste erweitert und neu geordnet werden. Diese Aufgabe führte ein Meister Gerard durch, der sich selbst *servus et minister hospitalis* nannte und den die Urkunden der Päpste als *institutor ac praepositus* bezeichneten. Die Ordenstradition sieht ihn als den Gründer des Ordens an.

In der Tat hat die Neuordnung Gerards das Hospital auf völlig veränderte Grundlagen gestellt. Es wurde aus der Abhängigkeit von Santa Maria de Latina gelöst und damit selbstständig. Zugleich wurde es um eine Reihe von Tochterspitälern an wichtigen Verkehrspunkten der Pilgerstraßen in Saint-Gilles, Asti, Pisa, Bari, Otranto, Tarent und Messina erweitert, die alle vom Mutterspital in Jerusalem abhängig blieben.

Auch in Spanien fasste die junge Gemeinschaft schon bald nach der Wende vom 11. zum 12. Jahrhundert Fuß. Dabei blieb das Ganze aber noch immer eine reine Hospitalorganisation, obwohl sich unter den Brüdern schon eine ganze Reihe von Kreuzzugsteilnehmern befand. Als der Nachfolger des um 1120 gestorbenen Meisters Gerard, der Ritter Raimond von Puy, seiner Gemeinschaft schließlich um 1130 eine eigene Regel gab, durch welche sie sich endgültig in einen eigenständigen Orden verwandelte, geschah dies auf der Grundlage der so genannten Regel Augustins. Die Regel verpflichtete die Brüder zu den alten mönchischen Gelübden der Reinheit, des Gehorsams und der Armut und bestimmte als ihre einzige Aufgabe, mit allen Kräften den *seignors malades*, den Herren Kranken, zu dienen.

Vom Kriegsdienst fällt dabei kein Wort. Das ist oft beobachtet worden, ebenso auch, dass die Brüder trotzdem zu den Waffen gegriffen haben – allerdings wohl erst, nachdem die militanten Templer aufgetreten waren. Deshalb hat sich in der Forschung die Auffassung durchgesetzt, dass es das Beispiel der Templer gewesen sei, das die Johanniter veranlasst habe, sich auch mit dem Schwert in der Hand am Kampf gegen die Ungläubigen zu beteiligen.

Diese Auffassung, die aus dem Nacheinander schon die Abhängigkeit zu erschließen sucht, kann jedoch nicht erklären, warum die doch mit einer ganz anderen Aufgabe angetretenen Johanniter plötzlich in die Spur der Templer geraten sind. Zudem wird ignoriert, dass die Johanniter keineswegs erst in der Blütezeit der Templer, sondern bereits zuvor, als sie selbst noch keinen Orden bildeten und über ihre dürftige Lage bittere Klage führten, nämlich im Jahre 1128, im Besitz eines Kastells im Gebiet von Caesarea nachweisbar sind. Nur nebenbei wird in den folgenden Jahren hier und da berichtet, dass Spitalbrüder am Kampf teilgenommen oder eine Burg besetzt haben.

Daraus dürfte zu schließen sein, dass sie zunächst nur in einzelnen Fällen zu den Waffen gegriffen haben, und da sie den Kriegsdienst noch nicht als ihre Aufgabe ansahen, wird das wohl dann geschehen sein, wenn sie sich dazu gezwungen sahen. Man weiß ja, dass nur sehr wenige Kreuzfahrer für längere Zeit im Heiligen Land verweilten und dass das Land häufig von seinen früheren islamischen Herren in kriegerischen Einfällen heimgesucht wurde. Da die Brüder im Heiligen Land zunehmend aus der Ritterschaft kamen, lag es nahe, dass diese einsprangen, wenn es an Verteidigern fehlte. Ein halbes Jahrhundert später sprach Papst Alexander III. den Johannitern ausdrücklich das Recht zu, dass sie neben ihrer Hauptaufgabe, der Krankenpflege, in Fällen der Verteidigung und des allgemeinen Aufgebots zu den Waffen greifen dürfen. So kann kein Zweifel daran bestehen, dass die wesentliche Komponente in der Entstehungsgeschichte des Johanniterordens monastisch bestimmt war und die ritterliche Komponente lediglich hinzukam, weil sich der Orden vor die Notwendigkeit gestellt sah, sich im schwach besetzten Heiligen Land nach besten Kräften selbst zu verteidigen.

Ganz anders sahen die Anfänge der Templer aus. Hier taten sich um 1120 nicht Mönche, sondern Ritter, nämlich Hugo von Payns mit wenigen Gefährten – nach Wilhelm von Tyrus waren es sieben –, zusammen, um für den Schutz der Pilger auf ihrem Wege nach Jerusalem zu sorgen. Aber trotz der Begünstigung durch den König und durch den Patriarchen von Jerusalem vergrößerte sich die ritterliche Gemeinschaft in den ersten Jahren kaum. Sie fand keinen rechten Anklang bei der Ritterschaft, und es erwachten sogar bei den Templern selbst Zweifel an der Richtigkeit ihres Weges, wie ein neuer Fund eines Briefes des Hugo von Payns durch den Benediktiner Jean Leclercq zeigt. Unzufrieden mit ihrem halb ritterlichen, halb geistlichen und deshalb weder von den Rittern noch von den Mönchen als zugehörig empfundenen Status, strebten sie schließlich danach, ein »richtiger« Orden zu werden.

In dieser Situation wandte sich Hugo an seinen Verwandten Bernhard von Clairvaux, die große religiöse Autorität seiner Zeit, und erbat die Hilfe der französischen Kirche. Für die Templer bedeutete dies die Wende, denn Bernhard hat in seiner berühmten Abhandlung *De laude novae militiae* die Rechtfertigung für die ritterliche Lebensform der Templer geliefert und sie zugleich als Mönche anerkannt, da sie die Grundforderungen des Mönchtums erfüllten, in Reinheit, Gehorsam und Armut zu leben. Als die Synode von Troyes den Templern im Jahr 1129 eine eigene Regel gab, die auf der Grundlage der Regula Benedicti den Bedingungen des Heidenkampfes Rechnung trug, war diese Gemeinschaft als Orden konstituiert.

Hugo von Payns, der auf der Synode anwesend war und selbst an der Ausarbeitung der Regel mitgewirkt hatte, zog anschließend durch Frankreich und England, und als er 1130 nach Jerusalem zurückkehrte, konnte er den wenigen Brüdern, die dort ausgeharrt hatten, die beträchtliche Zahl von mehr als 300 neuen Rittern zuführen. Zehn Jahre nach seiner Gründung hatte der Templerorden die älteren Johanniter in der Entwicklung zum Ritterorden überflügelt.

Aber auch die Johanniter waren bereits auf dem Wege, der schließlich in das gleiche Ziel, die Gründung eines Ordens, einmündete. Beide, Johanniter und Templer, stellen die Grundtypen der geistlichen Ritterorden im Mittelalter dar. Während die einen sich aus rein monastischen Anfängen unter dem Druck der besonderen Bedingungen des Heiligen Landes in kriegerische Bahnen gedrängt sahen, suchten die anderen unter den gleichen Bedingungen ihrer zunächst rein ritterlichen Vereinigung Halt und Bestand zu sichern, indem sie die monastische Form des Ordens übernahmen. Weder im einen noch im anderen Fall lassen sich irgendwelche Anzeichen dafür erkennen, dass ein islamisches Vorbild eine Rolle spielte. Dagegen ist deutlich, dass es wesentlich an den Ausnahmebedingungen im Heiligen Lande lag, wenn es im Fall der Johanniter von Seiten des Mönchtums, im Fall der Templer von Seiten des Rittertums zur Bildung eines Ritterordens kam.

Bei der dritten und jüngsten der großen Ordensgründungen im Heiligen Land, der des Deutschen Ordens, wirkten schließlich beide Tendenzen in gleicher Weise mit. Die Gründung geht ähnlich wie bei den Johannitern auf ein Spital zurück, das Lübecker und Bremer Kaufleute im Jahre 1189 bei der Belagerung von Akkon für ihre kranken und verwundeten Landsleute eingerichtet hatten. Es war zunächst ein Feldspital, dessen Zelthaus aus den Segeln der hansischen Schiffe erbaut war. Mit dem Fall von Akkon wanderte das Spital in die Stadt, nannte sich aber *domus hospitalis s. Mariae Teutonicorum apud Jerusalem*, weil man hoffte, auch die Hauptstadt Jerusalem wieder zurückzuerobern, die der Sitz des Hauses werden sollte.

Die Bruderschaft, die im Unterschied zu den grundsätzlich internationalen, vorwiegend allerdings französischen Johannitern und Templern nur aus Deutschen bestand, befolgte zunächst die Johanniterregel. Als sie 1198 auf einer Versammlung deutscher Fürsten zum Ritterorden erhoben wurde, geschah dies mit der ausdrücklichen Bestimmung, dass sie weiterhin wie die Johanniter für die Armen und Kranken sorgen und zugleich wie die Templer zu ständigem Waffendienst bereit sein sollte. Dementsprechend wurde die Deutschordensregel aus den Regeln der beiden älteren Ritterorden zusammengestellt.

Man kann in diesen Vorgängen bereits eine gewisse Typik erkennen. Sie lässt sich noch schärfer konturieren, wenn man der weiteren Ausbreitung der Ritterorden nachgeht, die nicht auf das Heilige Land beschränkt blieben. Vor allem mit Blick auf die verschiedenen spanischen und auf den livländischen Orden, der interessanterweise mit dem Deutschen Orden in enge Verbindung getreten ist, kann als wesentliches gemeinsames Merkmal dieser Gemeinschaften gelten, dass sie alle auf ganz ähnliche Weise entstanden sind.

Der älteste spanische Ritterorden, nach der umkämpften Grenzstadt Calatrava benannt, verdankt seine Entstehung einer Schar von Mönchen, die sich vor 1158 unter der Führung des adligen Zisterziensers Diego Velasquez zusammentaten, um Calatrava gegen die Mauren zu verteidigen. Sie hielten an der Zisterzienserregel fest, setzten aber einige Änderungen durch, die ihnen den Kampf gegen die Ungläubigen im Mönchsgewand erlaubten. Auf ähnliche Weise trat der Orden von Alcántara, der sich ebenfalls an die Zisterzienser anlehnte, unter dem Eindruck der Bedrohung Kastiliens ins Leben.

Der dritte dieser spanischen Orden – von einigen kleineren kann man absehen, da sie alle schon nach kurzer Zeit von einem der größeren aufgesogen wurden – geht hingegen wieder auf eine ritterliche Genossenschaft zurück, die sich den Schutz der Pilgerstraßen zum weltberühmten Heiligtum Santiago de Compostela zur Aufgabe machte. Sie wurde 1175 ebenfalls zum Ritterorden erhoben, blieb aber im Grunde eine dem König verpflichtete ritterliche Miliz, deren Mitglieder zum Beispiel nicht die Ehelosigkeit auf sich zu nehmen hatten.

Der Weg des Deutschen Ordens führte bald nach seiner Gründung im ausgehenden 12. Jahrhundert vom Heiligen Land über Zypern und Siebenbürgen nach Preußen, wo er seinen endgültigen Wirkungskreis fand. Die Marienburg (polnisch Malbork) an der Nogat, einem Mündungsarm der Weichsel, wurde etwa von 1279 an vom Deutschen Orden zunächst als Sitz eines Komturs erbaut. Nach dem Erwerb Pomerellens durch den Orden verlegte der Hochmeister dann im Jahre 1309 seinen Sitz von Venedig in die Marienburg. Mit der Marienkirche im älteren Hochschloss und dem höfischer Festlichkeit dienenden Hochmeisterpalais ist die Burg eines der Meisterwerke norddeutscher Backsteinarchitektur.

Insofern ist hier die Ordensbildung im monastischen Sinne nicht mehr zum Abschluss gekommen.

Der livländische Orden der Schwertbrüder (*Fratres milicie Christi de Livonia*) schließlich, der 1237 im Deutschen Orden aufgegangen ist, wurde 1202 von dem Zisterzienser Theoderich mit Billigung Bischof Alberts I. von Riga im Interesse der baltischen Mission gegründet und 1204 von Papst Innozenz III. bestätigt; sein erster Sitz war Riga. Bis 1207 eroberte der Orden mit Hilfe bischöflicher Lehnsleute und Kreuzfahrer das Gebiet der Liven, von dem er ein Drittel als *dominium* erhielt. Die Schwertbrüder errichteten hier den ersten Ordensstaat des Hochmittelalters.

Vergleicht man die Entstehungsgeschichte der einzelnen Orden, um herauszufinden, unter welchen Voraussetzungen Mönchtum und Rittertum, die im Abendland bis dahin nur gesondert existiert hatten, sich in Gestalt der Ritterorden verbunden haben, so stellt man fest, dass sie alle in zwei Punkten übereinstimmen: Alle Ritterorden sind am Rande des Abendlandes entstanden, in der Berührungszone mit einer andersartigen, vor allem andersgläubigen und deshalb als gegensätzlich empfundenen Welt, und alle ziehen ihre Rechtfertigung aus den Erfordernissen des mit den Kreuzzügen entfachten Glaubenskampfes. Es sind Bedingungen der umkämpften Grenze, die offenbar die Verbindung provozierten. Denn obgleich das Mönchtum sich im Abendland verstärkt dem Laientum und den Bedürfnissen der Umwelt geöffnet hatte und das Rittertum zur selben Zeit starke christliche Impulse aufnahm, so dass von beiden Seiten wesentliche Voraussetzungen zur Bildung der Ritterorden geschaffen waren, ist doch nirgendwo im Abendland selbst eine derartige Verbindung zu Stande gekommen. Zwar spielte immer auch die Entscheidung Einzelner eine Rolle, aber diesen Entscheidungen lagen im Heiligen Land, in Spanien und in Livland (und zunächst nur in diesen Gebieten) ganz ähnliche Bedingungen zu Grunde, nämlich die Bedingungen der umkämpften Grenze, aus denen die Gründer der verschiedenen Orden nicht zufällig die gleichen Folgerungen zogen.

Die Grenze steht unter einem eigenen Gesetz. Ihr Sinn ist Schutz des Umgrenzten, ihr Gebot, alle Kräfte für diesen Schutz zu mobilisieren. Im Glaubenskampf wird dies zur religiösen Forderung. So konnte der Funke vom Mönchtum zum Rittertum und ebenso vom Rittertum zum Mönchtum überspringen. Und da die Mönche an der Grenze des dauerhaften Schutzes bedurften, die Ritter sich aber zumeist nur für eine begrenzte Zeit dem Kreuzzug verschrieben, wurde die Verbindung von Mönchtum und Rittertum in einem engeren Kreis, der stets auf seinem Posten ausharrte, zur Notwendigkeit.

Die Gründung der geistlichen Ritterorden war so nicht nur durch den Glaubenskampf an der Grenze verursacht, sondern auch auf den fortdauernden Glaubenskampf an der Grenze abgestellt: Die Grenze bildete die eigentliche Lebenslinie der Ritterorden. Dies ist zweifellos ein wichtiger Aspekt, allerdings nicht der einzige. Bevor auf einen zweiten, der zunehmend an Bedeutung gewann, näher einzugehen ist, stellt sich die Frage nach dem Aufbau und der Organisation der Ritterorden. Beides ist oft behandelt worden; deshalb genügt es, die wesentlichen Seiten hervorzuheben, um nach dem Zusammenhang des Ganzen zu fragen. Die Aufgabe wird dadurch erleichtert, dass sich die großen Orden untereinander stark angeglichen haben. Alle weisen seit ihrer Erhebung zu Ritterorden eine Dreigliederung auf: erstens in die Gruppe der Ritterbrüder, die sich aus dem Adel rekrutierte, zweitens in die Gruppe der dienenden Brüder, die im Allgemeinen bürgerlicher Herkunft waren und etwa den *fratres conversi* der Zisterzienser entsprachen, und drittens in die Gruppe der Ordensgeistlichen, meist Ordenskapelläne genannt.

Schon diese Gliederung deutet den militanten Charakter des Ordens an, der darin zum Ausdruck kommt, dass nicht die Ordenskleriker, sondern die Ritter die entscheidenden Stellen der Führung, vor allem die des Groß- oder Hochmeisters, besetzen. Dessen Sitz ist das Befehlszentrum des jeweiligen Ordens und zeigt durch seine Lage im Allgemeinen den Schwerpunkt seines Wirkungsfeldes an. Für die spanischen Orden sind das die Städte, nach denen sie benannt sind: Calatrava, Alcántara und Santiago; für die Johanniter und Templer ist es zunächst Jerusalem.

Nach dem Verlust Jerusalems im Jahre 1187 nahm der Großmeister der Johanniter seinen Sitz vorübergehend auf der Veste Margat im

Norden Palästinas und wenige Jahre später in Akkon, wo auch die Groß- und Hochmeister der Templer und des Deutschen Ordens residierten. Es sind dies die größten Burgen im Heiligen Land, in dem es seit alters Befestigungen in großer Zahl gab, und zwar phönikische, römische, byzantinische und armenische. Die Kreuzfahrer haben im Bewusstsein, dass man die Burgen eines Landes erobern musste, wollte man es beherrschen, zunächst die älteren Stützpunkte der Byzantiner und Araber übernommen, bevor sie seit der ersten Hälfte des 12. Jahrhunderts ihre eigenen Bauten aufführten, die möglichst größer und fester sein sollten als alles, was es bis dahin im Heiligen Land gegeben hatte. Damit taten sich die Angehörigen so gut wie aller europäischen Länder hervor.

Die größte aller Kreuzfahrerburgen war Margat, daneben ähnlich mächtig Chastel Pélerin, ein Stolz der Templer, deutlich als französisches Werk erkennbar, und Montfort, dessen deutsches Vorbild im Rheinland lag. Unter den Engländern zeichnete sich vor allem Richard Löwenherz als großer Burgenbauer aus. Er war ein Hüne von Gestalt, von Freund und Feind ebenso bewundert wie gefürchtet, wo immer er erschien, und stets darauf bedacht, seinen eigenen Weg zu gehen.

Während für die ersten Jahre charakteristisch war, dass die Entscheidungszonen, die den Gang jedenfalls des Ersten Kreuzzugs bestimmten, an der Grenze lagen, ist in der Folgezeit nicht zu übersehen, dass sämtliche Ritterorden bald nach ihrer Gründung tief ins Binnenland hineinwuchsen. Denn kaum waren die Kreuzfahrer in die Heimat zurückgekehrt, ergoss sich eine Flut von Schenkungen über die Orden. Mancher Kreuzfahrer, der die Gastfreundschaft der Ordenseinrichtungen im Heiligen Land genossen hatte, suchte sich auf diese Weise zu bedanken. Andere, die nicht selber ausgezogen waren, wollten die Streiter für die Sache Gottes wenigstens durch ihre Schenkung unterstützen; wieder andere suchten ihr Gewissen zu beschwichtigen, wenn sie den Kreuzzug zwar gelobt, das Versprechen aber nicht eingelöst hatten. So sammelte sich in den verschiedenen Ländern ein weit verstreuter Grundbesitz bei den Orden an.

Dieser Besitz musste organisiert werden, wenn er den Orden Nut-

Der Krak des Chevaliers, die Burg der Johanniter in Syrien, erhebt sich an strategisch beherrschender Stelle genau dort, wo sich einst das so genannte Kurdenschloss aus der Mitte des 11. Jahrhunderts befand, das 1110 von den Kreuzfahrern erobert und 1142 von den Johannitern erworben wurde. Die Festung ist zwar nicht die größte, aber eine der besterhaltenen und eindrucksvollsten Kreuzfahrerburgen. Sie hat gegen Saladin standgehalten und ist erst 1271 den Mamlûken übergeben worden.

zen bringen sollte. Das ist nun wiederum bei sämtlichen Ritterorden auf eine sehr einheitliche Weise geschehen. Man gründete da, wo sich die Schenkungen häuften, eigene, meist kleine Niederlassungen. Johanniter und Deutschherren errichteten vereinzelt auch Spitäler in der Heimat, doch blieben diese in der Gesamtheit der Niederlassungen in der Minderzahl. Die meisten Häuser, Kommenden oder Komtureien genannt, bildeten kleinere Zentren, von denen aus der umliegende, auf die Schenkungen zurückgehende Grundbesitz verwaltet wurde. Mehrere Kommenden wurden zu einer Ballei, mehrere Balleien zu einer Provinz oder einem Großpriorat, die Großpriorate schließlich zu Zungen zusammengefasst.

Diese Struktur sicherte den Ritterorden den unentbehrlichen Rückhalt in der Heimat. Sie legte sich wie ein weites Netz über die europäischen Länder und bot durch ihre straffe Zentralisation die Gewähr, dass jede einzelne Kommende oder Komturei dem Ganzen zugeordnet blieb. Innerhalb dessen hatte sie wichtige Aufgaben zu erfüllen: Sie sammelte Besitz zur Befriedigung der eigenen Bedürfnisse. Aber nicht nur dies: Zahlreiche Schenkungen, die den Orden übertragen wurden, waren ausdrücklich für die *pauperes Christi in civitate Jerosolima* oder *in subsidium terrae sanctae* bestimmt. Dementsprechend führten die einzelnen Kommenden und Balleien ihre Überschüsse in die Grenzgebiete als die Hauptwirkungsfelder der Orden ab. Nicht weniger wichtig war, dass sie in der Ritterschaft ihrer Umgebung neue Mitglieder zu gewinnen suchten. Das war für jeden Orden eine Lebensfrage, denn die Ausfälle unter den kämpfenden Brüdern waren oft erschreckend groß. Die Neugeworbenen erhielten in den heimatlichen Kommenden ihre erste Ausbildung und hatten sich dann in die Schar der Kämpfenden einzureihen.

Die Organisation der Ritterorden war demnach – durchaus in Übereinstimmung mit den Bedürfnissen, die zu ihrer Entstehung geführt hatten – so aufgebaut, dass sie auf die Kampfzone ausgerichtet waren. Charakteristisch war das Gefälle zur Grenze, denn immerzu floss die personelle und die materielle Kraft des Ordens den schutzbedürftigen Zonen an der Grenze zu, die zu verteidigen ihr Lebenszweck geworden war.

Im Dienst dieser Aufgabe haben die Templer dann bald eine neue Finanztechnik entwickelt, die es ihnen erlaubte, Kapital ohne Risiko über weite Entfernungen zu transferieren. In bescheidenem Ausmaß machten sich auch Johanniter und Deutschherren diese Technik zu Eigen. Die Templer gingen jedoch darüber hinaus, indem sie für andere Fernzahlungen übernahmen und dadurch allmählich in die Rolle einer Bankgesellschaft hineinwuchsen, die Kredite gewährte oder Gelder und Schätze Dritter in Verwahrung nahm. Diese Gelder flossen nun nicht mehr zur Grenze ab, sondern sammelten sich in den großen Schatzhäusern des Ordens, den Tempeln in Paris und London, die fast gleichzeitig mit dem Tempel in Akkon eingerichtet wurden. Damit kündigte sich im Templerorden – und nur in ihm – eine zunehmende Verlagerung seiner Interessen und seiner Wirksamkeit in das Innere der europäischen Länder an, während er seine Hauptaufgabe weiterhin im Kampf gegen die Ungläubigen an der Grenze sah.

Der Eindruck ist nicht von der Hand zu weisen, dass die Organisation der Ritterorden im Allgemeinen noch ihrem Gründungszweck entsprach und nur die Templer bereits im ersten Jahrhundert ihres Bestehens das Bestreben erkennen ließen, neben den Schutzaufgaben an der Grenze verstärkt ihre Anliegen im Innern des Abendlandes wahrzunehmen. Das musste nicht notwendig zum Abfall von der alten Zielsetzung führen, wurde aber von vielen Zeitgenossen mit Misstrauen, Neid und Missgunst beobachtet. Dies hat schließlich in dem von der französischen Krone angestrengten Häresieprozess von 1307/1310 zur Vernichtung des Templerordens geführt.

5. Die Kreuzzugsbewegung im Wandel

Im 12. Jahrhundert, als die Ritterorden die Bühne des europäischen Rittertums betraten, hatte sich die Kraft des Kreuzzugs noch nicht erschöpft; der spätere Prozess gegen die Templer sollte eine Ausnahme und obendrein auf diesen Orden beschränkt bleiben, der, im Gegensatz zu allen anderen, von seiner alten Bahn abgewichen war. Zunächst hielt jedoch die Anziehungskraft der Orden auf Kreuzfahrer noch an. Sie beschrieb sogar immer weitere Kreise und griff bis nach Skandinavien aus, ferner nach Böhmen, Polen und Ungarn. Als der Investiturstreit allmählich an Schärfe verlor, beteiligten sich die Deutschen mit ebenso starken Kontingenten wie die Franzosen und Engländer an den Kreuzzügen des 12. Jahrhunderts. Obwohl der Zweite Kreuzzug 1147/48 in schockierenden Misserfolgen endete, waren die folgenden Jahrzehnte in Europa doch eine Zeit allgemeiner Konsolidierung. Im Reich ging Friedrich Barbarossa daran, sich seinen Mitkönigen in England und Frankreich gegenüber als Kaiser wieder stärker zur Geltung zu bringen. Der von ihm zu Pfingsten 1184 veranstaltete große Mainzer Hoftag, auf dem unter anderen der französische Dichter Guiot de Provins erschien, zeigt deutlich, dass die Ausstrahlung des Kaisers spürbar zunahm.

Im Heiligen Land hingegen vermochte sich Saladin, der zunächst als Statthalter Nurradins von Damaskus und später als dessen Nachfolger zum Vorkämpfer der islamischen Welt geworden war, zur selben Zeit gegen die Kreuzfahrer zu behaupten. 1187 schlug er diese bei Hittin am See Tiberias, dann eroberte er Jerusalem, ein bitterer Schlag, der die Erfolge des Anfangs nahezu zunichte machte; außerdem gewann er die an die Christen verlorenen Gebiete zurück. Dies war ein Alarmzeichen, das die Herrscher der westlichen Christenheit, allen voran Friedrich Barbarossa, aufschreckte. Außer dem Kaiser, in der zeitgenössischen Chronistik als *praecipua tocius christianismi columpna* gefeiert, zogen in zeitlichem Abstand auch König Philipp II. von Frankreich und der englische König Richard Löwenherz ins Heilige Land.

Friedrich Barbarossa glaubte wohl, dem Höhepunkt seiner Herrschaft zuzustreben. Mit einem starken Heer von etwa 20000 Mann näherte er sich über Ungarn und Bulgarien Konstantinopel, bezog 1189/90 in Adrianopel Winterquartier und setzte, nachdem sich der oströmische Kaiser Isaak zur Unterstützung des Kreuzzugs verpflichtet hatte, den Weg ins Heilige Land mit seinem bei Gallipoli über den Hellespont übergesetzten Heer unter großen Strapazen fort durch das wasserarme Anatolien und durch das Reich der Seldschuken. Nach der

Im Dom zu Speyer, der im 11. Jahrhundert unter den Saliern Konrad II., Heinrich III. und Heinrich IV. errichtet wurde, hielt Bernhard von Clairvaux am 27. Dezember 1146 eine Kreuzzugspredigt vor König Konrad III. Der Zisterzienser hoffte, den König für den Zug ins Heilige Land gewinnen zu können, nachdem ihm dies bei König Ludwig VII. von Frankreich bereits gelungen war. Konrad III. verhielt sich angesichts der schwierigen Lage im Reich zunächst ablehnend, ließ sich dann aber unter dem Eindruck der Predigt bewegen, das Kreuz zu nehmen.

Eroberung der seldschukischen Hauptstadt Ikonium (heute Konya) drangen die deutschen Kreuzfahrer voller Siegesgewissheit in das armenische und damit christliche Gebiet vor. Aus Sicht der Muslime war Jerusalem nun ernsthaft bedroht, doch dann nahmen die Dinge eine unerwartete Wendung.

Am 10. Juni 1190 fand der Kaiser, als er während einer kurzen Rast am Ufer des Saleph (heute Göksu) Abkühlung suchte, vor aller Augen den Tod in den Fluten. Voller Schrecken löste das Heer sich daraufhin auf; nur ein Teil setzte unter Führung des Kaisersohnes Friedrich von Schwaben den Zug in Richtung Antiochia fort, die meisten anderen traten die Heimfahrt an.

Das Unglück des Kaisers und seines Heeres wurde in der Überlieferung beider Seiten unterschiedlich gesehen. So wusste der arabische Geschichtsschreiber Ibn-al-Athir zu berichten, dass Friedrich Barbarossa in einem kleinen Fluss gebadet habe, in dem ihm das Wasser kaum bis zur Hüfte reichte, und ertrunken sei. Gott, so fasste Ibn-al-Athir seinen Bericht zusammen, habe auf diese Weise die Muslime vor dem drohenden Unheil geschützt. Christliche Autoren meinten, der des Schwimmens kundige Kaiser sei wegen der plötzlichen Abkühlung seiner natürlichen Wärme verlustig gegangen und deshalb untergetaucht. Was auch immer sich an jenem Tag zugetragen haben mag – Tod durch Ertrinken oder durch Herzversagen: In den Augen Ibn-al-Athirs war ein Wunder im Sinne der Muslime geschehen, die demnach auf Gottes Hilfe bauen konnten.

Im späteren Bewusstsein der Deutschen ist der Kreuzfahrer Friedrich Barbarossa indes auf geheimnisvolle Weise im Heiligen Land verschwunden. Damit ist bereits ein weiterer Einschnitt in der staufischen Geschichte berührt, nämlich das Ende von Barbarossas Enkel Friedrich II. Dieser soll nach der ursprünglichen Legende im Kyffhäuser verschwunden sein, ein Vorgang, der erst später auf Friedrich Barbarossa bezogen wurde.

Als Saladin drei Jahre darauf (1193) in Damaskus starb, trat im Heiligen Land relative Ruhe ein. Aber der Krieg ging, wenn auch in modifizierter Form, weiter. Die Expansion, die vor allem für den Ersten Kreuzzug charakteristisch gewesen war, wandelte sich allmählich in

Im Jahr 1189 brach Kaiser Friedrich Barbarossa mit dem Kreuzfahrerheer ins Heilige Land auf, wie der »Liber ad honorem Augusti« des Petrus von Eboli aus dem 12. Jahrhundert berichtet. Rechts oben am Bildrand ist wohl die Stadt Jerusalem, das Ziel des Kreuzzugs, zu sehen. Im unteren Teil des Bildes sinkt der Kaiser bei der Durchquerung des Flusses Saleph vom Pferd und ertrinkt. Ein Engel trägt die Seele des Verstorbenen zu Gott. Von den verschiedenen Überlieferungen zum Tod des Kaisers wird hier also ein Reitunfall, kein Badeunfall dargestellt. Die Szene ist später übermalt worden, weil sich ein solches Unglück in der staufischen Geschichte nicht mit dem verherrlichenden Charakter des Werkes vertrug.

einzelne Rückzüge. Die Positionen der christlichen und der muslimischen Seite verfestigten sich.

Über den Ausgang der Kreuzzugsbewegung entschied – wie ein Jahrhundert zuvor über ihren Beginn – letztlich das Schicksal von Jerusalem. Unter dem Druck der Muslime schloss sich der Ring um Jerusalem, die Heilige Stadt, immer enger. Seit der Schlacht bei Hittin am See Tiberias und der folgenden Eroberung von Jerusalem hatte Saladin nicht nur Ägypten und Syrien seiner Herrschaft unterworfen, sondern auch die Eroberungen der Kreuzfahrer zurückgewonnen, deren Stellungen sich schließlich auf die Küstengebiete beschränkten, bis im Wesentlichen nur Antiochia, Tripolis, Tyrus und Akkon übrig blieben.

Für den Ausklang der Kreuzzugszeit sind einige Ereignisse, auf die noch näher einzugehen ist, symptomatisch. Eines bezieht sich auf Konstantinopel, das bereits zu Beginn der Kreuzzüge eine Schlüsselrolle spielte. Damals löste die Bedrohung des oströmischen Reiches durch die seldschukischen Türken den Hilferuf des Kaisers Alexios I. Komnenos an Papst Urban II. aus – mit dem allen Plänen entgegenlaufenden Ergebnis, dass die zuvor glänzende Kaiserstadt am Bosporus an der Schnittstelle zwischen Asien und Europa die Etablierung der de facto unabhängigen Kreuzfahrerstaaten auf dem Boden des oströmischen Reiches tolerieren musste.

Die Not hatte das Handeln des oströmischen Kaisers diktiert. Das bedrohte Konstantinopel suchte gegen die andrängenden Heiden Hilfe bei der westlichen Christenheit. Aber dabei blieb es nicht. Vielmehr wurden schon bald – erst verdeckt, dann immer deutlicher – Interessenverschiebungen unter offenbar tief verwurzelten Parteiungen erkennbar. Konstantinopel war zwar von seiner alten Höhe abgesunken, fühlte sich aber den anderen Ländern noch immer weit überlegen. Von der Kreuzzugsbegeisterung wurde es nicht wirklich erfasst. Im Gegenteil, diese ist in der alten stolzen Kaiserstadt nie heimisch geworden. Zwar kam es nach dem Tod Friedrich Barbarossas auch zu Rückschlägen, aber die Kreuzzugsbewegung lebte doch weiter, vor allem unter Richard Löwenherz von England und Philipp II. von Frankreich. Die gemeinsame Leidenschaft hinderte diese beiden freilich nicht, ihren alten Zwist wieder aufleben zu lassen. Den deutschen

Rittern gelang es nach dem Tod Barbarossas immerhin noch, den Küstenstreifen von Antiochia bis Jaffa zurückzugewinnen und zu behaupten.

Die Verschiebung der Kräfte suchte vor allem Venedig zu nutzen, das sich zur stärksten Mittelmeermacht entwickelt hatte und nun seine Interessen gegen Konstantinopel durchzusetzen hoffte. Auf Veranlassung der Venezianer wurde die Kaiserstadt im April 1204 von Kreuzfahrern eingenommen und tagelang rabiat geplündert. Unersetzliche Kunstschätze aus der Antike wurden damals zerstört, und was verschont blieb, fand sich großenteils in Venedig wieder.

Kaiser Isaak II. und sein Sohn Alexios waren bereits im Januar 1204 durch einen Staatsstreich gestürzt worden; nun wurde im Mai unter Leitung des venezianischen Dogen Enrico Dandalo ein neuer Kaiser gewählt: Graf Balduin IX. von Flandern und Hennegau. Seine Herrschaft war von kurzer Dauer, wie dem lateinischen Kaiserreich, das an die Stelle des Byzantinischen Reiches trat, überhaupt nur eine kurze Existenz beschieden war. Nur mit Glück konnte es sich bis zum Jahre 1261 am Leben halten.

Nach dem Willen des Papstes Innozenz III. hätte aus dem von ihm 1198 inaugurierten Angriff gegen die von den Muslimen zurückeroberten Stätten ein neuer siegreicher Kreuzzug werden sollen. Während allerdings der Erste Kreuzzug so erwartungsvoll begonnen hatte und es am Ende tatsächlich gelungen war, Jerusalem zu befreien, endete dieser mit der Zerstörung Konstantinopels, zu dessen Verteidigung die Kreuzfahrer herbeigerufen worden waren. Der Kreuzzug lief aus dem Ruder. Im Endeffekt hat nichts der Kreuzzugsbewegung so sehr geschadet wie das lateinische Kaisertum, das dem Vergleich mit dem alten, griechisch geprägten Kaisertum nicht standhielt und bei den Kreuzfahrern zuletzt Aversionen hervorrief, geschürt durch den steinalten Dogen Enrico Dandolo.

Gleichwohl haben die Kreuzzüge immer wieder neue, zum Teil gegensätzliche Verteidiger gefunden, darunter höchst bedeutende, klare und nüchterne und doch auch wieder von echtem Kreuzfahrergeist erfüllte: so zum Beispiel Kaiser Friedrich II. und den lauteren König Ludwig IX., den Heiligen, von Frankreich.

Friedrich II. war seit seiner Königskrönung im Jahre 1215 in Aachen fest entschlossen, sich die Kaiserkrone zu holen; hier hat er, das Vorbild des großen Karl und Friedrich Barbarossas vor Augen, einen neuen Kreuzzug gelobt, und zwar durchaus im Einverständnis mit dem Papst Honorius III. Der Termin zum Aufbruch war bereits festgelegt, musste aber wegen der Unsicherheit der politischen Verhältnisse im Reich wiederholt verschoben werden. Das ging gut, solange der gütige Honorius III. das päpstliche Regiment führte; er unterstützte Friedrichs II. Heiratsplan mit Isabella, der Tochter König Johanns von Brienne und Erbin des Königreichs Jerusalem, der erkennbar auf den Erwerb des Königreichs zielte. Doch dann starb Honorius III., und zu seinem Nachfolger wurde Gregor IX. gewählt, ein Vetter Innozenz' III., als Papst genauso streitbar wie dieser. Seine Inthronisation leitete einen neuen Abschnitt im Verhältnis zwischen Kaisertum und Papsttum ein.

Friedrich ließ sich dadurch zunächst nicht irritieren. Er hielt am Plan seines Kreuzzuges fest, gab ihm aber dank seiner guten Beziehungen zum Sultan Al-Kamil von Ägypten, die er schon von Sizilien mitbrachte, eine neue Wendung. In Wirklichkeit sollte der Kreuzzug in eine friedliche Vereinbarung umgewandelt werden. So trat Friedrich II. nach seinem wohl durchdachten Plan den Zug im August 1227 in Brindisi nur der Form nach als Kreuzzug an. In seiner Begleitung befanden sich enge Vertraute wie der Hochmeister Hermann von Salza und Landgraf Ludwig IV. von Thüringen, der Gemahl der heiligen Elisabeth, der allerdings schon nach dreitägiger Seefahrt starb und mit ihm mehrere andere Vertraute des Kaisers. Auch Friedrich erkrankte schwer und brach die Reise ab, ohne damit jedoch den Kreuzzug überhaupt aufzugeben. Es war der dringende Rat des Hochmeisters, der ihn zu dieser Entscheidung veranlasst hatte.

Aber der Papst traute dem Kaiser nicht und belegte ihn mit dem Bann. Das hinderte Friedrich jedoch nicht, seine Beziehungen zum Sultan Al-Kamil zu intensivieren und einen Vertrag mit ihm abzuschließen, der den Kreuzzug denaturierte und den geplanten Waffengang in eine friedliche Abmachung verwandelte. Da Friedrich fließend Arabisch sprach und beide Verhandlungspartner der Vorstel-

Die stark verwitterte Kalksteinbüste stellt einen römischen Imperator dar, wie der Lorbeerkranz und die Gewandschließe mit der Aufschrift SPQR (Senatus populusque Romanus) anzeigen. Der offenbar nach französischen Vorbildern der ersten Hälfte des 13. Jahrhunderts realistisch-expressiv gestaltete Kaiserkopf wird vielfach als Bildnis Friedrichs II. gedeutet. Der Kaiser sah sich in der Tradition der Antike, wie er andererseits, Staunen erregend, auf der Höhe seiner Zeit war und als Vermittler zwischen den Kulturen agierte.

lungswelt des anderen gegenüber offen waren, kamen sie mühelos überein. Das Ergebnis war erstaunlich: Al-Kamil sagte dem Kaiser und damit der westlichen Christenheit zu, Jerusalem, Bethlehem, Nazareth und einige andere den Christen heilige Orte zu überlassen, und zwar für die Dauer von zehn Jahren.

Am 17. März 1229 zog der Kaiser mit seinen Rittern kampflos in Jerusalem ein. Einen Tag später fand in der Grabeskirche, dem heiligsten Ort der Christenheit, ein feierlicher Dankgottesdienst statt, dem Friedrich II. mit Rücksicht auf seine Exkommunikation jedoch fernblieb. Erst danach betrat er die Kirche, um die auf dem Altar deponierte Krone des Königreichs Jerusalem zu ergreifen und sich mit ihr zu schmücken. In seiner anschließenden, auf Italienisch vorgetragenen Ansprache, die Hermann von Salza ins Deutsche und ins Lateinische übersetzte, hob er hervor, dass Gott ihm und nicht dem Papst beigestanden habe, um damit des Kaisers Gottesgnadentum noch eigens zu unterstreichen. Die Mitwirkung Hermanns von Salza verdeutlicht, dass der Hochmeister sich dem gebannten Kaiser ebenso verbunden fühlte wie dem Papst, der jenen mit dem Bann belegt hatte.

Der Vorgang insgesamt zeigt, dass der alte Kreuzzugsgeist in den Hintergrund getreten war. Schon nach dem Tod Barbarossas hatten vor allem arabische Quellen von einem Aufatmen berichtet. Man war des Kampfes müde, suchte Kontakte zum Gegner und lud sich gegenseitig ein, vor allem zur Jagd, und zwar zur Hatz- wie zur Beizjagd, zwei charakteristischen Formen des Weidwerks, die sowohl im Orient als auch im Abendland bekannt und geschätzt waren. Zu der anspruchsvollsten Form der Jagd, nämlich der Jagd mit Falken, bekannte Friedrich seine Liebe, betonte aber, dass man sie nicht um des Vergnügens, sondern um der Erkenntnis willen betreiben müsse. Wie sein Meisterwerk *De arte venandi cum avibus* zu erkennen gibt, lässt sich ihr Nutzen nicht auf eine Formel bringen.

Nicht zu übersehen ist, dass die Jagd auch der Bereicherung des Mahles diente, zu dem man sich gegenseitig einlud. Seine Genüsse wurden von den Kreuzfahrern hoch geschätzt. Vor allem die Gewürze, aber auch Kaviar und Zuckerrohr, mit dem sie nach der Rückkehr ihre

Angehörigen vertraut machten, wurden den Rittern unentbehrlich. Denkt man dazu noch an die Prunk- und Prachtstoffe, die man im Abendland schon über Byzanz kennen gelernt hatte und die den Festgelagen erst ihren vollen Glanz verliehen, so ahnt man, welch einen Zauber der Orient auf solchen Festen ausströmte. Sie sind lange im Gedächtnis der Kreuzfahrer haften geblieben.

Die Muslime und Christen verbindende Geselligkeit stellt jedoch nur eine Seite der Jagd im Heiligen Land dar. Nicht weniger bedeutsam war die Auffassung, dass sie ein *praeludium belli*, ein Vorspiel, eine Vorübung des Krieges sei und die Kampffähigkeit der Ritter erhalten solle. Darauf mussten die Ritter jederzeit bedacht sein, zumal sie den Muslimen gegenüber im Allgemeinen in der Minderheit waren. Die Bereitschaft, dem Hilferuf gegen sie zu folgen, war noch keineswegs verloren gegangen; sobald Gefahr drohte, stellte sie sich wieder ein und mit ihr auch der Glaube, dass Gott den Rittern Beistand leisten werde.

Kampf und Vergnügen, diese beiden Arten der Begegnung von Christen und Muslimen gingen nebeneinander her oder ineinander über; dabei vertraute man auf christlicher Seite auf die Hilfe Gottes und seiner Heiligen, unter denen die Ritterheiligen Georg, Michael, Martin und die Märtyrer in dieser fremden und irritierenden Umwelt eine neue Bedeutung erlangten. In der Geschichtsschreibung zu den Kreuzzügen erscheinen die Heiligen häufig als Vorkämpfer ihrer prominenten Träger, des Kaisers, der Könige, Fürsten und Grafen.

Der andere, von echtem Kreuzfahrergeist erfüllte Herrscher des 13. Jahrhunderts, Ludwig IX., der Heilige, hat auf seine Weise die Verbindungen zwischen den Rittern in der Heimat und dem Heiligen Land wiederbelebt. Dabei hatte er einen schwierigen Beginn. Sein Vater, Ludwig VIII., war bereits früh, im Jahre 1226, gestorben; ihm folgte zunächst nicht sein ältester Sohn, Ludwig IX., damals zwölf Jahre alt, sondern dessen tatkräftige Mutter Blanche von Kastilien. Sie übernahm die Regentschaft mit starker Hand und vermochte die Adelsopposition, die schon ihrem Gatten zu schaffen gemacht hatte, mit Erfolg zu bekämpfen. Mit Erlangung der Volljährigkeit im Jahre 1234 löste Ludwig IX. seine Mutter ab und setzte deren Politik fort, wobei er

In der Handschrift »Vie et miracles de Saint Louis des Guillaume de Saint-Pathus«, entstanden um 1330/50, sieht man König Ludwig IX. von Frankreich beim Aufbruch zu seinem ersten Kreuzzug, dem Sechsten Kreuzzug in der Gesamtzählung (1248–1254). Ludwig schifft sich in Aigues-Mortes ein, dem Hafen, den er eigens zu diesem Zweck hat anlegen lassen. Dem König war die Kreuzzugsidee ein großes Anliegen. Auf Grund seiner vorbildlichen Lebensführung wurde Ludwig 1297, keine dreißig Jahre nach seinem Tod, heilig gesprochen.

sofort deutlich machte, dass er der geborene Herrscher war. 1244 nahm er das Kreuz und begann unverzüglich mit der Vorbereitung des Kreuzzuges, indem er den Hafen Aigues-Mortes anlegen ließ.

Der Kreuzzug verlief zunächst planmäßig mit der Eroberung von Damiette im Jahre 1249, doch dann kam der Vormarsch vor Kairo ins Stocken, und schließlich geriet der Rest des Heeres in Gefangenschaft, aus der der König sich und sein Heer nur durch ein beträchtliches Lösegeld freikaufen konnte. Immerhin war er in der Lage, sich im Heiligen Land festzusetzen und sich dort bis 1254 zu behaupten. Im Jahre 1270 brach er dann zu seinem zweiten Kreuzzug auf, der zunächst nach Tunis führte. Dort angekommen, fiel er der sich im Kreuzfahrerheer ausbreitenden Epidemie zum Opfer.

Damit schien die Zeit der Kreuzzüge vorüber, aber der Wunsch nach der Wiedereroberung des Heiligen Landes und seines Mittelpunkts war noch keineswegs erloschen, hatte er doch eben in Ludwig IX., dem Heiligen, einen eindrucksvollen Träger gefunden. Noch vor seinem ersten Kreuzzug war es Ludwig gelungen, von Byzanz die Dornenkrone des Herrn zu erwerben, für die er zu Paris in der Sainte-Chapelle einen Raum, der wie für die Ewigkeit geschaffen schien, erbauen ließ. Die Lauterkeit dieses Königs teilte sich selbst seinem geschwächten Heer mit, auf dessen Wunsch des Königs Herz in Nordafrika verblieb, und fand einen Nachklang in den Wundern, die sich bereits bei der Überführung der Gebeine des Königs im Mai 1271 von Sizilien, wo seine Eingeweide im Dom von Monreale beigesetzt worden sind, nach Paris und später an seinem Grab in Saint-Denis ereigneten.

6. Friedrich II. und das Rittertum

Im schicksalsträchtigen Leben Friedrichs II. bildet der Umschlag nach seiner Krönung in Jerusalem am 18. März 1229 einen der härtesten, den er zu verkraften hatte. Ihm schlug eine Welle der Abwehr und des Abscheus entgegen. Unter diesen Umständen blieb er nur wenige Tage im Haus der Johanniter in Jerusalem, dann schiffte er sich in Akkon ein. Er rüstete zum Gegenangriff in Italien, und in der Tat gelang es ihm, die verlorenen Provinzen Apuliens zurückzugewinnen, wobei er die Grenzen des Kirchenstaates streng einhielt. Es bestand kein Zweifel, dass Friedrich ernsthaft an einem Ausgleich mit Gregor IX. gelegen war. Die Zahl der Fürsten, die sich ihm anschlossen, nahm von Tag zu Tag zu, und so ging man 1230 einem Friedensjahr entgegen. Hauptvertreter der Eintracht zwischen Kirche und Welt waren auf kaiserlicher Seite der Hochmeister des Deutschen Ordens, Hermann von Salza, und auf päpstlicher der Kardinal Thomas von Capua.

In dieser Situation konnte Friedrich daran denken, eine umfassende rechtliche Neuordnung des auf normannischer Basis gewachsenen Königreichs Sizilien vornehmen zu lassen. Die Hauptaufgabe fiel dabei unter Friedrichs Leitung den Hofjuristen zu, die beauftragt waren, ein Gesetzbuch zu erarbeiten, das in normannischer wie in römisch-antiker Tradition die kaiserliche Position zur Geltung bringen sollte. Es handelt sich um die so genannte Konstitution von Melfi. Mit Blick auf Friedrichs großes Vorbild Augustus erhielt dieses Werk in späterer Zeit den Namen *Liber Augustalis*. Im August 1231 dürfte die Sammlung abgeschlossen gewesen sein, wobei zu berücksichtigen ist, dass ein Werk von solchen Dimensionen nicht nur langjähriger Vorarbeiten bedurfte, sondern auch immer wieder neue Ergänzungen und Korrekturen nötig machte.

Insgesamt standen zur Bearbeitung an: Lehnswesen, Hof- und Staatsverwaltung, Rechtsprechung, Militärverfassung und wirtschaftliche Ordnung. Bei alldem kam es für die mit der Kodifizierung beauftragten Bearbeiter auf die sozialen Rangunterschiede an, zum Beispiel zwischen *principes, comites, barones, milites* (Fürsten, Grafen, Freiherren, Ritter), die man zwar schon seit längerem beobachtete, fortan aber strenger einzuhalten für nötig hielt. So wird im Einzelnen erläutert, dass man nicht ohne weiteres Ritter werden kann, sondern dass dies vornehmlich auf zwei Wegen geschieht, nämlich erstens durch einen formalen Akt, die Erteilung der Schwertleite (später fortgebildet im so genannten Ritterschlag), und zweitens durch den Erbgang. Der Nachweis ritterlicher Ahnen bildete also die wesentliche Voraussetzung für den Eintritt in die Ritterschaft.

Dieses Prinzip der ritterlichen Herkunft als gesellschaftliches Definitionsmerkmal lässt sich bereits seit der Mitte des 12. Jahrhunderts in normativen und vereinzelt auch in urkundlichen Quellen beobachten. So ist in der Vorlage der Konstitutionen von Melfi, den Assisen des normannischen Königs Roger II. von Sizilien aus dem Jahre 1140, von Rittern *a militari genere* die Rede. Nördlich der Alpen bestimmte Friedrich Barbarossa im Reichslandfrieden von 1152, dass der gerichtliche Zweikampf nur jenen Rittern erlaubt sein sollte, die »echte« Ritter von Geburt aus (*milites natione legitimi*) seien. Demnach gab es auch ritterliche Emporkömmlinge, die zunächst minderen Rechts waren, bis ihre Nachkommen ebenfalls legitime Ritter waren. In der Bestimmung eines späteren Reichslandfriedens von 1186 oder 1188 spiegelt sich dieser Versuch, zur Ritterschaft zu gelangen: Friedrich Barbarossa untersagt hier den Söhnen von Priestern, Diakonen und Bauern den Erwerb des Rittergürtels (*cingulum militare*) und verfügt, dass bei Zuwiderhandlung der Landrichter solche Leute aus der *militia* entfernen solle.

Doch auch die Söhne von Rittern hatten sich um die Wahrung ihres Status zu bemühen, wie der Landfriede für den Hennegau von 1200 zeigt. Danach wurden die *filii militum*, die bis zu ihrem 25. Lebensjahr noch keine Ritter geworden waren, das heißt durch den Akt der Schwertleite die Ritterwürde erlangt hatten, hinfort in der Friedensregelung wie Bauern (*rustici*) behandelt. In dieser Bestimmung verschränken sich die beiden Prinzipien des Zugangs zur Ritterschaft einerseits durch Geburt als ein dem Adel eigenes Merkmal und andererseits durch einen besonderen Akt, wie er etwa auch für die Aufnahme in den Klerikerstand bekannt ist.

Hier lässt sich wieder der Bogen zu den Konstitutionen von Melfi und ihren Ausführungen zum Rittertum schlagen. Friedrich II. bestimmt darin, »ut amodo ad militarem honorem nullus accedat, qui non sit de genere militum« (dass fortan niemand zur Ehre des Rittertums aufsteige, der nicht aus Geschlecht von Rittern stammt), behält sich freilich vor, als Kaiser Ausnahmen zu genehmigen. Dies ist auch häufig geschehen, woraus erkennbar wird, dass offenbar ein starker Bedarf an ritterlichen Streitern bestand. Wesentlich erscheint jedenfalls, dass die geburtsständische Abschließung des Rittertums nun offenbar zur Regel geworden war und dies nicht nur im Königreich Sizilien, für das allein die Konstitutionen von Melfi Geltung besaßen, sondern auch im Königreich Aragon (1235) und im Frankreich Ludwigs des Heiligen. England dagegen beschritt einen eigenen Weg. Es kannte die Abschließung des Ritterstandes nicht und hat sie auch später nicht eingeführt. Für das Reich ist eine vergleichbare Zugangsregelung zwar nicht überliefert, aber es häufen sich um die Mitte des 13. Jahrhunderts die Nachrichten zu Personen *de genere militari/de prosapia militari*. Mit der allgemeinen Anerkennung des Prinzips der Ritterbürtigkeit trat die Ritterschaft als eine engere, in sich gestaffelte Gemeinschaft in Erscheinung, die sich durch Herren- und Waffendienst auszeichnete. Die Ritter versahen ihren Dienst »hoch zu Ross«, was die Erhabenheit dieser Art von Dienst allen sichtbar machte, und präsentierten sich in ihrer Ausrüstung mit Wappen, Schild- und Helmzier als den Wappenfiguren ihrer Zeit.

Mit der seit Mitte des 12. Jahrhunderts zu beobachtenden Durchsetzung des Prinzips der Ritterbürtigkeit als Ausweis einer bestimmten Schicht, nämlich des ritterschaftlichen Adels, ging ein folgenreicher gesellschaftlicher Strukturwandel im Adel Hand in Hand, der sich auch am Begriff des *ordo militaris* und an dessen Bedeutungsveränderung ablesen lässt. Seit der Karolingerzeit verstand man darunter in Gegenüberstellung zum Klerus, dem *ordo ecclesiasticus*, den (Berufs-)Stand der Waffenträger, wobei in der geläufigen Vorstellung von der funktionalen Dreiteilung der Gesellschaft zu diesen beiden noch der Stand der Bauern (*laboratores*) hinzutrat. Als Sammelbegriff für alle Waffenträger hat auch der Begriff *militia* Tradition, der dann im 12. Jahrhundert in diesem umfassenden Sinne für das Rittertum als ein von den Herzögen und Grafen bis zu den Ministerialen reichendes Funktionsmerkmal adliger Kultur gelten konnte.

Daneben lassen Zeugnisse seit dem späten 10. Jahrhundert aber auch einen anderen Wortgebrauch von *ordo militaris*, seit dem 12. Jahrhundert im offensichtlichen Rückgriff auf die Antike mit *ordo equester* variiert, erkennen, indem hiermit auch ein deutlich vom (höheren) Adel abgesetzter Stand ritterlichen Rechts (*militaris condicio*) gemeint

Der Minnesänger Graf Otto von Henneberg-Botenlauben nahm am Kreuzzug Kaiser Heinrichs VI. im Jahre 1197 teil. Er verweilte für längere Zeit im Heiligen Land, heiratete dort Beatrix von Courtenay, die Tochter des Seneschalls von Jerusalem, und kehrte mit dieser 1220 nach Deutschland zurück. 1231 zogen sich die beiden aus der Welt zurück und stifteten das Zisterzienserinnenkloster Frauenroth, das sie mit ihrem Eigenbesitz ausstatteten. Auf dem Hochgrab aus feinkörnigem Sandstein sind Graf und Gräfin in Lebensgröße dargestellt, an der Kette des Grafen ist ein Kleinod mit der Henne, dem Wappenzeichen der Henneberger, befestigt.

sein konnte. So zeugen beispielsweise in Urkunden Kaiser Lothars III. von 1133/34 nach Fürsten und Grafen »plures de equestri ordine maiores et minores« (viele Höhere und Niedere aus dem Ritterstand). Wenig später spricht Otto von Freising in seiner Chronik mit Blick auf Romulus vom Ursprung des *militaris ordo*, des Ritterstandes, und der *senatoria dignitas*, der senatorischen Würde, die in seiner Zeit im Sinne von fürstlicher Würde verstanden wurde, und als König Friedrich II. im Jahre 1215 in Aachen den Kreuzzug gelobte, ließen sich nach dem Bericht der Kölner Königschronik zahlreiche Bischöfe, Herzöge, Grafen »et alii plurimi nobiles et magna multitudo equestris ordinis« (und viele andere Adlige sowie eine große Menge aus dem Ritterstand) mit dem Kreuz bezeichnen. Die Angabe *ordo militaris/equester* meint hier einen von den Fürsten oder sogar den Adligen abgesetzten Stand; man war bereits auf dem Weg zu der seit Mitte des 12. Jahrhunderts immer häufiger auszumachenden Zuordnung *de genere militari*.

Die so begrifflich geschärfte Trennung zwischen hohem und niederem Adel blieb auf Dauer wirksam; Letzterer musste sich in der adligen Hierarchie fortan mit der untersten Stufe bescheiden, während sich der hohe Adel betont von den *milites et armigeri/servi nobiles*, den Rittern und Edelknechten (die die Ritterwürde nicht erlangt hatten), absetzte und den Abstand zu ihnen mit dem Stolz des Edelherrn als *liber*, als Freier, oder als *nobilis*, als Edler, hervorhob. Wenn sich gleichwohl auch im späteren Mittelalter mancher Hochadlige in der Titulatur seiner Urkunden *miles* nannte oder in erzählenden Quellen so genannt wurde, ist darin ein Bekenntnis zur Ritterschaft als wertbesetztem adligen Verhalten zu sehen, wie es sich im 12. Jahrhundert entwickelt hat und von allen adligen Schichten bis zu den sich dem Adel damals annähernden Ministerialen in Anspruch genommen worden ist.

Weiter kann man beobachten, dass sich die ständische Absonderung des Adels nicht nur mit der Zeit stärker ausprägte, sondern noch dazu in Form zweier Neuschöpfungen verfestigte, nämlich der weltlichen Ritterorden und der Rittergesellschaften. Die weltlichen Ritterorden, nicht zu verwechseln mit den geistlichen Ritterorden, die daneben fortbestanden und allen Rittern den Eintritt ermöglichten, waren allerdings nicht mehr an Ordensregeln und Gelübde, sondern nur noch an die alten militärischen Normen von Ehre und Ruhm gebunden. Sie hielten an ihrem christlichen, nicht aber an ihrem geistlichen Charakter fest. Es ist bezeichnend, dass es sich ausschließlich um königliche und fürstliche Gründungen handelte, die seit dem 14. Jahrhundert entstanden und sofort hohe Anerkennung genossen. Das begann mit dem berühmten, 1348 von Eduard III. von England gegründeten Hosenbandorden; dem folgte 1351 der Sternenorden König Johanns II. von Frankreich und der sie bald alle an Wertschätzung und Ruhm überflügelnde, 1431 von Herzog Philipp dem Guten von Burgund gegründete Orden vom Goldenen Vlies, der noch heute von Vertretern des Hochadels mit Stolz getragen wird. Zwar zehrten auch die weltlichen Ritterorden noch vom Erbe der Kreuzzüge, doch mit ihnen zog ein neuer Geist herauf, geprägt von der höfisch-ritterlichen Kultur und vom Bestreben des Herrschers oder Fürsten, mit Hilfe dieser Orden Adlige an sich zu binden.

Man muss die weltlichen Ritterorden zusammen mit den so genannten Ritterbünden oder Rittergesellschaften, der anderen Neuschöpfung des späteren Mittelalters, sehen, in denen die erwähnte Aufspaltung in hohen und niederen Adel verstärkt zur Geltung kam; sie drückte sich zum Beispiel in der Staffelung der Aufnahme- und Strafgelder oder in der unterschiedlichen Gestaltung der Abzeichen aus, welche die Mitglieder in der Öffentlichkeit von Hof und Turnier trugen. Andererseits unterstreicht der von allen Mitgliedern beim Eintritt abverlangte Versprechenseid den paritätischen Charakter dieser sich genossenschaftlich verstehenden Zusammenschlüsse. Zu den selbst gewählten Aufgaben der Adelsgesellschaften zählten in erster Linie die gegenseitige Hilfeleistung der Mitglieder und die Sorge für den Landfrieden.

Beide Ausprägungen adlig-ritterlicher Vergemeinschaftung pflegten ihren Zusammenhalt und ihre Solidarität in den seit alters geläufigen Formen des Mahles, des Gottesdienstes und des Totengedenkens; spezifisch für die Adelsgesellschaften war das jährlich veranstaltete Turnier. Während die weltlichen Ritterorden als monarchische beziehungsweise fürstliche Initiativen über ganz Europa verbreitet waren (außer in England, Frankreich und Burgund auch in Ungarn, León-

Kastilien, Aragón und Sizilien), im Reich jedoch, vom hohenzollerischen Schwanenorden des 15. Jahrhunderts abgesehen, fehlten, blieben wiederum die Adelsgesellschaften auf Deutschland beschränkt. Zu den bekanntesten zählen die in die Zeit vor 1387 zurückreichende, in der Pfalz, der Wetterau und im Kraichgau verankerte Gesellschaft mit dem Esel, die wohl 1392 gegründete fränkische Gesellschaft mit dem Fürspang und die 1406 gegründete schwäbische Gesellschaft mit Sankt-Jörgen-Schild. Dabei orientierte sich die Namengebung an Heiligen wie Georg, Christoph, Hubertus oder Martin, benutzte aber auch Namen von Tieren, zum Beispiel Löwe, Bär, Steinbock oder Adler, oder von Fabelwesen wie Einhorn oder Greif, alles auch Elemente jener Zeichensprache, die von der adlig-ritterlichen Kultur im heraldischen Erscheinungsbild von Wappen, Schild und Helmzier zum Ausweis einzelner Adliger wie adliger Geschlechter benutzt wurde.

KAPITEL IV

Ritterliche Welt und höfische Lebensformen

von Thomas Zotz

1. Das Bild des Ritters: Erscheinung, Funktion, Normen

»Nu seht, dort kom geschûftet her/drî ritter nâch wunsche var,/von fuoze ûf gewâpent gar./der knappe wânde sunder spot,/daz ieslîcher wære ein got.« (Seht nur, da kamen drei Ritter galoppiert, herrlich anzusehen, von Kopf bis Fuß gewappnet. Der Knabe hielt jeden der drei allen Ernstes für einen Gott.) So beschreibt Wolfram von Eschenbach kurz nach 1200, wie der von seiner Mutter Herzeloyde in der Abgeschiedenheit der Natur erzogene Parzival erstmals Ritter wahrgenommen hat, eine Szene, die in der Vorlage zu Wolframs Roman *Parzival*, dem *Conte du graal* von Chrétien de Troyes (entstanden 1182/83), noch erheblich anschaulicher ausgemalt wird: die klirrenden Kettenhemden, die glänzenden Helme, die Lanzen, die Schilde mit den in der Sonne leuchtenden Farben Grün und Rot, das Gold, Blau und Silber. Die außerordentliche Schönheit und Größe der Gestalten ließ Parzival zunächst an die Erscheinung von Engeln glauben.

Wenn der überirdische Charakter der drei Ritter durch Chrétien, Wolfram und andere – der Vergleich der Ritter mit Engeln taucht ferner im Werk Ulrichs von Zatzikhoven oder im Versroman *Reinfried von Braunschweig* auf – poetisch stilisiert worden ist, so kann doch kein Zweifel daran bestehen, dass der in blinkender Rüstung hoch zu Ross daherkommende Ritter auf seine Zeitgenossen Eindruck gemacht und ihnen Respekt und Furcht eingeflößt hat. Schon die seit dem späten 11. Jahrhundert belegten volkssprachlichen Bezeichnungen offenbaren, welche Rolle dabei das Streitross für den *miles loricatus*, den Panzerreiter, spielte: Das altfranzösische Wort *chevaliers* ist abgeleitet vom la-

Tempelritter mit Topfhelmen aus der Chronik des Matthäus Parisiensis. Der Topfhelm (unten, um 1300), unter dem eine Lederhaube getragen wurde, löste im 13. Jahrhundert den bis dahin üblichen Helm mit Nasenbügel ab. Zwar war jetzt der ganze Kopf geschützt, dafür aber die Sicht erheblich eingeschränkt und die Atmung derart behindert, dass die Ritter nicht selten erstickten oder einen Hitzschlag erlitten.

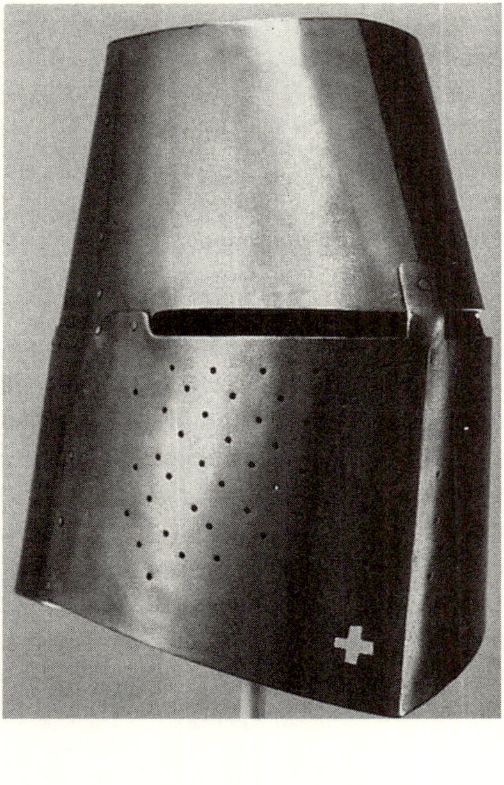

teinischen *caballarius* (ursprünglich Pferdeknecht), und das mittelhochdeutsche Wort »rit(t)er« bedeutet Reiter. Mit dem englischen *knight* dagegen überdauerte die Bedeutung von *miles*, Krieger.

Zu der beeindruckenden Rüstung des Ritters gehörte als Körperschutz ein Panzerhemd, im frühen Mittelalter als Brünne (*brunia* wohl keltischen Ursprungs), seit dem späten 12. Jahrhundert in Übernahme des französischen Worts *harnais* als Harnisch bezeichnet. Es handelt sich dabei um ein zunächst knielanges Geflecht aus Eisen- oder Messingringen, das etwa seit 1200 den ganzen Körper umschloss. Darüber trug der Ritter einen bis zu den Knien reichenden Waffenrock. Im späten 13. Jahrhundert kam der aus Scheiben, Schienen und Buckel zusammengesetzte Plattenharnisch auf, der im 15. Jahrhundert vom florierenden Plattnerhandwerk vervollkommnet wurde und das ritterliche Erscheinungsbild im späten Mittelalter maßgeblich geprägt hat.

Auch beim Kopfschutz, dem Helm, lässt sich zunächst auf Reitersiegeln in Frankreich, wenig später auf deutschen Siegeln um 1200 eine Veränderung beobachten: Der konisch geformte Helm, der das Gesicht lediglich durch ein angeschmiedetes Nasenband schützte, wurde nun an seiner oberen Seite zum so genannten Topfhelm abgeflacht. Vorn bot eine breite, mit Visierschlitzen und Atemlöchern versehene Metallplatte einen verbesserten Gesichtsschutz, allerdings um den Preis verminderter Sinneswahrnehmung und starker Beeinträchtigung der Atmung. Zum Topfhelm gehörte als Aufsatz die Helmzier oder das Zimier, das eine menschliche Gestalt, ein Tier, eine Pflanze oder ein Gerät darstellen konnte. Dieser Aufsatz wurde mit Helm und Schild konstitutiver Bestandteil des adligen Wappens. Im Laufe des 13. Jahrhunderts entwickelte sich die mit dem Panzer verbundene (ursprünglich unter dem Helm verborgene) Beckenhaube zur allgemein üblichen Kopfbedeckung des Ritters. Diese wurde später mit einem vorspringenden Klappvisier (»Hundsgugel«) oder einem festen Rundvisier (»Grand Bacinet«) versehen, woraus sich im 15. Jahrhundert der mit einem Gittervisier ausgestattete Turnierhelm entwickelte, wie er von adligen Wappen des Spätmittelalters bekannt ist.

Die dritte Schutzwaffe war der Schild. Er bestand aus Holz und war mit Leder bezogen oder mit Metall beschlagen. Im 11. Jahrhundert erreichte er fast Mannshöhe (»Normannenschild«), um 1200 aber änderte sich die Form, indem die runde Oberkante gerade geschnitten und die Gesamtlänge auf die Hälfte verkürzt wurde. Im 14. Jahrhundert löste schließlich die wohl aus Spanien übernommene wesentlich kleinere, oval oder rechteckig geformte Tartsche den Langschild ab, die zu dem inzwischen eingebürgerten effektiveren Plattenharnisch einen ausreichenden Schutz bot, aber leichter und damit einfacher zu handhaben war.

Für den Angriff benutzte der Ritter hauptsächlich Lanze und Schwert, daneben auch Streitkolben und Streitaxt. Die Lanze diente nach dem Zeugnis des Teppichs von Bayeux noch im 11. Jahrhundert als Wurfspeer. Seit der Wende vom 11. zum 12. Jahrhundert wurden im Zuge einer neuen Kampftechnik längere und damit schwerere Lanzen als unter dem Arm eingelegte Stoßwaffen benutzt, wie bildliche Darstellungen an französischen Kirchen zeigen. Nach der Mitte des 12. Jahrhunderts ist die neue Technik auch in Deutschland literarisch bezeugt. Das Schwert kam als Nahkampfwaffe dann zum Einsatz, wenn die Lanze bereits gebrochen war oder der Ritter sein Pferd verloren hatte und den Kampf zu ebener Erde fortsetzte.

Die Form des Schwertes hat sich seit dem frühen Mittelalter kaum verändert. Kennzeichnend sind der kurze Griff und die gerade Parierstange; Griff und Schwertknauf waren oft reich verziert, was das Auge des Dichters auf sich zog und dementsprechend ausführlich in die Beschreibung des ritterlichen Erscheinungsbildes einfloss.

So eindrucksvoll die Rüstung des Ritters auf den ersten Blick auch erscheinen mochte, die militärische Effizienz ließ im Laufe der Zeit zunehmend zu wünschen übrig. Panzer und Helm erhöhten zwar den Schutz, doch ihr Gewicht machte den Ritter unbeweglich. Die Atmung war dermaßen beeinträchtigt, dass bei einem Turnier in der Nähe von Neuss im Jahre 1241 viele der vollgerüsteten Ritter unter den Einwirkungen von Hitze und Staub ums Leben kamen. Auch Gesichtskreis und Gehör des Kämpfenden waren lebensbedrohlich eingeschränkt, wie im Roman *Erec* des Hartmann von Aue (zwischen 1180 und 1190) nachzulesen ist: Der mit Enite reitende Erec kann seine Verfolger nicht hören, da er »als ein guot ritter sol« (wie es sich für einen

Der knapp neunzig Zentimeter hohe Schild des Landgrafen Konrad von Thüringen ist aus Lindenholz gefertigt, beidseitig mit Leder überzogen und über Kreidegrund farbig gefasst. Auf der Vorderseite hat man einen aus Leder geschnittenen Löwen aufgenagelt. Der kleine Deutschordensschild links unten weist auf die Zugehörigkeit Konrads zum Orden als sein Hochmeister (seit 1239) hin. Der Kampfschild wird seit dem Ableben Konrads als Totenschild im Chor der Marburger Elisabethkirche verwahrt.

tapferen Ritter gehört) die volle Rüstung trägt. Nur die rechtzeitige Warnung der ohne Bewaffnung reitenden Enite rettet ihn vor dem sicheren Tod.

Überhaupt musste der Ritter, wenn er in den Kampf zog, viel Aufwand treiben und fremde Hilfe in Anspruch nehmen. In der Regel war er mit zwei Pferden unterwegs, dem Marschpferd (*palefridus*) und dem Streitross (*dextrarius*), das nur im Kampf geritten wurde und wie der Ritter selbst gepanzert war; dieser trug über dem Panzer den Waffenrock, während beim Pferd eine Decke, eine verzierte *covertiure*, als Überwurf über das Schutz gewährende Eisengeflecht gelegt wurde. Auf dem Anmarsch transportierte ein mitreitender Knappe Schild und Lanze des Ritters und führte zugleich dessen Streitross auf seiner Rechten, was die lateinische Bezeichnung *dextrarius* für dieses erklärt. Kamen weitere Begleiter und ein Saumtier – der so genannte Klepper oder *roncinus* – hinzu, das statt des Knappen die Rüstung trug, entstand eine militärische Einheit, die nach der Hauptangriffswaffe Lanze, später auch Gleve genannt wurde.

Die »Überrüstung« des Ritters und die daraus resultierenden Probleme haben dazu geführt, dass es verhältnismäßig wenige größere Schlachten im Zeitalter der Ritterheere gegeben hat. Die wenigen, die ausgefochten wurden, etwa zwischen König Rudolf von Habsburg und König Ottokar von Böhmen 1278 bei Dürnkrut sowie zwischen Adolf von Nassau und Albrecht von Österreich 1298 bei Göllheim, sind auf unritterliche Weise durch Tötung aus persönlicher Rache entschieden worden. Im 14. Jahrhundert dann, als die Ritterheere auf die wendigen englischen Bogenschützen oder die eidgenössischen Bauernaufgebote stießen, offenbarte sich ihre militärische Schwäche schonungslos. Gleichwohl verlor, wie die neuere Forschung betont hat, das Ritterheer seinen Wert bis ins späte Mittelalter nicht.

Über die ritterliche Kampfesweise erfährt man einiges aus den Darstellungen kriegerischer Auseinandersetzungen in England und in der Normandie vom 11. bis 13. Jahrhundert. Es gab eine ganze Reihe von Regeln für das kriegerisch-ritterliche Verhalten, die *leges armorum* oder das *ius armorum*, das von Kriegstheoretikern des 14. Jahrhunderts, etwa von Honoré Bouvet (Bonnet) in seinem Werk *L'Arbre des batailles*, beschrieben worden ist. Dazu gehörten: Wahrung der ritterlichen Ehre, Waffenbruderschaft und Einübung von Solidarität, vor allem aber galt es zu vermeiden, dass der adlige Gegner den Tod fand. Auch die Bereicherung mit der Rüstung des toten Gegners, wie im unteren Fries des Teppichs von Bayeux dargestellt, galt nicht als ritterliche Kampfesweise, kam aber gleichwohl vor.

Wer klug war, machte Gefangene, deren Loskauf Gewinn brachte. Die Forschung hat das Lösegeld gar als finanziellen Anreiz für schonende Milde bezeichnet, wozu gehörte, dass man von Plünderungen absah. Wie alle Konventionen lebten auch diese davon, dass sie von beiden Seiten anerkannt und praktiziert wurden. Doch schon die Söldnertruppen des 12. Jahrhunderts, die Friedrich Barbarossa für seinen vierten Italienzug 1167 aus Brabant (»Brabanzonen«) angeworben hatte, verstießen gegen das ritterliche *ius belli*, als sie auf dem Rückmarsch in der Champagne und im Gebiet des Erzbischofs von Reims plünderten. Der Kaiser und König Ludwig VII. von Frankreich kamen daraufhin überein, dass künftig keine Söldner im Gebiet zwischen Alpen, Rhein und Paris eingesetzt werden sollten. Bezeichnenderweise standen aber schon wenig später wieder Brabanzonen in englischen, französischen und kaiserlichen Diensten.

Wenn die »Aufrüstung« des Ritters seine militärische Einsatzfähigkeit eher schwächte, wie ist dann diese Ausgestaltung des ritterlichen Erscheinungsbildes zu verstehen? Die Forschung hat zur Erklärung zum einen auf die gesellschaftliche Bedeutung der Waffen, zum anderen – eng damit verbunden – auf das sich seit der zweiten Hälfte des 12. Jahrhunderts entfaltende Turnierwesen hingewiesen, das Veränderungen in der Erscheinung des Ritters bewirkt habe. Das adlig-ritterliche Waffenmonopol, das die Ritter gegen die mit dem Waffenverbot belegten Bauern abgrenzte, verlieh der Rüstung des Ritters eine nicht zu überschätzende gesellschaftspolitische Bedeutung. Friedrich Barbarossa, der den Bauern im Reichslandfrieden von 1152 ausdrücklich das Tragen von Lanze und Schwert verbot, verwehrte ihnen damit nicht nur den Umgang mit den zwei ritterlichen Hauptangriffswaffen, sondern monopolisierte damit auch diese seit alters in hohem Ansehen stehenden Herrschaftszeichen.

Schon zur Karolingerzeit wurde der thronende Herrscher flankiert von Waffenträgern mit Schwert und Lanze dargestellt, das Reichsschwert und die Heilige Lanze gehörten zu den königlichen Insignien. Das Schwert ließ sich der Herrscher bei feierlichen Anlässen vorantragen, aber auch der karolingische Adlige trägt es in zeitgenössischen Abbildungen als Zeichen der Gerichtshoheit und herrschaftlichen Hoheit. Die Umgürtung mit dem Schwert im zeremoniellen Akt der Schwertleite zeigte jedermann an, dass der junge Adlige nun zur Herrschaft fähig war. Insofern kann der standes- und herrschaftssymbolische Wert von Schwert und Lanze im ritterlichen Erscheinungsbild gar nicht überschätzt werden. Wie sehr andererseits auch der Schutz, der ihn umgab, den Ritter wesentlich ausmachte, zeigt der für die Person stehende Wortgebrauch. So konnte im 11./12. Jahrhundert *lorica*, die Bezeichnung für den Kettenpanzer, den Träger desselben meinen, und ähnlich sprach man im späten Mittelalter davon, dass mehrere hundert Helme ein Turnier besuchten.

In besonderer Weise aber wurde der Schild zum Inbegriff und zum Symbol des Rittertums. Im *Schildes ambet*, im »Schilddienst«, wie man im frühen 13. Jahrhundert sagte, bestand die Aufgabe des Ritters, der *schiltbaere* war: den Schild führend, ritterbürtig (zum Schild geboren). Dem Schild kam eine wesentliche rechts- und herrschaftssymbolische Bedeutung zu, erkennbar an der Figur des Heerschildes (*clipeus militaris*) als Abbild der hierarchisch gestuften Lehnsgesellschaft. Es ist daher nur zu verständlich, dass der Schild zur Grundlage des ritterlichen Wappens wurde.

Bekanntlich diente der Schild schon in der Antike der bildlichen, sogar szenischen Darstellung, und dies mag auch im Mittelalter zu seiner ornamentalen oder figürlichen Ausgestaltung Anlass gegeben haben. Es handelte sich zunächst um vorheraldische Bemalungen, die noch nichts mit einer familiären oder individuellen Zeichensymbolik zu tun hatten. Schildbuckel und Schildrand boten sich für einen kostbaren Besatz, etwa eine Dekoration mit Ziersteinen, an, wie wiederum der Teppich von Bayeux zeigt, oder wurden farbig bemalt. Es ist bezeichnend, dass mit dem Aufkommen einer heraldischen Schildfigur um die Mitte des 12. Jahrhunderts der Schildbuckel als konstruktiver und ornamentaler Mittelpunkt des Schildes verschwand, damit eine frei gestaltbare Fläche zur Verfügung stand. Dies lässt sich erstmals an der um 1160 angefertigten Emailplatte vom Grab Gottfrieds Plantagenet (†1151), Stammvater des englischen Königshauses, beobachten, die den Grafen von Anjou im kostbar bestickten Gewand mit einem pelzgefütterten Umhang darstellt. Der schulterhohe Schild zeigt sechs heraldisch stilisierte steigende Löwen.

Da Grabmalzeugnisse aus dieser Zeit sehr selten sind und die bildliche Darstellung von Rittern in Handschriften erst um 1170 einsetzt, können vor allem die so genannten Reitersiegel genaueren Aufschluss über die Entwicklung des Wappenwesens wie des ritterlichen Erscheinungsbildes allgemein geben. Es handelt sich bis weit ins 13. Jahrhundert hinein ausschließlich um die Siegel hoher Adliger (Herzöge, Grafen), die sich durch die Darstellung des Gonfanons, der Lanzenfahne, als Inhaber eines mit Hoheitsrechten versehenen Fahnlehens zu erkennen geben. Die Forschung spricht daher von Reitersiegeln, obgleich diese durchaus ein ritterliches Erscheinungsbild bieten und deshalb Rittersiegel heißen könnten. Während die frühen Reitersiegel – seit Mitte des 11. Jahrhunderts in Frankreich und England, gegen dessen Ende auch im Reich nachweisbar – noch glatte oder mit vorheraldischen Schmuckelementen verzierte Schilde aufweisen, tauchen auf Siegeln von der Mitte des 12. Jahrhunderts an mit Löwe und Adler zwei beliebte heraldische Motive auf, ohne dass es sofort zu einer Verfestigung der Bildsprache im Sinne eines Familienwappens kam; dies lässt sich in Deutschland erst vom frühen 13. Jahrhundert an beobachten.

Für die Frage nach dem ritterlichen Erscheinungsbild ist bedeutsam, dass Wappenmotive an verschiedenen Stellen der Rüstung angebracht sind. So zeigen die Siegel des Grafen Raoul von Vermandois von 1130/35 und 1146 ein Schachmuster sowohl auf dem Schild als auch auf dem Gonfanon, das über dem galoppierenden Ritter weht. In der Bilderhandschrift des *Liber ad honorem Augusti sive de rebus Siculis* des Petrus von Eboli (zwischen 1195 und 1197) wird der im Dienst Kaiser Heinrichs VI. stehende schwäbische Ministeriale Diepold von Schweinspeunt, der erst zum Grafen von Acerra, später gar zum Herzog von

Dieses Wachssiegel mit einem Durchmesser von knapp neun Zentimetern ist als sechstes Siegel Heinrichs des Löwen in den Jahren 1161 bis 1174 benutzt worden. Es zeigt den Herzog zu Pferde mit einem Dreiecksschild. Im Unterschied zu den früheren Siegeln ist darauf kein Löwe, sondern ein Strahlenbuckel zu erkennen, ein Hinweis darauf, dass sich das Wappenzeichen zu dieser Zeit noch nicht verfestigt hatte. Die Siegelumschrift lautet: »Heinrich, von Gottes Gnaden Herzog Bayerns und Sachsens.«

Diepold von Schweinspeunt, einem schwäbischen Ministerialen in der Umgebung Heinrichs VI., gilt die besondere Aufmerksamkeit des Petrus von Eboli, Autor des »Liber ad honorem Augusti«, denn Diepold wirkte im Auftrag des Kaisers in Kampanien, der Heimat des Dichters. Das Bild zeigt den Ritter bei der Verfolgung einer gegnerischen Schar, wobei seine Lanze einen Gegner trifft, der vom Pferd stürzt. Das äußere Erscheinungsbild des Ritters hat inzwischen feste Konturen gewonnen: Diepolds Wappenzeichen, der Eber, erscheint auf dem Helm, auf dem Schild sowie auf der Decke des Pferdes.

Spoleto aufstieg, dargestellt mit einem Eber auf seinem Helm, auf dem Schild und auf der Decke seines Pferdes. Die Einheit des ritterlichen Gesamtbildes wird durch diese mehrfache Wiederkehr desselben Zeichens zum Ausdruck gebracht.

Die Ursache für die Wappenentwicklung hat man lange Zeit darin gesehen, dass der durch die Rüstung fast unkenntliche Kämpfer in der Schlacht durch ein individuelles Zeichen identifizierbar werden sollte. Indes zeigt die schriftliche wie bildliche Überlieferung zur berühmten Schlacht von Hastings 1066, dass selbst ein Herzog Wilhelm in »alter« Rüstung nicht zu erkennen war. Es kam für den Ritter in der Schlacht auch gar nicht darauf an, dass man ihn erkannte – dies konnte sogar gefährlich sein –, sondern dass man ihn durch ein kollektives Zeichen einer der beiden kämpfenden Parteien zuordnen konnte. Derartige Erkennungszeichen sind gut bezeugt. Daher gilt es, nach einer anderen Erklärung für die Entwicklung der Wappen Ausschau zu halten. Zu Recht ist das Turnier als Impulsgeber für die Entwicklung der Heraldik ins Spiel gebracht worden, denn für den seine Kräfte zur Schau stellenden Turnierkämpfer war die individuelle Unterscheidbarkeit wesentlich. In dem um 1300 verfassten Gedicht *Das Turnier* identifiziert beispielsweise eine zuschauende Dame den Ritter ihrer Gunst durch sein Wappen.

Die sich seit der Mitte des 12. Jahrhunderts entwickelnde heraldische Wappenführung einzelner Adliger beziehungsweise einzelner Geschlechter ging zeitlich einher mit der Verfestigung der Struktur adliger Familien und deren Benennung nach einem Ort, zumeist einer Burg. Das Wappen wurde zum Ausweis und Erkennungszeichen der Familie und ihrer Mitglieder in der Öffentlichkeit der mittelalterlichen Adelsgesellschaft. Mehr noch: Das Wappen konnte für seinen Träger stehen, ihn ersetzen. So stand der Schild für den abwesenden Feudalherrn in der Gerichtsverhandlung; über dem Grab eines Verstorbenen wurde er zerbrochen, oder er wurde als Totenschild in der Kirche aufgehängt.

Die eminente Bedeutung des adlig-ritterlichen Wappenwesens ließ die Kunst der genauen Wappenbeschreibung, der Blasonierung, entstehen; vor allem in Frankreich bildete sich dafür eine eigene Spra-

Das Quedlinburger Wappenkästchen ist aus Weidenrutenflechtwerk und stammt vielleicht aus Nordafrika. Es ist bemalt mit dem Wappen Kaiser Ottos IV. und dreißig weiteren Wappen. Das Kästchen gehörte wohl zum Besitz einer ritterlichen Vereinigung von Familien in der Umgebung Ottos IV. Die Datierung der Bemalung in das frühe 13. Jahrhundert ist in der Forschung allerdings nicht unumstritten.

che heraus. Träger des Wissens von den zahlreichen Wappenbildern und damit von den adligen Familien waren die Herolde, denen die Aufgabe zufiel, bei einer kriegerischen Auseinandersetzung, bei Festen und Turnieren registrierend und kontrollierend zu wirken. Wappenbücher oder Wappenrollen wurden zu solchen Anlässen angelegt, daneben gab es Sammlungen wie die *Große Heidelberger* oder *Manessische Liederhandschrift* (bald nach 1300) oder die *Zürcher Wappenrolle* (um 1340), die den Herolden zum Studium dienten.

Auch die großen Ritterorden – der englische Hosenbandorden oder der burgundische Orden vom Goldenen Vlies – haben Wappenbücher geführt; Rittergesellschaften ließen die Wappen ihrer Mitglieder an die Wände »ihrer« Kirche malen, wozu etwa die Gesellschaft mit dem Esel die Westwand des Chors der Heiliggeistkirche in Heidelberg nutzte.

Waffen und Rüstung bestimmten maßgeblich das Erscheinungsbild des Ritters, der sich durch den Kampf definierte und insofern in der alten Tradition des *pugnator/bellator* stand. Dieser wurde seit dem frühen Mittelalter als ein Glied der in drei Funktionen gegliederten Gesellschaft betrachtet. Lässt sich hierin eine Kontinuität des kriegerischen »Berufs« erkennen, so haben sich andererseits die Normen und Leitvorstellungen im Laufe der Zeit geändert, bis sie sich im 12. Jahrhundert im Bild des höfischen Ritters festigten und nachhaltig weiterwirkten.

Einen frühen Diskurs über die Aufgaben des *miles* bietet um die Mitte des 9. Jahrhunderts der Gelehrte und Mainzer Erzbischof Hrabanus Maurus in seiner König Lothar II. übersandten Bearbeitung der *Epitome rei militaris* des römischen Schriftstellers Vegetius: Was andere für geringen Lohn tun, solle der *miles* in eigener Freiheit für das Leben des Königs, für die Verteidigung des Vaterlands, für die Wahrung der Treue zum Herrscher und für die Erlangung des ewigen Lebens leisten. Wer eher sein Leben verlieren als die Treupflicht verletzen will, dem werde zweifellos das ewige Leben zuteil werden. Unbedingte Treue und Einsatz für König und Vaterland erscheinen hier als Leitvorstellungen der *milites*.

Während es bei Hrabanus Maurus um die Aufgabe der Verteidigung des Landes gegen äußere Feinde geht, hat Abt Odo von Cluny in seiner bald nach 925 verfassten Lebensbeschreibung des Grafen Gerald von Aurillac das Bild eines heiligen, gleichwohl in der Welt agierenden Angehörigen des *ordo pugnatorum* gezeichnet, der rechtens das Schwert führt, um das *inerme vulgus* (das unbewaffnete Volk) zu schützen. Diesen Gedanken der Schutzgewährung für die Armen und Schwachen als legitime Aufgabe des Waffenträgers, wie er in der Gottesfriedensbewegung weitergewirkt hat, griff in den unruhigen Zeiten des Investiturstreits am Ende des 11. Jahrhunderts der Kirchenreformer Bonizo von Sutri auf, indem er in seinem *Liber de vita christiana* einen, wie Carl Erdmann formuliert hat, »christlichen Gebote-Kodex für den Ritter« entwarf. Hier vermischt sich Altbekanntes mit Neuem: Im Bewusstsein der göttlichen Wohltat, dass die *milites*, vertreten durch den römischen Hauptmann unter dem Kreuz, zu den Ersten der Christgläubigen gehörten, ist es ihre Aufgabe, ihren Herren und vor allem den Königen die Treue zu halten, nicht nach Beute zu streben, zum Schutz des Lebens ihrer Herren das eigene nicht zu schonen, sich für das Wohl der *res publica* bis zum Tode einzusetzen, Schismatiker und Ketzer zu bekämpfen sowie Arme, Witwen und Waisen zu verteidigen. Am Schluss bekräftigt Bonizo noch einmal die Verpflichtung der *milites*, die gelobte Treue nicht zu brechen, gegenüber ihren Herren nicht meineidig zu werden und nicht gegen sie zu konspirieren.

Römisch-antikes Denken wie die Sorge um die *res publica* und die biblische Autorität des Täuferworts, dass die *milites* mit ihrem Sold zufrieden sein sollen, fügen sich hier mit Prinzipien der frühmittelalterlichen Herrscherethik (Einsatz für die Schutzbedürftigen) zu einem Verhaltenskanon, der das Mittelalter hindurch weitergewirkt hat. Wenn ferner die christliche Kirche das ritterliche Handeln gegen Schismatiker und Ketzer richtet, so hat auch diese aus dem Geist der Zeit des Investiturstreits geborene Perspektive das Bild vom Ritter als *miles Christi*, als Gottesstreiter, bis hin zum *miles christianus* der Renaissancezeit nachhaltig geprägt. Wichtig ist die schon bei Odo von Cluny aufleuchtende und in den Gottesfrieden umgesetzte Auffassung vom Ritter als Beschützer, eine Rolle, die traditionell dem König zukam. Andererseits betont Bonizo im Bild des Ritters den Dienstgedanken, seine unbedingte Treuepflicht bis hin zur Selbstaufgabe. Dienst und Herrschaft – die zwei für das mittelalterliche Rittertum charakteristischen Prinzipien – sind hier miteinander verbunden.

Fragt man nach Zeugnissen zu den Normen des Rittertums in der Zeit seiner vollen Entfaltung vom 12. zum 13. Jahrhundert, so lässt sich feststellen, dass vor allem die im Rahmen der höfischen Kultur ausgeformten Herrschertugenden *reht, milte, staete* und *maze* das Bild des Ritters geprägt haben. Auch der für das Herrscher- und Adelsethos zentrale Begriff der Ehre (*honor*) kommt zum Tragen. All dies vermitteln die nach 1170 aufblühende Dichtung, die moralphilosophischen und adelspädagogischen Schriften des 12. und 13. Jahrhunderts sowie die Personenschilderungen in der zeitgenössischen Chronistik. Hartmann von Aue etwa zeichnet im *Erec* das Bild eines mustergültigen Ritters in Gestalt von Gawein: Er war ritterlichen Geistes, sehr reich und edel, gegen niemanden feindselig, zuverlässig (*getriuwe*) und freigebig (*milte*), ohne dass es ihn hinterher gereut hätte, er war beständig (*staete*) und besaß gute Manieren (*wol gezogen*), seine Worte waren wahrhaftig, Gawein erschien stark, schön und tapfer. Er war der Inbegriff der Vollkommenheit, heiter und beherrschten Sinnes (*mit schœnen zühten was er vrô*) ... Um der Ehre willen nahm er Mühsal auf sich.

Das ritterliche Idealbild enthält in hohem Maße Elemente der höfischen Kultur: die Freigebigkeit (*largitas*) als hohe Herrschertugend, die über das Schenken Sympathien schafft und die gesellschaftliche Kommunikation fördert. Alanus ab Insulis, der Pariser Magister des späten 12. Jahrhunderts, soll einmal einer Gruppe von Rittern auf deren Frage, was denn die höchste höfische Tugend (*curialitas*) sei, geantwortet haben: das Geben. Dem steht das Laster der auf Plünderung und Raub gerichteten Habsucht (*avaritia*) entgegen. Beständigkeit (*constantia*) und eine gewisse (Selbst-)Beherrschung (*temperantia, moderatio*) gehören gleichfalls zum Kanon der herrscherlichen beziehungsweise ritterlichen Tugenden und somit auch zum höfischen Erscheinungsbild, das sich überdies durch schöne Zucht (*elegans disciplina*) und Heiterkeit (*hilaritas*) auszeichnet.

Wenn Hartmann Gawein getreu nennt, wirkt das alte Ideal der ritterlichen Treue nach; es ist aber nicht herrenbezogen wie noch bei

Bonizo von Sutri, sondern gleichsam frei. Weder der traditionelle Dienstgedanke noch der Einsatz für König und Vaterland treten hier hervor, vielmehr spielt anderes eine Rolle: der Ruhm Gaweins (*lop*), dessen ritterliche Taten unübertroffen sind. Der Erfolg im Wettstreit der Ritter, der solchen Tatenruhm (*fama*) erzeugt, ist ein zentrales Element höfisch-ritterlicher Kultur neben der Ehre (*honor*), der Geltung in der Gesellschaft.

Der höfische Ritter erscheint nicht anders als der Herrscher, wie der Vergleich der Schilderung Gaweins mit dem, was der italienische Chronist Acerbus Morena von den Eigenschaften (*qualitates*) Friedrich Barbarossas berichtet, zeigt: Er war von schöner Gestalt, sein Antlitz war heiter, als wolle er immer lächeln, sein Mund anmutig. Er war äußerst kriegerisch (*bellicosissimus*), freigebig, aber nicht verschwenderisch (*largus, non prodigus*).

Neben den Dichtern setzten die Autoren philosophisch-moralischer oder pädagogischer Schriften höfische Maßstäbe, etwa Thomasin von Zerklaere, ein Kleriker am Hofe Wolfgers von Erla, des Patriarchen von Aquileia. In seinem 1215/16 entstandenen Werk *Der welsche Gast*, der ersten höfischen Verhaltenslehre in deutscher Sprache, hat Thomasin den vier genannten höfischen Tugenden jeweils ein eigenes Buch gewidmet. Der Spruchdichter Boppe dagegen verpflichtete den Ritter im 13. Jahrhundert auf die althergebrachten Normen, indem er ihn aufforderte, seinen Leib in der Ehren Kleid zu hüllen. Er solle des Schildes Amt geziemend pflegen und Hüter des Friedens sein in Feld, Wald und Wegen, so dass Strauchdiebe (*unreht struchen*) vor ihm beben. Freigebigkeit (*milte*) und Tapferkeit (*manheit*) sollen sein Hort sein, und gern soll er Witwen und Waisen helfen.

Berühmt sind die Verse, in denen der noch in die erste Hälfte des 13. Jahrhunderts gehörende Spruchdichter Reinmar von Zweter den Repräsentanten des höfischen Ideals beschreibt: Wie ein Herr von freier Geburt Ritter und Knecht, Dienstmann und hörig sein kann, darüber soll sich niemand wundern. Eine freie Geburt kann nicht verhindern, dass ein Herr wohl frei ist und dabei doch ein Dienstmann der Ehre, ein Ritter seiner Tat, ein Knecht der Freigebigkeit und ein Höriger der Zucht. »Swelch hêrre alsus undersniten wære,/der dûhte mich ein hübscher wunderære:/hie vrî, dort dienestman, hie eigen,/ûf jenez ein rittr, ûf diz ein kneht,/wære er ze disen vünven reht,/ein künigîn solt im ir houbet neigen.« (Welcher Herr so »gemischt« ist, der deuchte mich jemand, der auf höfische Art wunderbar lebt. Hier frei, dort Dienstmann, hier hörig, dort ein Ritter, hier ein Knecht: Wenn er diesen Fünfen gerecht wird, dann sollte vor ihm eine Königin ihr Haupt neigen.) Spielerisch setzt Reinmar die gesellschaftlichen und rechtlichen Kategorien seiner Zeit ein, um diesen höfischen Idealmann im Dienst der ihm als Leitbild geltenden Tugenden und Wertvorstellungen zu zeigen. Nur um einen metaphorischen Dienst geht es hier, nicht mehr um den Dienst für einen Herrn, wenn auch die Begriffe daran denken lassen. Der Ritter ist eigenständig geworden: Ehre, Freigebigkeit und Zucht gegenüber besteht eine Dienstverpflichtung, die der Ritter selbstständig eingeht, und gleichsam selbstreferenziell bezieht er sich daher auf »seine« Tat. Der Dienstcharakter des *miles* hat ausgedient.

2. Auf dem Weg zum Ritter: Knappenzeit und Schwertleite

Da die Ritterwürde keinem Knaben in die Wiege gelegt war, sondern erst im Akt der Schwertleite beziehungsweise des Ritterschlags erworben werden musste, galten Kindheit und Adoleszenz eines jungen Adligen als Zeit der Vorbereitung und Einübung in die ritterlichen Fähigkeiten. Dazu gehörten sowohl das körperliche Training, die Fertigkeit, mit Waffen und Pferden umzugehen, als auch die Eingliederung in die adlig-ritterliche Gemeinschaft bei Hofe und das Erlernen rechten Verhaltens und feiner Sitten, der *curiales disciplinae*, der höfischen Zucht. Zu diesem Zweck pflegten Adlige ihre Söhne im Alter von zwölf bis vierzehn Jahren zu einem Verwandten oder an einen fremden Hof zum meist mehrjährigen Knappendienst zu schicken.

Der Begriff »Knappe« – lateinisch *puer* (Knabe), *armiger* (Waffenträger), *scutifer* (Schildträger, französisch *écuyer*, englisch *squire*) – hatte im Mittelalter mehrere Bedeutungen; er konnte – ebenso wie das Wort »Knecht« – sowohl den jungen Mann, der noch nicht Ritter war, be-

Die Umgürtung eines neuen Ritters mit dem Schwert, die so genannte Schwertleite, ist seit Mitte des 12. Jahrhunderts gut bezeugt. In dieser Miniatur aus der Chronik des Matthäus Parisiensis sieht man, wie der Promovend eingekleidet und dann die eigentliche Zeremonie vorgenommen wird. Danach legen zwei Knappen dem neuen Ritter die Sporen an.

zeichnen, womit dann in der Regel ein junger Adliger gemeint war, als auch allgemein einen Waffenknecht meist niedriger Herkunft im Dienst eines Ritters auf Kriegszügen oder in der heimischen Burg. Insofern kommt es darauf an, in welchem Zusammenhang von Knappen die Rede ist; allenfalls das aus *vassellitus* (kleiner Lehnsträger) abgeleitete Wort *valettus* scheint auf den am Hof dienenden Knappen aus »gutem Haus« beschränkt gewesen zu sein, wofür die *valetti imperatoris* in der Umgebung Friedrichs II. stehen mögen. Über die adligen Knappen an fremden Höfen verstärken sich die Beziehungen zwischen den königlichen und fürstlichen Häusern untereinander oder zwischen dem Fürstenhaus und den diesem lehnrechtlich verbundenen Familien; überhaupt förderten sie Kontakt und Kommunikation innerhalb der Adelsgesellschaft.

Die Knappenzeit diente in besonderer Weise der Vorbereitung auf die Erlangung der Ritterwürde, doch schon in der der *adolescentia* vorangehenden Phase des Knabenalters (*pueritia*) machte man die Söhne von Rittern mit der ritterlichen Welt vertraut und ließ ihnen eine Grundunterweisung in geistigen Fähigkeiten durch einen Lehrmeister (*magister litterae*) zukommen. Aus dem Spätmittelalter haben sich zum Beispiel turnierende Ritterfiguren als Kinderspielzeug erhalten, und im *Hortus deliciarum* der Herrad von Landsberg vom Ende des 12. Jahrhunderts ist dargestellt, wie Knaben turnierende Marionettenfiguren handhaben. Bereits für das Knabenalter wurde der Gemeinschaft mit anderen Gleichaltrigen Bedeutung beigemessen. So berichtet Wilhelm von Malmesbury anlässlich des Untergangs des »Weißen Schiffes« 1120 davon, dass zu den Ertrunkenen neben dem siebzehnjährigen Königssohn Wilhelm auch die *adolescentuli procerum filii* (die Kinder von Großen des Reiches) gehört hätten, die den König einst *pro colludio aetatis puerilis* (zum gemeinsamen Spiel im Knabenalter) umgeben hatten.

Neben dem Spiel und den *studia litterarum*, dem Unterricht zumeist anhand des Psalters, kam dem Training der körperlichen Fertigkeiten in den *saecularia exercitia* verstärkt Bedeutung zu, »sicut nobilibus pueris mos est« (wie es Brauch bei den adligen Knaben ist). In der Vita Graf Geralds von Aurillac aus dem 10. Jahrhundert ist davon die Rede, dass der junge Gerald den Umgang mit Hunden und Beizvögeln übte, vornehmlich mit Blick auf die im Leben eines ritterlichen Adligen eine wichtige Rolle spielende Jagd. Er erlernte das Bogenschießen und die Abrichtung von Jagdfalken und Habichten, Übungen, die im Jünglingsalter ihre Fortsetzung fanden an einem Fürstenhof in der Gemeinschaft Gleichaltriger. Vom Sankt Galler Abt Notker wird berichtet, er habe die Söhne seiner Lehnsleute (*milites*) in strenge Erziehung genommen und sie den Umgang mit Jagdvögeln lehren lassen. Weiter heißt es, der Abt habe ihnen bei der Entlassung aus dem Knappendienst Waffen und Geschenke überreicht und sich dadurch allenthalben eine gute *fama* erworben, was sowohl den Wert des Knappendienstes bei Hofe für einen jungen Adligen erkennen lässt als auch den gesellschaftlichen Gewinn, den ein fürstlicher Herr daraus ziehen konnte.

Das fortgeschrittene Jünglingsalter war aber vor allem die Zeit, in der sich der adlige Nachwuchs den *studia armorum et equorum*, der »Disziplin« Waffen und Pferde, widmete, wie dies Gaufredus Malaterra um 1100 am Beispiel Robert Guiskards und seiner sechs Brüder, der Kinder Tankreds von Hauteville, beschreibt: »Infantes vero ... pueriles annos transcendentes, cum iam adolescentiam, unus post alium, attigissent, coeperunt militaribus disciplinis adhaerere, equorum et armorum studia frequentare, discentes seipsos tueri et hostem impugnare.« (Als die Kinder aber mit Überschreiten des Knabenalters eines nach dem anderen das Jünglingsalter erreicht hatten, begannen sie, sich ritterlichen Fertigkeiten zu widmen, den Umgang mit Pferden und Waffen zu trainieren und dabei zu lernen, sich selbst zu schützen und den Gegner zu bekämpfen.)

Nicht minder wichtig war die Einübung in das Leben der Gemeinschaft und in das korrekte Verhalten gegenüber dem Höhergestellten, den Gleichrangigen und den Untergebenen, und gerade hierfür bot der Hof den willkommenen Rahmen. Seit der Karolingerzeit wirkte der Königshof als Magnet für die Söhne der Magnaten, wie etwa der 841/43 verfasste *Liber manualis* der Duoda für ihren am Königshof weilenden Sohn Wilhelm bezeugt. Daneben spielten auch die geistlichen Höfe als Stätten adliger Erziehung zur Vermittlung der *mores curiae*, der *elegantia morum*, der feinen Sitten, oder – um das nach der Mitte des

11. Jahrhunderts neu gebildete Wort zu gebrauchen – der *curialitas* (mittelhochdeutsch *hövescheit*) eine bedeutende Rolle, wie die jüngere Forschung herausgearbeitet hat. Hierunter verstand man ein ganzes Bündel an Eigenschaften und Verhaltensweisen, die seit dem 12. Jahrhundert in vielfältiger Überlieferung als Wertvorstellungen der höfischen Kultur und damit auch als Normen des höfischen Rittertums festgehalten wurden. Als soziale Tugend par excellence gehörte dazu Freigebigkeit (*largitas, milte*), ferner Heiterkeit (*hilaritas*), Liebenswürdigkeit (*iucunditas*), Leutseligkeit (*affabilitas*), Schönheit (*elegantia*), rechtes Maß (*moderatio, mâze*), Beständigkeit (*constantia, stæte*) und Sanftmut (*manusetudo*). Neben *curialitas/hövescheit* spielte auch die aus der Antike übernommene *urbanitas*, Inbegriff von feiner Art sowie Eleganz der Sprache und körperlichen Bewegung, eine Rolle im Diskurs über das angemessene Verhalten bei Hofe, das alle seine Angehörigen von der herrscherlichen oder fürstlichen Spitze bis hinab zu den Knappen an den Tag legen sollten. Im Ideal der *hövescheit*, bis heute nachwirkend in dem Begriff Höflichkeit, suchte man eine gesellschaftliche Grammatik, und dies bald nicht nur an den Höfen selbst, sondern auch darüber hinaus. Lehrgedichte des 12. Jahrhunderts, die sich auf die als Schullektüre seit dem frühen Mittelalter geläufigen *Disticha Catonis* stützten (wie das anonyme Gedicht *Facetus moribus et vita*, dessen »Titelstichwort« die höfische Tugend zierlicher Anmut meint), oder der *Liber Urbani* (geläufig als *Urbanus magnus*), um 1180 von Daniel von Beccles im Umfeld des englischen Königshofes entstanden, zeugen ebenso wie *Der welsche Gast* des Thomasin von Zerklaere, 1215/16 am Hof von Aquileia verfasst, vom pädagogischen Elan der höfischen Kultur, der sich in den hauptsächlich die Tischsitten betreffenden *Livres de manières* des späteren Mittelalters fortsetzte.

Thomasin von Zerklaere weist im ersten Buch seines Werkes, in dem er Verhaltens- und Tugendlehren für die höfische Jugend sammelte, darauf hin, welchen pädagogischen Nutzen die *juncherren* (junge Adlige im Knappenstatus) aus der Beschäftigung mit Persönlichkeiten der Dichtung wie Gawein, Erec, Iwein, König Artus, König Karl, König Alexander und manchen anderen ziehen können. Das lässt die Gurnemanz-Lehre im *Parzival*, die Schilderung von Alexanders Erziehung im

Alexanderlied des Pfaffen Lamprecht oder im *Alexanderroman* Rudolfs von Ems, von Lanzelots Erziehung bei Ulrich von Zatzikhoven und von Tristans Erziehung bei Gottfried von Straßburg in anderem Licht erscheinen: Die hier vor Augen beziehungsweise Ohren geführte höfische Formung von Identifikationsfiguren sollte die Herzen der Hörer öffnen. Im frühen 15. Jahrhundert hat dann der Eisenacher Ratsschreiber und thüringisch-landgräfliche Kapellan Johannes Rothe in seinem *Ritterspiegel* in enger Anlehnung an die *Disciplina clericalis* des Petrus Alfonsi (um 1110–1120) das ritterliche Erziehungsprogramm noch einmal umfassend behandelt.

Die historische Überlieferung bietet viele aufschlussreiche Belege für das Leben der *juncherren* im Knappendienst. Ordericus Vitalis spricht im frühen 12. Jahrhundert davon, dass Robert de Grandmesnil fünf Jahre lang als Knappe Herzog Wilhelms von der Normandie gedient habe, bevor dieser ihn mit Waffen ausrüstete und zum Ritter machte. Einem Brief Herzog Heinrichs des Löwen an König Ludwig VII. von Frankreich ist zu entnehmen, dass Heinrich den Sohn eines seiner Vasallen als Knappen (*puer*) an den Pariser Hof gegeben hat und den französischen König freundschaftlich einlädt, im Gegenzug Knaben an seinen Hof zu senden, von denen Ludwig wolle, dass sie »terram nostram vel linguam« (unser Land und seine Sprache) kennen lernen. Nach der Chronik Giselberts von Mons hat Graf Balduin V. vom Hennegau 1189 in Kaiserswerth seinen gleichnamigen Sohn König Heinrich VI. »ad discendam linguam Theutonicam et mores curie« (zur Erlernung der deutschen Sprache und der Sitten des [kaiserlichen] Hofes) anvertraut.

Über Herzog Welf V. von Bayern († 1120) berichtet die *Historia Welforum*, dass er sein Haus in bester Ordnung gehalten habe, weshalb die Edelsten der beiden Herzogtümer (gemeint sind Bayern und Schwaben) darin wetteiferten, ihm ihre Söhne zur Erziehung anzuvertrauen. Der junge Graf Arnulf II. von Guînes hat, wie Lambert von Ardres in seiner Geschichte des gräflichen Hauses mitteilt, seine Kinderjahre in der Heimat beim Vater (Graf Balduin II.) verbracht. Als er zu männlicher Stärke, hier und dort auf Turnieren bereits erprobt, gewachsen war, schickte man ihn an den Hof seines Lehnsherrn Graf

Philipp von Flandern, »moribus erudiendus et militaribus officiis diligenter imbuendus et introducendus« (damit er im rechten Verhalten erzogen und in die ritterlichen Geschäfte sorgfältig eingeführt werde). Hier sei er mit Recht unter die ersten Jünglinge des flandrischen Adels gerechnet worden. Denn obwohl er noch nicht den Ritterschlag (*militarem alapam*) erhalten hatte, sei er waffentüchtig gewesen, ansehnlich in seinen Sitten, bekannt durch seinen höfischen Witz (*curialis facecia*), dienstfertig, in seiner Freigebigkeit fast verschwenderisch, heiteren Antlitzes, allen Gleichaltrigen bei Hofe an Schönheit überlegen, mild gestimmt gegenüber jedermann und leutselig, kurz: Er habe bei allen und in allen Dingen Wohlgefallen gefunden. Damit stellt Lambert von Ardres dem jungen Grafen ein ausgezeichnetes Zeugnis aus, das er nur hinsichtlich der Neigung zur Verschwendung etwas einschränkt.

Ein derart perfekter junger Herr war reif für die Ritterwürde, und so geht Lambert denn auch sogleich zu diesem Thema über: Angesichts seines Alters und der Eminenz seiner Tüchtigkeit beschloss der junge Graf Arnulf, sich mit den ritterlichen Gelübden in die Ritterschaft einzuschreiben (*militaribus sacramentis ascribi*), und da er seinem Vater den Ruhm seiner *milicia*, seiner Ritterwürde, reservieren wollte, obwohl auch Graf Philipp von Flandern ihn gern zum Ritter gemacht hätte, brach er mit dessen Erlaubnis zum Vater in die Heimat auf. Dieser rief nun seine Söhne, Verwandten und Freunde für den heiligen Pfingsttag des Jahres 1181 an den Hof nach Guînes, gab dem Sohn den Ritterschlag (*militarem alapam*) und machte ihn durch die ritterlichen Gelübde (*militaribus sacramentis*) zum vollkommenen Mann. Mit Arnulf wurden vier weitere Knappen aus Familien der gräflichen Umgebung zu Rittern erhoben, und sie alle feierten mit köstlichen Speisen und Getränken dieses freudige Ereignis.

Kaum mit dem Rittergewand bekleidet, stellte Arnulf die Ministerialen, Knappen (*gartiones*), Schauspieler, Possenreißer, Gaukler und alle, die seinen Namen riefen und verkündeten, zufrieden und empfing für seine Belohnung deren Lob und Gunst. Am Tag darauf wurde er in einer feierlichen Prozession zur Kirche von Ardres geleitet, wo er unter Glockengeläut und dem Lobgesang von Mönchen und Geistlichen vom jubelnden Volk empfangen wurde.

Die Erhebung zum Ritter war ein zeremonieller Akt, der zweifellos den Höhepunkt des ritterlichen Lebens darstellte: die Schwertleite, das heißt die feierliche Umgürtung mit dem Schwert als Zeichen der erlangten Ritterwürde. Die Vorstellung von der Übernahme des ritterlichen Amtes, des *ordre de chevalerie*, wie Chrétien de Troyes im *Conte du graal* formuliert, zeigt an, dass es sich bei der Schwertleite um einen *rite de passage* handelt. Das vorausgehende Reinigungsbad und die Einkleidung des Promovenden, wie sie in der Rittererhebung Gottfrieds Plantagenet durch Jean Rapicault, Mönch des Klosters Marmoutier, 1127 beschrieben werden, unterstreichen den Charakter des Ritus ebenso wie die *Ordinacio militis*, der liturgische Text einer Ritterweihe aus Süditalien aus dem 12. Jahrhundert.

Damit rücken zwei Aspekte in den Vordergrund, die die Forschung beschäftigen: das Verhältnis der Rittererhebung zur Herrscherkrönung, für die nachweislich seit Mitte des 10. Jahrhunderts ein liturgischer Ordo benutzt wurde, und die Rolle der Kirche bei der Schwertleite. Man hat nachweisen können, dass die feierliche Übergabe der Waffen an den mündig und damit herrschaftsfähig gewordenen Sohn des Herrschers oder Fürsten eine lange, erstmals in der Karolingerzeit belegte Tradition hat. So umgürtete Ludwig der Fromme 838 seinen Sohn Karl mit den *arma virilia* (erläutert als Schwert), den Waffen des erwachsenen Mannes, und ebenso hat der mündig gewordene Heinrich IV. um Ostern 1065 im Alter von vierzehn Jahren das Schwert angelegt, wobei Erzbischof Eberhard von Trier den kirchlichen Segen erteilte. Schon hier sind wichtige Elemente der späteren Form der Rittererhebung zu erkennen, nämlich die Bindung des Zeremoniells an ein kirchliches Fest und der kirchliche Segen, der den Waffen, aber auch ihrem Träger gegolten haben mag. Der Text eines solchen Schwertsegens wie die *Benedictio ensis noviter succincti* stimmt genau mit der entsprechenden Passage im Krönungsordo überein, in der es um die Überreichung des Schwerts an den König als Schützer der Schwachen und Verteidiger des Glaubens geht, zwei Funktionen, die bekanntlich gleichermaßen für den *miles* definiert worden sind.

In der Traktatliteratur aus der zweiten Hälfte des 12. Jahrhunderts, etwa bei Gerhoch von Reichersberg in seiner Schrift *De investigatione*

Antichristi (1160/62) oder in dem für König Philipp II. von Frankreich um 1200 geschriebenen *Fürstenspiegel* Helinands von Froidmont, wird die Bedeutung des Schwertsegens und der Ritterweihe (*consecratio militis*) behandelt; vereinzelt finden sich auch in den literarischen Schilderungen einer Rittererhebung und in historischen Zeugnissen aus der Zeit um 1200 Hinweise auf die Verkirchlichung der Zeremonie, die in neuen Elementen wie der Nachtwache des in Waffen stehenden Promovenden in einer Kirche zum Ausdruck kommt. Messe und Schwertsegen tauchen in der mittelhochdeutschen Epik bei Gottfried von Straßburg und im *Nibelungenlied* auf.

Seit der zweiten Hälfte des 12. Jahrhunderts lässt sich ferner beobachten, dass sich der Akt der Schwertleite – das Wort ist seit etwa 1160 belegt – vom genauen Zeitpunkt des Mündigwerdens gelöst hat und zu einem eigenständigen Zeremoniell der ritterlichen Kultur geworden ist. Es sind nun eher die zeitlich frei gewählten Stationen im Leben eines Adligen, etwa die Einsetzung in die Herrschaft oder in ein Lehen sowie die Hochzeit, mit denen sich die Ritterpromotion verbindet. So beeilte sich nach dem Zeugnis Giselberts von Mons Graf Balduin V. vom Hennegau 1163, seinen Neffen Matthäus zum Ritter zu machen (*militem ordinare festinavit*) und ihn damit in den Stand zu versetzen, die Herrschaft über das Land zu übernehmen. Philipp, der 1177 geborene Sohn Friedrich Barbarossas, ließ sich, als er mit zwanzig Jahren heiratete, zuvor mit den Waffen umgürten. Dem Sohn des Guten Gerhard in der gleichnamigen Dichtung des Rudolf von Ems (1220/25) blieb »als einem knehte« seine Gemahlin in der Hochzeitsnacht versagt, »wan er niht worden was ze man nâch ritterlîchem rehte« (da er noch nicht zum Mann nach ritterlichem Recht geworden war). Was in der Dichtung anklingt, ist für Graf Meinhard II. von Görz und Tirol für 1258 bezeugt, der die Ehe mit Elisabeth, der Witwe Konrads IV., erst vollziehen durfte, nachdem er mit dem *cingulum milicie*, dem Rittergürtel, in feierlicher Form umgürtet worden war.

Die Ritterpromotion konnte durchaus auch losgelöst von solchen *situations de passage* stattfinden. Das traf zu auf die Rittererhebung des bereits fünfzigjährigen Grafen Raimund von der Provence, die Friedrich II. im Jahre 1235 auf Bitten von dessen Schwiegersöhnen, dem englischen und dem französischen König, vollzog. Die gekrönten Häupter hatten es für unwürdig erachtet, dass ihr Schwiegervater kein Ritter war. Zu erwähnen wäre auch die berühmte Schwertleite der Söhne Friedrich Barbarossas, König Heinrichs VI. und Herzog Friedrichs V. von Schwaben, auf dem Mainzer Hoftag zu Pfingsten 1184. Bei beiden spielte weder das Mündigwerden noch die Herrschaftsübernahme eine Rolle, vielmehr ging es dem Kaiser wohl darum, die Söhne auf diese Weise in die höfische Gesellschaft einzuführen und den Glanz des Stauferhauses zu demonstrieren.

Damit gerät der politische Aspekt der Rittererhebung in den Blick. Er tritt vor allem bei den Massenpromotionen hervor, die den oft zahlreichen *commilitones* prominenter *milites novi* zuteil wurden. Durch die im gemeinsamen Erlebnis der Graduierung gestiftete Solidarität der neuen Ritter suchte der Herrscher oder Fürst den an ihn gebundenen Adel zusammenzuführen. So sollen im Jahre 1125 mit dem Sohn des Markgrafen Leopold von Österreich 120 weitere Söhne des Adels mit dem Schwert umgürtet worden sein. In der Dichtung des 13. Jahrhunderts, etwa im *Nibelungenlied* oder bei dem späteren Ulrich von Lichtenstein, liest man noch von weitaus höheren Zahlen. Von besonderer Wirkung erwies sich, wenn alle gleich gekleidet waren; bei der Schwertleite Wilhelms »von Orlens« habe es, so schildert es Rudolf von Ems, sechzig *gesellen* gegeben, die die gleichen kostbaren Gewänder trugen wie Wilhelm.

An solchen Massenpromotionen, die auch auf Kriegszügen stattfanden und für den Dritten Kreuzzug überliefert sind, nahmen gewiss auch Angehörige unterer adliger Schichten bis hin zur Ministerialität teil. Dagegen fehlen Zeugnisse für die individuelle Schwertleite von Ministerialen weitgehend. Dies sollte allerdings nicht zu der Annahme verleiten, es habe sie nicht gegeben. Eine zeitweise in ihrer Zuverlässigkeit angezweifelte, inzwischen aber rehabilitierte Quelle, die Vita des Mainzer Erzbischofs Arnold von Selenhofen († 1160), berichtet, dass Arnold, der selbst ministerialischer Herkunft war, den gleichnamigen Sohn des verstorbenen Mainzer Ministerialen Mengot mit dem *cingulum militare* umgürtet und mit zahlreichen Lehen des Erzstifts beschenkt habe.

Die Forschung hat in der Zusammenschau der literarischen und historischen Zeugnisse zum höfischen Zeremoniell der Schwertleite herausgestellt, dass die Bestandteile dieses Zeremoniells variierten, zeitlich wie regional. So lassen sich Übereinstimmungen, aber auch Unterschiede zwischen dem bereits erwähnten Bericht des Jean de Marmoutier über die Ritterpromotion Gottfrieds Plantagenet und den beiden Schilderungen einer Schwertleite im *Conte du graal* ausmachen, wobei die Letzteren wiederum voneinander abweichen. Zu den Kernelementen haben die feierliche Einkleidung des Ritters, das Anlegen der goldenen Sporen durch denjenigen, der den Hauptakt vollzog, oder durch assistierende Knappen und nicht zuletzt die Überreichung des Schwertes gehört. Anderes wie das Bad oder die Nachtwache konnten als örtliche Gewohnheiten hinzutreten, was Helinand von Froidmont in seinem *Fürstenspiegel* ausdrücklich vermerkt.

Angesichts der späteren Bedeutung des Ritterschlags, der in Frankreich im Laufe des 13. Jahrhunderts, in Deutschland von der zweiten Hälfte des 14. Jahrhunderts an bezeugt ist, hat sich die Forschung immer wieder mit seinen Anfängen beschäftigt. Die ersten Belege finden sich im *Conte du graal* Chrétiens von Troyes – Gawein gab jedem der Knappen die *colee* – und in der um 1200 von Lambert von Ardres verfassten Geschichte der Grafen von Guînes, in der mehrmals von der *alapa militaris* die Rede ist, unter anderem in den hier zitierten Passagen. Die Isoliertheit der historischen Belege gab der Forschung mehrfach Anlass, die Echtheit von Lamberts Werk in Frage zu stellen. Dies ist heute nicht mehr der Fall, und man hat überdies zu bedenken gegeben, dass es sich bei dem in seinem Werk beschriebenen Zeremoniell vielleicht zunächst und für längere Zeit nur um eine regionale Gewohnheit gehandelt hat, da die ältesten Zeugnisse aus Flandern und dessen Umfeld stammen, wo auch der *Conte du graal* entstanden sein soll.

Im Übrigen gewinnt man den Eindruck, als sei der als Backenstreich ausgeführte Ritterschlag Ende des 12. Jahrhunderts noch nicht lange in Übung gewesen. Denn Lambert von Ardres hält es an zwei Stellen für angebracht, seinem Publikum diese auf den ersten Blick entehrende Handlung zu erläutern: Der auf seiner Rückreise nach

England im Sommer 1170 in Guînes weilende Thomas Becket habe die dem Grafen Balduin II. im Rahmen der Schwertleite versetzte *alapa* durch Geschenke »ausgeglichen« (*variis redemit munusculis*), und anlässlich der Schwertleite von Balduins Sohn Arnulf an Pfingsten 1181 heisst es, der Vater habe den Ritterschlag erteilt, »ei militarem non repercutiendus dedit alapam« (ohne dass er einen Vergeltungsschlag hätte bekommen dürfen). Das neue Ritual musste also der vom Ehrgefühl geprägten Adelsgesellschaft noch vermittelt werden.

Auch wenn in urkundlichen wie historiografischen Quellen immer wieder von Ritterpromotionen durch Könige, weltliche und geistliche Fürsten die Rede ist, so scheint die Erhebung zum Ritter angesichts der hohen Kosten – ein Fürst konnte für die Schwertleite des Sohnes die so genannte Rittersteuer bei Vasallen und Untertanen erheben – und angesichts der mit dem Ritterstatus dauerhaft verbundenen materiellen Belastungen im Laufe des 13. Jahrhunderts eher selten geworden zu sein. Das von dem aus dem fränkisch-mitteldeutschen Raum stammenden Berufsdichter mit Namen der Stricker um 1250 gestaltete Streitgespräch zwischen zwei Knappen, von denen der eine Ritter werden will, der andere nicht, legt vom Spannungsfeld zwischen traditioneller Idealvorstellung und realistischer Kosteneinschätzung ein anschauliches Zeugnis ab. Die meisten ritterbürtigen Niederadligen blieben im späteren Mittelalter Knappen (*armigeri*) oder Edelknechte (*servi nobiles*), deren Rüstung im Unterschied zu der der Ritter silberne Sporen aufwies. Die einstige Altersphase wurde zum Status. Fortan bildeten die »Ritter und Knechte« die unterste Stufe der adligen Gesellschaftspyramide.

3. Höfisches Fest, Turnier und Jagd

Rittertum und Hof waren auf vielfältige Weise miteinander verbunden. Es gab die zum festen Hofstaat gehörenden Hofritter (*milites curiae*), die vom Herrn des Hofes von Zeit zu Zeit mit prachtvollen Rüstungen und kostbaren Gewändern ausgestattet wurden, wie dies etwa von Herzog Welf VI. und seinem Hof für die Zeit des späten

12. Jahrhunderts überliefert ist. Hofritter bildeten das ständige Gefolge eines Fürsten und repräsentierten in ihrer Pracht seinen Glanz. In besonderer Weise kam dies zur Geltung, wenn anlässlich eines Festes, einer *hôchzît*, wie im Mittelhochdeutschen für die aus dem Alltag herausgehobene Zeit gesagt wurde, zahlreiche Menschen versammelt waren. Dabei mochte ein Großer an seinem eigenen Hof eine Feier wie die Schwertleite des Sohnes veranstalten, zu der der ritterliche Adel des Landes geladen wurde, oder der Herrscher für eine *curia*, einen Hoftag als Rahmen politischer Beratung und Entscheidung, viele Fürsten um sich scharen; diese erschienen dann mit ihrer Ritterschaft, bestehend aus Hofrittern und burgsässigen Adligen, und trachteten sich im edlen und bisweilen auch unedlen Wettstreit zu überbieten.

Das Wort *curia* (Hof), ein Schlüsselbegriff der mittelalterlichen Kultur, bezeichnete nicht nur die persönliche Umgebung des Herrn und eine Ämterorganisation, sondern auch eine Versammlung, also ein vorübergehendes Ereignis, und da solche Versammlungen oft festlich-spielerischen Charakter hatten, meinte es nicht zuletzt ein Fest, ein Hoffest. Wie nahe die Dinge beieinander lagen, wird daran deutlich, dass »Hof-(lein)« im späten Mittelalter Fest oder Turnier, ritterliches Waffenspiel oder Hochzeit bedeuten konnte.

Mit Turnier und Hochzeit, Hoftag und Schwertleite sind die wesentlichen Typen höfischer Feste des hohen und späten Mittelalters genannt, bei denen das Rittertum eine Rolle spielte. Dabei stand es bei Schwertleiten und Turnieren im Mittelpunkt, während es auf Hoftagen oder bei Fürstenhochzeiten eher den glänzenden Rahmen bildete. Es konnte auch vorkommen, dass sich mehrere der genannten Elemente zu einem Fest verbanden, etwa Hochzeit und ritterliches Waffenspiel oder Hoftag, Schwertleite und Turnier, wie dies bei der *curia famosissima*, dem hochberühmten, von Kaiser Friedrich Barbarossa veranstalteten Mainzer Hoffest an Pfingsten 1184, geschah. Zeitgenössische und spätere Chroniken, etwa die *Sächsische Weltchronik* (wohl um 1230), haben diesen Hof in seiner Größe und Einzigartigkeit gerühmt: »Dat was de groteste hochtit en, de ie an Dudischeme lande ward. Dar worden geachtet de riddere uppe viertich dusent ân ander volk.« (Das war das größte Fest, das es je in Deutschland gab. Da wurden um die 40000 Ritter geschätzt, ohne das andere Volk.) Der Dichter Heinrich von Veldeke († um 1200) rühmt den Mainzer Tag gar im weltgeschichtlichen Rahmen, wenn er in seinem um 1190 vollendeten Roman *Eneas* schreibt, von keinem Fest gehört zu haben, das so groß wie Äneas' Hochzeit gewesen sei, »wan diu ze Meginze was,/die wir selve sâgen« (außer dem, das zu Mainz stattfand, das wir selbst gesehen haben).

Wenn die *Sächsische Weltchronik* berichtet, dass Herzog Heinrich der Löwe zu diesem Fest nach Mainz gekommen sei, bei dem König Heinrich und Herzog Friedrich von Schwaben, die Söhne Kaiser Friedrichs, Ritter geworden sind, so gerät die große Politik eines solchen Hoftages – vier Jahre zuvor war Heinrich der Löwe entmachtet und ins Exil nach England geschickt worden – in den Blick. Die ritterliche Feier der Schwertleite aber findet vor vielen tausend Rittern statt, die gleichsam in einem Atemzug mit den Großen des Reiches genannt werden. Dies bedeutet gewiss nicht, dass im Zeichen des Rittertums die ständischen Unterschiede der Gesellschaft aufgehoben worden wären, aber es wird hier doch auf das Rittertum als verbindendes gesellschaftliches Merkmal hingearbeitet. Dabei fällt auf, dass die zitierte Chronik die zahlreich zu diesem Hoftag und Pfingstfest erschienenen Fürsten gar nicht erwähnt. Sie um sich zu versammeln und die Größe und den Glanz des staufischen Königtums zu demonstrieren, war indes zweifellos ein wesentliches Anliegen Kaiser Friedrich Barbarossas, der im Laufe seiner langjährigen Regierung einige Niederlagen und Demütigungen, vor allem in Italien, hatte einstecken müssen. Fest und Politik bilden hier, wie oft im Mittelalter, die zwei Seiten ein und derselben Medaille.

In der Tat erschienen in Mainz Erzbischöfe, Bischöfe und Äbte, Herzöge, Markgrafen und Pfalzgrafen, Grafen, Adlige und Ministerialen aus dem ganzen Reich nördlich der Alpen, wie der ausführlichste Chronist dieser *curia*, Giselbert von Mons, Kanzler des Grafen Balduin V. vom Hennegau, berichtet. Er vermerkt genau, mit wie vielen Rittern die einzelnen Großen gekommen sind: Herzog Leopold V. von Österreich, als *miles probus et largus* (tüchtiger und freigebiger Ritter) gerühmt, mit 500 Rittern, Landgraf Ludwig III. von Thüringen mit

1000 Rittern und mehr, während Erzbischof Philipp von Köln gar mit 1700 Rittern erschienen sein soll. Der Chronist Otto von Sankt Blasien weiß sogar von französischen, slawischen, italienischen und spanischen Teilnehmern zu berichten, kurz: Der Mainzer Hoftag war ein europäisches Ereignis.

Um der unglaublichen Menschenmenge Herr zu werden, hatte man außerhalb der Stadt auf einer weiten Ebene für den Kaiser ein Palais mit einer geräumigen Kirche aus Holz errichtet, in dessen Umkreis die Häuser der Fürsten standen. Da jeder dieser Magnaten seinen ganzen Ehrgeiz daransetzte, die anderen an Pracht und Würde zu übertreffen, scheuten sie keine Kosten und Mühen bei der Ausgestaltung der Bauten. So entstand ein festliches Spiegelbild der rund um den kaiserlichen Mittelpunkt miteinander wetteifernden Fürsten.

Dem klösterlich-strengen Beobachter Otto von Sankt Blasien missfällt – ganz im Gegensatz zum weltläufig-höfischen Giselbert von Mons – die Pracht und Ruhmessucht der Söhne dieser Welt, die bunte Zeltstadt, der Überfluss der Speisen, die Vielfalt der Kleidung, der Schmuck der Pferde, die Freude an den Spektakeln. Dass ein heftiger Sturmwind das hölzerne Palais und viele der anderen Häuser zum Einsturz bringt, deutet er als Strafe Gottes für das hochmütig-weltliche Treiben von Hof und Ritterschaft. Solche Stimmen der Kritik ertönten damals im Konzert des reichen chronikalischen Widerhalls jedoch selten.

Das mehrtägige Fest begann an Pfingsten mit einem feierlichen Gottesdienst, bei dem Friedrich Barbarossa und seine Gemahlin Beatrix unter der kaiserlichen Krone und ihr Sohn Heinrich unter der königlichen Krone schritten. Mehrere Fürsten beanspruchten das Recht, das Reichsschwert, Symbol der kaiserlichen Macht, dem Herrscher voranzutragen. Das war eine Frage der Ehre, der bei einem öffentlichen Ereignis dieser Art eine ebenso große Bedeutung zukam wie der Freude und der harmonischen Heiterkeit aller Teilnehmer. Dass der Kaiser den Rangstreit in Mainz schließlich zu Gunsten des Grafen vom Hennegau entschied, fand nach der Darstellung Giselberts von Mons aus drei Gründen allgemeine Billigung: Balduin trug einen großen Namen, war neu am Kaiserhof (und schien deshalb wohl unbelastet)

Das Festmahl König Davids aus dem um 1180 entstandenen Psalmenkommentar des Petrus Lombardus ist die Darstellung eines ritterlichen Hochzeitsmahls. Mit höfischer Geste fasst der Bräutigam seiner Gemahlin unter das Kinn, ein Musikant spielt auf, und von der Seite treten Mundschenk und Truchsess, durch den Stab als Hofamtsträger gekennzeichnet, hinzu und bieten in kostbaren Gefäßen Speisen und Getränke an.

und hatte viele Verwandte unter den anwesenden Fürsten und Adligen.

Dem Festgottesdienst schloss sich das aufwändige Gastmahl (*convivia*) an, wobei die Tischgemeinschaft Eintracht und Frieden ausdrücken sollte beim *vroelîchen schall* der von Trompetern, Pfeifern und Lautenspielern zu Gehör gebrachten Musik. Seinen besonderen Glanz erhielt das Fest aber zweifellos durch die Schwertleite der Kaisersöhne am Pfingstmontag. Zu deren Ehre hätten, so Giselbert, diese selbst sowie alle Fürsten und andere Adlige den anwesenden gefangenen Rittern (*militibus captivis*), Kreuzfahrern, männlichen und weiblichen Spielleuten (*ioculatoribus et ioculatricibus*) Pferde, kostbare Gewänder, Gold und Silber geschenkt. Dabei seien Fürsten und Adlige nicht nur zur Ehre ihrer Herren, des Kaisers und seiner Söhne, sondern auch zur Verbreitung des Ruhms ihres eigenen Namens allzu freigebig mit ihrem Besitz umgegangen. Selten ist das Ziel der *largitas* (Freigebigkeit) in der höfischen Kultur, nämlich die eigene Ehre und den eigenen Ruhm zu mehren, so klar umrissen worden, wobei auch hier ein kritischer Unterton unüberhörbar ist. Propagatoren adligen Ruhms aber waren die *ioculatores*, auch *histriones* genannt, die Gaukler, Schauspieler, marktschreierischen Ausrufer. Während die Kirche ein Geschenk an diese »unehrlichen« Leute verpönte, war eine solche Investition aus Sicht des Adels keineswegs Verschwendung, vielmehr erwartete man eine Gegenleistung, die umso größer war, je üppiger die Gabe ausfiel.

An zwei Tagen des Mainzer Festes veranstalteten der Kaiser und die zwei Kaisersöhne zusammen mit etwa 20000 Rittern ein *gyrum*, eine Art Schaureiten. Dabei erfreuten sich die Teilnehmer, die keine Rüstung trugen, an der Führung der Schilde, Speere und Banner sowie am Lauf der Pferde, setzten aber die Lanzen nicht zum Stoß ein – insofern unterschied sich das *gyrum* vom gleichfalls ohne Rüstung durchgeführten Buhurt als ritterlichem Kampfspiel mit Einsatz der Waffen. Das *gyrum* zu Mainz sollte ebenfalls die Gemeinsamkeit ritterlicher Kultur vom Kaiser bis zu den Ministerialen vor aller Augen bekräftigen. Allerdings wurde Friedrich Barbarossa eine Vorrangstellung eingeräumt: Obgleich er die anderen weder an Körpergröße noch an Schönheit übertraf, habe er geziemenderweise seinen Schild vor allen

Musikanten und Spielleute, wie sie diese spanische Miniatur aus dem 10. Jahrhundert zeigt, trugen schon im früheren Mittelalter zur Freude und Heiterkeit eines höfischen Festes bei und wurden von den Adligen bei solchen Anlässen oft reichlich entlohnt. Vor allem die Spielleute, die körperliche Verrenkungen vollführten, waren der Kirche jedoch ein Dorn im Auge, weshalb Heinrich III., ein der Kirchenreform aufgeschlossener Herrscher, sie 1043 bei seiner Hochzeit mit Agnes von Poitou unentlohnt von dannen ziehen ließ.

Übrigen geführt, assistiert von dem seine Lanze tragenden Hennegaugrafen – ein Hinweis auf die »Spielregel«, wonach eigentlich nicht der soziale und politische Rang, sondern das körperliche Erscheinungsbild Kriterium bei der Gestaltung eines solchen *ludus militaris* war.

Seinen krönenden Abschluss sollte der Mainzer Pfingsthoftag mit einem Turnier bei Ingelheim unweit von Mainz finden, doch ist dieses auf Rat der Fürsten abgesagt worden, vermutlich unter dem Eindruck der Sturmkatastrophe. Man darf annehmen, dass in erster Linie die geistlichen Fürsten interveniert haben, da das Turnier der Kirche ein Dorn im Auge war. Indem ihre Kritik und Gegnerschaft zur Sprache kommt, kann ein erster Zugang zu diesem bedeutsamen Element ritterlicher Kultur und Lebensformen gelingen.

Das erste Mal nahm die Kirche auf dem Konzil von Clermont im Jahre 1130 gegen die damals offenbar aufblühende Praxis des ritterlichen Turnierwesens Stellung und wiederholte dies in der Folgezeit mehrfach, auf päpstlicher Ebene beim dritten Laterankonzil 1179: »Detestabiles illas nundinas vel ferias, quas vulgo torneamenta vocant, in quibus milites ex condicto convenire solent, et ad ostentationem virium suarum et audaciae temere congredi, unde mortes hominum et animarum pericula saepe proveniunt, fieri prohibemus.« (Wir verbieten die Abhaltung jener verabscheuungswürdigen Märkte, die man gemeinhin Turniere nennt, bei denen Ritter verabredungsgemäß zusammenzukommen und zur Demonstration ihrer Kräfte und Kühnheit blindlings aufeinander zu treffen pflegen, was häufig tödlich verläuft und das Seelenheil gefährdet.)

Hier werden bereits einige Gründe für die kirchliche Ablehnung genannt: das spielerische, nicht zielgerichtete Kräftemessen, die tödlichen Gefahren. Zu Beginn des 13. Jahrhunderts hat dann der französische Prediger und Chronist Jakob von Vitry in einer Predigt *Ad potentes et milites* vorgebracht, dass die Turnierkämpfer sich der sieben Todsünden schuldig machten: des Hochmuts, da nur eitler Ruhm erstrebt wird; des Neides, da jeder dem anderen den Erfolg neidet; des Hasses, weil einer den anderen schlägt, verwundet und tötet; der Habsucht, weil einer den anderen gefangen nimmt und seiner Waffen sowie seines Pferdes beraubt; der Vergnügungssucht, weil die Ritter für waffentüchtig gehalten werden wollen, um schamlosen Frauen zu gefallen, deren Insignien sie gleichsam als Fahnenzeichen tragen. Im Spiegel dieser Kritik werden die Wesensmerkmale des Turniers sichtbar: Ruhm- und Ehrgewinn, agonaler Wettstreit, Besitzerwerb, emblematische Verbundenheit mit den zuschauenden Damen. Der steiermärkische Ritter Ulrich von Lichtenstein hat in seinem um 1250 geschriebenen *Frauendienst* dieselbe Medaille auf die andere Seite gedreht und fünf positiv besetzte Motive dafür angeführt, warum Ritter an Turnieren teilnähmen: aus Hochstimmung (*durch hôhen muot*), wegen materiellen Gewinns (*umb daz guot*), im Dienst der Damen (*durch diu wîp*), zu Übungszwecken (*durch lernen*) und um des Ruhmes willen (*durch prîs*).

Es ist angesichts des bei Jakob von Vitry aufgeführten Sündenregisters nur konsequent, dass die Kirche denjenigen, die im Turnier ums Leben kamen, das christliche Begräbnis verweigerte. Davon wollte nach dem Bericht des *Chronicon montis sereni* auch Erzbischof Wichmann von Magdeburg nicht abweichen, als 1175 Graf Konrad aus dem Haus der Wettiner im Turnier durch einen Lanzenstoß getötet wurde. Nur der geballte Einsatz der Verwandtschaft und das Zeugnis für die Reue und Bußfertigkeit des Sterbenden haben der Familie die Schande erspart. Die Kirche hat im Übrigen lange am Turnierverbot festgehalten, wenn sie es auch zeitweise, etwa im Vorfeld eines Kreuzzugs, aussetzte, weil sie die Funktion des Turniers als *exercitium militare*, als militärische Übung, mithin als Manöver für den ernsten Kampf, durchaus anerkennen musste. Erst 1316 wurde es von Papst Johannes XXII. gänzlich aufgehoben.

In der Tat gehörte die Gefährlichkeit geradezu wesenhaft zum Turnier, das ein *simulacrum belli* sein sollte, das Abbild eines ernsten Reiterkampfes, bei dem es darauf ankam, in Formation die Pferde zu wenden und mit eingelegter Lanze auf die Gegner loszustürmen. Insofern ist es nicht verwunderlich, dass zu Beginn des 12. Jahrhunderts die Belege für Turniere auch einen ernsten Kampf meinen konnten. Das gilt für Frankreich, wo der 1062 ums Leben gekommene Gottfried von Preuilly das Turnier erfunden haben soll, wie für Deutschland. Der Begriff war ebenso janusköpfig wie die Sache. Auch die bei Giselbert von Mons erwähnten *torneamenta*, die auf offenem Feld zwischen Städten und Burgen als eine von zwei adligen Gruppen vereinbarte Begegnung stattfanden, ähnelten bis hin zur Gefangensetzung von Gegnern dem Muster des militärischen Konflikts. Allerdings hat als wesentlicher Unterschied zu gelten, dass ein Turnier in der Sphäre von Frieden und Freundschaft stattfand und zeitlich begrenzt war. Wenn in den von Giselbert von Mons geschilderten Fällen den Gefangenen die Freiheit sogar ohne Entgelt zurückgegeben wurde, so lag dies an der *generositas* des Grafen Balduin V. vom Hennegau.

Ein solches höfisches Verhalten, wie Graf Balduin V. es an den Tag legte, war keineswegs selbstverständlich und gehörte nicht zu den Bedingungen des Turniers, denn dann hätte ein Guillaume le Maréchal nicht so enormen materiellen Gewinn aus Turnieren ziehen können, dass er schließlich zum Earl of Pembroke und zum Regenten von England während der Minderjährigkeit König Heinrichs III. (1216–1219) aufstieg. Am Beispiel des Grafen Balduin zeichnet sich im Übrigen eine Tendenz ab, die man als Verhöflichung des Turniers bezeichnen könnte. Das ritterliche Kampfspiel wird nun immer mehr in den Rahmen des höfischen Festes einbezogen, was in Deutschland erstmals 1184 bei dem – allerdings nicht zu Stande gekommenen – Turnier von Ingelheim als Teil der Mainzer *curia* zu beobachten ist.

Mit dieser Entwicklung ging die Entfaltung einer Vielzahl von Spielarten des Turniers einher: Neben der Massenbegegnung, der so genannten *mêlée*, gab es, was schon für das ausgehende 12. Jahrhundert belegt ist, die Tjost, den Lanzenkampf zweier Ritter, oder allgemein das *hastiludium* (Lanzenspiel). Hiermit konnte auch der so genannte Buhurt gemeint sein, eine bereits in der *Kaiserchronik* um 1150 erstmals belegte Form des Ritterspiels ohne Harnisch. Den Buhurt hat die Kirche als notwendige Übung für den ernsten Kampf sogar den Rittern des Templerordens ausdrücklich erlaubt. Aus der Tjost entwickelte sich im späteren Mittelalter das Stechen und Rennen mit stumpfen oder auch scharfen Waffen, und wenn daran zwei Gruppen beteiligt waren, sprach man vom Gesellenstechen oder Gesellenrennen. Die Tjost erfreute sich sowohl in der höfischen Festkultur als auch in der sie nachzeichnenden Dichtung großer Beliebtheit, weil hier die Leis-

Vor den Augen zahlreicher Zuschauer – darunter viele Damen – treffen zwei vollgerüstete Reiter im Einzelkampf der Tjost aufeinander. Die hohen Sättel geben ihnen Halt, denn es kommt darauf an, im Sattel zu bleiben. Gewonnen hat, wem es gelingt, im Anlauf mit dem Stoß der eingelegten Lanze den Gegner vom Ross zu werfen. Die Pferde tragen im Unterschied zum Schlachtross keine Rüstung, da das Lanzenspiel gezielt auf den gegnerischen Reiter ausgerichtet ist. Die Illustration stammt aus einem französischen Manuskript des Lanzelot-Romans aus dem 13. Jahrhundert.

tung des einzelnen Ritters ganz anders zur Geltung oder zur Darstellung kommen konnte als in einer Massenbegegnung.

Eine weitere Variante des Turniers ist die Tafelrunde, eine spielerische Umsetzung der Gemeinschaft der besten Ritter aus der Artusepik und somit ein aufschlussreiches Zeugnis für die Einwirkung literarischer Sujets auf die ritterlich-höfische Fest- und Spielkultur. In diesem aus einer Kette von Tjosten bestehenden Spiel führten die Ritter die Namen der Helden aus dem Artuskreis und pflegten dabei das in der *matière de Bretagne* gestaltete Leitmotiv der seriellen Herausforderung zum Kampf. Die Tafelrunde ist wohl in England entstanden und war dort – nach einem Verbot des Parlaments von 1232 zu schließen – sehr beliebt. Sie ist erstmals 1223 auf Zypern belegt, das damals als englisches Lehen in der Hand der Lusignans war, einer in der Kreuzzugsbewegung stark engagierten adligen Familie aus Südwestfrankreich. Der Chronist Philipp von Novara berichtet von einem Turnier in Artusritterkostümen, das anlässlich der Schwertleite eines Sohnes des Kreuzfahrers Johannes von Ibelin, Herrn von Beirut, auf Zypern veranstaltet worden sei. Auch die Artusfahrt, die Ulrich von Lichtenstein im *Frauendienst* dichterisch gestaltet hat, gehört in den Kontext der Tafelrunde, wobei in diesem Fall die ritterliche Minnewerbung als Element des höfischen Turniers im Vordergrund steht. Zum Jahre 1235 berichtet der Chronist Alberich von Trois-Fontaines, dass sich in Hesdin in Flandern flandrische Barone im Rahmen der Kreuznahme in einer *tabula rotunda* geübt hätten. In Deutschland, wo die Tafelrunde erstmals zur Mitte des 13. Jahrhunderts im Versroman *Reinfried von Braunschweig* belegt ist, spielte sie vor allem im ritterlich-bürgerlichen Milieu der Städte eine Rolle, etwa bei dem mit einer Tafelrunde verbundenen Magdeburger Gralsfest in der Zeit um 1280.

Literarische Sujets prägten im Übrigen nicht nur die Gestaltung der Fest- und Spielkultur, sondern auch das Ambiente adlig-ritterlichen Wohnens. Ein eindrucksvolles Zeugnis dafür hat sich aus dem frühen 13. Jahrhundert auf Schloss Rodenegg in Südtirol erhalten. Hier haben die Herren von Rodank, Ministerialen im Dienst der Bischöfe von Brixen, die Wände eines etwa vier mal sieben Meter großen Raums im Erdgeschoss des Palas ihrer Burg mit Szenen aus der

Geschichte des Artusritters Iwein ausmalen lassen. Höfischer Erzählstoff wurde dauerhaft vergegenwärtigt als anschauliche Kulisse für den Vortrag von *aventiuren*, Sagen, Geschichten – eine beliebte Form von adliger Geselligkeit, wie sie Lambert von Ardres für den Hof des Grafen von Guînes schildert und mit Hinweis auf die Themen Karl der Große, Roland und Olivier, König Artus, Tristan und Isolde und andere mehr illustriert.

Wie für andere Bereiche des Rittertums gilt auch für das aus der französischen Ritterkultur stammende Turnier die Wende um 1200 als Sattelzeit. Mit seinen Varianten verband es sich aufs Engste mit der höfischen Festkultur, verlor mit der Veränderung der Bewaffnung – die Lanzen wurden durch ein so genanntes Krönlein stumpf gemacht – an Schärfe und Gefährlichkeit, gewann aber an höfischer Finesse durch die anspornende Gegenwart der Damen. Höfische Feste wie die Schwertleite verknüpften sich mit der Turnierkultur – was schon der *Erec*-Roman bezeugt –, da bei dieser Gelegenheit der oder die neuen Ritter sogleich ihre Tüchtigkeit demonstrieren konnten. Auch Hochzeit und Buhurt wurden zu einem festlichen Paar, wofür es in der historischen Überlieferung wie zeitgenössischen Dichtung zahlreiche Belege gibt. Für das späte 13. Jahrhundert bezeichnet es die *Bayerische Fürstenchronik* des 14. Jahrhunderts ausdrücklich als Gewohnheit, dass bei Hoftagen Lanzenstechen veranstaltet werden (*sicut moris est in curiis regum*). Während des Nürnberger Hoftags Rudolfs von Habsburg im Jahre 1290 war bei einem solchen *hastiludium* der bayerische Herzogssohn Ludwig ums Leben gekommen. Der Chronist, der die feierliche Beisetzung Ludwigs im wittelsbachischen Hauskloster Fürstenfeld miterlebte, erwähnt diese Gewohnheit offenbar, um das Verhalten des jungen Unglücksraben zu erklären und quasi zu entschuldigen. Dabei lässt er nicht unerwähnt, dass sich Ludwig an diesem Spiel *contra morem principum* (gegen fürstliche Gewohnheit) und gegen den Rat vieler daran beteiligt habe.

Es gibt bereits aus der Mitte des 12. Jahrhunderts ein Zeugnis fürstlichen Selbstverständnisses, das auf Distanz geht zu solchem Zeitvertreib. In einem in der Reinhardsbrunner Briefsammlung überlieferten Brief ermahnte Landgraf Ludwig II. von Thüringen seinen jüngeren Bruder Heinrich Raspe, er solle eingedenk der ruhmvollen Stellung ihres Hauses unter den erlauchtesten Fürsten des Reiches von den *militares ludi inutiles* (unnützen ritterlichen Waffenspielen) ablassen, an denen er sich in seiner Jugend erfreut, aber auch der Lebensgefahr ausgesetzt habe, und seine Kraft und Energie auf die Reichsgeschäfte richten, wie es einem Fürsten gezieme.

Der Landgraf übt hier mit anderen Argumenten als die Kirche Kritik am aufblühenden Turnierwesen und wirft damit ein Licht auf die Spannung, die zwischen ritterlicher Lebensform und fürstlichem Regierungsgeschäft herrschte. Auch das Lebensalter führt er ins Feld. Dementsprechend berichten chronikalische Quellen zumeist von Turnieren der jungen (unverheirateten) Adligen; mit der *dignitas* einer verantwortlichen Position war solches Ritterspiel offenkundig nur schlecht zu vereinbaren.

»Milites venationibus, piscationibus, torneamentis, hastiludiis, amplexibus vacabant.« (Die Ritter widmeten sich der Jagd, dem Fischfang, dem Turnier und Lanzenspiel sowie Liebesabenteuern.) So charakterisiert eine Beschreibung der Zustände im Elsass aus dem späten 13. Jahrhundert das Leben der dortigen Ritter. Jagd und Fischfang erscheinen hier an erster Stelle unter den »Beschäftigungen«. In der Tat gehörte das Weidwerk – anders als das erst seit der Wende vom 11. zum 12. Jahrhundert gepflegte Turnier – schon immer zur Kultur des mittelalterlichen Adels, der ebenso wie das Königtum hierin weitaus mehr sah als die Bereicherung der Tafel, nämlich eine dem Vergnügen und der Entspannung dienende gesellige Veranstaltung und nicht zuletzt die ausgreifende, in repräsentativen Formen gestaltete Wahrnehmung von Herrschaftsrechten.

Die konstitutive Bedeutung der Jagd für den adligen Status lässt sich am Verhalten von Aufsteigern ermessen: Als die Meier des Klosters Sankt Gallen um die Mitte des 11. Jahrhunderts ihre abhängige Verwaltungsposition in der klösterlichen Grundherrschaft hinter sich lassen wollten, begannen sie, wie der Chronist Ekkehard IV. beklagt, blanke Schilde und Rüstungen zu tragen und die Hörner mit anderem Klang als die Bauern zu blasen. Sie hegten Hunde für die Jagd auf Hasen, dann auf Wölfe und schließlich sogar auf Bären und Eber, kurz:

Sie wollten der Jagd frönen, wie sich das für Männer gezieme. Auch Bernhard von Clairvaux, der in *De laude novae militiae* die Prunkliebe, die seidenen Pferdedecken, die gold-, silber- und edelsteingeschmückten Rüstungen und die langfließenden Gewänder der *militia saecularis* kritisiert, tadelt indirekt die Leidenschaft der Ritter für die Jagd, insbesondere die Beizjagd, indem er das kontrastierende Bild der Tempelritter entwirft: »abhorrent venationem, nec ludicra illa avium rapina, ut assolet, delectantur« (sie verabscheuen die Jagd und finden keine Freude an jenem spielerischen Beutezug der Vögel).

Unzweifelhaft ist die Jagd im späten 12. und frühen 13. Jahrhunderts ein Bestandteil adlig-ritterlicher Lebensformen. Nachgewiesen ist, dass sie neben Gastmählern und anderen Vergnügungen zum festlichen Leben Herzog Welfs VI. gehörte. Der *Codex Falkensteinensis* der bayerischen Grafen von Falkenstein aus der Zeit um 1170 enthält Belege dafür, dass in den Burgen Spieße für die Bärenjagd, die neben der Jagd auf Rotwild und Eber eine wichtige Rolle spielte, aufbewahrt wurden. Wildgehege gab es in der Pfalz Friedrich Barbarossas in Kaiserslautern; sie kommen auch vor im *Erec*-Roman des Hartmann von Aue als ummauertes Zubehör der königlichen Burg. Und nicht zuletzt profiliert Lambert von Ardres in reizvollem Vergleich und mit kritischer Note das Jagdinteresse Graf Balduins II. von Guînes: Bei Sonnenaufgang habe er eher auf das Horn des Jägers als auf die Glocke des Priesters, begieriger auf die Stimme des Windhunds als auf die des Kapellans gehört. Die Falkenjäger hätten ihn leichter aus dem Schlaf gerissen als die Priester. Mehr habe er sich für den Habicht und den die Lüfte durchkreisenden und zustoßenden Falken als für den predigenden Priester begeistert.

Wie der Umgang mit Waffen und Pferden – sei es für den Krieg oder für ein Turnier – vom jungen Adligen zu üben war, so gehörte es zu seinen Aufgaben, sich mit der Jagd vertraut zu machen: mit der Abrichtung der Hunde und Vögel, dem Gebrauch von Jagdwaffen wie Bogen, Spieß und Schwert, und nicht zuletzt mit der Kunst, das erlegte Tier zu »zerwirken«. In dem um 1210 entstandenen *Tristan*-Roman Gottfrieds von Straßburg beherrscht der Held diese Kunst und beeindruckt die Jagdgesellschaft König Markes, so dass dieser ihn zum

Im berühmten »Codex Manesse« sind einige Jagdszenen überliefert. Man sieht König Konradin (1252–1268), den Enkel Friedrichs II., in Begleitung eines Gefährten beim Ausritt zur vornehmen Falkenjagd. Das silberne, mit der Zeit geschwärzte Kreuz im Schild ist möglicherweise ein Hinweis auf Konradins Anspruch auf das Königreich Jerusalem.

Eine andere Miniatur aus dem Codex zeigt den Minnesänger Heinrich Hetzbold von Weißensee in Thüringen, der sich der Eberjagd widmet. Der berittene Jäger fängt vom Pferd aus einen Eber ab, den die Hunde gestellt haben. Der Minnesänger und einer der beiden Begleiter erlegen das Wild, während sich der andere Begleiter mit Horn und Spieß auf einen Baum geflüchtet hat.

Jägermeister an seinem Hof ernennt. Die Kunst der Jagd als ritterlich-höfisches Handwerk ist auch Gegenstand des Traktats *De arte bersandi* (Über die Kunst der Pirschjagd), der ebenfalls aus dem frühen 13. Jahrhundert stammt. Der unbekannte Autor, offensichtlich deutscher Herkunft und in Kontakt mit dem Hof Friedrichs II., beruft sich dabei auf die Kenntnisse eines deutschen Ritters namens Guicennas, der auf allen Gebieten der Jagd, insbesondere aber der Pirschjagd, berühmt sei. Bei der im unwegsamen Waldgebiet üblichen Pirschjagd wurde das Wild mit Hunden und Treibern gejagt und mit der Armbrust geschossen, während es bei der Treibjagd in offenerem Gelände mit Pferden und Hunden über weite Strecken bis zur Erschöpfung gehetzt wurde.

Als ausgesprochen höfische Variante galt die Beizjagd. Sie war zwar schon im früheren Mittelalter bekannt, kam aber erst durch die Berührung des europäischen Rittertums mit dem Orient und der dort verfeinerten Kunst der Falkenbeize an den abendländischen Fürstenhöfen des 12. und 13. Jahrhunderts zur Blüte. Damen nahmen an allen Jagdarten teil, wie das Beispiel der Königin Dido im Roman *Eneas* des Heinrich von Veldeke zeigt, insbesondere aber an der Falkenjagd. Die gemischte Jagdgesellschaft zog hoch zu Ross aus, wobei alle einen kunstvoll vom Falkner gezähmten Falken auf der Hand trugen und von ihren Windspielen (Windhunden) begleitet wurden. Diese hatten die Aufgabe, das mit Armbrust oder Bogen schwer zu erlegende Geflügel aufzuscheuchen, so dass die losgelassenen Federspiele (Falken, Habichte, Sperber) es jagen konnten. Das Vergnügen der Gesellschaft bestand in der gemeinsamen Beobachtung der Jagdvögel, während die Falkner für den organisatorischen Ablauf der Beize sorgten.

Welche Eigenschaften ein Falkner besitzen sollte, wie ein Falke zu dressieren sei, damit befasste sich Kaiser Friedrich II. in seinem berühmtem *Liber de arte venandi cum avibus* (entstanden zwischen 1240 und 1248). Der Kaiser, selbst ein leidenschaftlicher Jäger, suchte darin unter Benutzung arabischer und anderer Vorlagen, vor allem aber auf der Basis eigener Wahrnehmung und Beobachtung der Tierwelt, die Vogeljagdkunst zu einer Wissenschaft für den Unterricht an Fürstenhöfen zu machen, zu einer *scientia* als Teil der Naturphilosophie. Damit sollte sie über den Rang einer *ars mechanica* erhoben werden, als welche die Jagd bis dahin – auch für den Verfasser des Traktats über die Pirschjagd – gegolten hatte.

Für Friedrich erwuchs die Aufwertung der Kunst der Beizjagd nicht zuletzt aus der Tatsache, dass sie vorwiegend von Adligen betrieben wurde und schon deshalb von hervorragender Würde sei. Dies lenkt den Blick vom Höhenflug kaiserlicher Wissenschaft wieder auf die Jagd als Lebensform höfisch-ritterlicher Kultur. Hier kommt in der Tat der Beizjagd als einer Ritter- wie Damenwelt faszinierenden *delectatio* eine besondere Rolle zu. Die wohl von einer Frau gesprochenen schönen Verse des Kürenbergers legen davon in der metaphorischen Sprache der höfischen Minne Zeugnis ab: »Ich zôch mir einen valken mêre danne ein jâr./dô ich in gezamete, als ich in wolte hân,/und ich im sîn gevidere mit golde wol bewant,/er huop sich ûf vil hôhe und vlouc in ánderiu lant.« (Ich zog mir einen Falken länger als ein Jahr. Als ich ihn gezähmt, so wie ich ihn haben wollte, und ich sein Gefieder mit Gold fein umwunden hatte, da hob er sich auf in die Höhe und flog in andere Lande.)

Zum Bild des Ritters ebenso wie der Dame gehörte als Epitheton ornans der Falke, Zeichen der Gunst, die diesem Tier galt, aber gewiss auch und nicht zuletzt Zeichen des adligen Status im Symbol des edlen Weidwerks.

4. Ritter, Dame, Kleriker – Höfische Begegnungen

Auf mittelalterlichen Frauensiegeln sieht man nicht selten eine Dame, die einen Falken auf der Hand trägt. Eine Federzeichnung in der Heiligenkreuzer Handschrift des Vogelbuchs Hugos de Folieto († 1172/74) zeigt einen sitzenden Kleriker mit einem Buch, über ihm eine Taube (*columba*) als Symbol für die sanfte *vita contemplativa*, sowie einen von Hund und Beizvogel begleiteten Ritter zu Pferde, darüber einen Habicht (*accipiter*) als Symbol für die zupackende *vita activa*. Damit sind die Träger höfischer Kultur in den Blick gerückt, deren Zuordnung und gegenseitige Prägung Aufmerksamkeit verdienen.

Schon im 12./13. Jahrhundert ging es in Streitgedichten um das Problem, wer denn als höfischer Liebhaber vorzuziehen sei, der Kleriker oder der Ritter. Einem Gespräch zweier junger adliger Damen in der Sammlung der *Carmina Burana* ist dazu Folgendes zu entnehmen: »factus est per clericum miles Cythereus« (durch den Kleriker ist der Ritter zum Minnediener gemacht worden).

Zunächst ist daher nach dem Verhältnis von Ritter und Kleriker bei Hofe zu fragen, die beide hier so pointiert einander gegenübergestellt werden. Der Dichter Freidank erklärt in seiner um 1220/30 erschienenen Spruchsammlung *Bescheidenheit*, dass Gott *driu leben geschaffen* habe, nämlich *gebûre, ritter und pfaffen* – die von einem vierten Leben, dem *wuocher* (gemeint sind die Kaufleute), einem Geschöpf des Teufels, drangsaliert würden. Damit greift er die altbekannte Drei-Stände-Lehre auf und versieht sie mit zeitgemäßen Begriffen: Ritter und Pfaffen, *milites* und *clerici*, das sind die einstigen *pugnatores* und *oratores*. Nach landläufiger Vorstellung sollten sie in ihrer Aufgabe und Stellung nichts miteinander gemein haben, doch lehrt ein Blick auf die Welt der Fürstenhöfe um 1200 etwas anderes.

Schon immer bot der Hof mit seinem Ämterwesen den Rahmen für Begegnung und Annäherung von Laien und Klerus: hier die mit Geistlichen besetzte Kanzlei und Kapelle, dort die weltlichen Hofamtsträger, der Truchsess, Mundschenk, Kämmerer und Marschall, ferner die im fürstlichen Dienst stehenden Knappen und Hofritter. Im 12. Jahrhundert tauchen neben der Pauschalbezeichnung des Hofpersonals als *curiales* (Höflinge) des Öfteren *clerici* und *milites* in der Umgebung der Fürsten auf – ein Zeichen für die Wahrnehmung beider Gruppen in ihrem Verhältnis zueinander. Diese Wahrnehmung lässt sich genauer fassen, wenn man auf das kulturelle Unterscheidungsmerkmal in den Augen der Zeitgenossen achtet: auf der einen Seite die Kleriker als *litterati*, das heißt Leute, die Lateinisch lesen, schreiben und sprechen können, was für die Verwaltungstätigkeit in der Kanzlei ebenso erforderlich war wie für den liturgischen Dienst in der Hofkapelle; auf der anderen Seite die ritterlichen Laien als *illitterati*.

Bei dieser klaren Gegensätzlichkeit bleibt es im höfischen Milieu nicht, vielmehr finden sich Adlige, vornehmlich in Frankreich und

Im »Liber avium« des Hugo de Folieto (um 1200) sind gleichsam unter einem Dach der Kleriker als Vertreter der »vita contemplativa« und der Ritter für die »vita activa« dargestellt. Dem entsprechen – auf ein und derselben Stange sitzend – Taube und Habicht. Auf der Klerikerseite wird das »Haus« von der Wand der heiligen Überlegungen, auf der Ritterseite von der Wand der guten Taten begrenzt. Während der Kleriker ein Buch studiert, reitet der Ritter, in fließende höfische Gewänder gehüllt, mit Hund und Falken einher.

England, vereinzelt auch in Deutschland, die als *litterati* bezeichnet werden, also eine geistige Erziehung neben den *studia armorum et equorum* erhalten haben. In der im 12. Jahrhundert geschriebenen Vita des Grafen Fulco des Guten von Anjou († um 960) heißt es, er habe bisweilen im Klerikergewand bei Lesungen und Psalmengesang mitgewirkt. Als ihn die Höflinge des Königs von Frankreich darob verspotteten, habe er dem König einen Brief geschrieben, in dem er seine Bildung verteidigte und dem König vorhielt: »Rex illitteratus est asinus coronatus« (Ein ungebildeter König ist ein gekrönter Esel).

In diesem Fulco zugeschriebenen Diktum spiegelt sich zweifellos das Klima an den Königshöfen des 12. Jahrhunderts, deren geistiges Interesse und Leben zunehmend in den Blick der Forschung geraten. Es ist bekannt, dass vor allem am Hofe Heinrichs II. von England die *litterae*, die geistige Bildung, für die Laien wichtig und erstrebenswert wurde; in dem geistige Schulung voraussetzenden Schatzamt sind dort einige *milites* tätig gewesen. Nach dem Zeugnis Wibalds von Stablo war Konrad III. ein *litterarum amator*, ein Liebhaber geistiger Kultur; *litterati* wie *illitterati* erfreuten sich am Stauferhof gemeinsam gelehrter Scherze. Dabei ist generell bedeutsam, dass nicht nur die höfischen *milites* den Austausch mit den *clerici* gesucht haben, sondern Letztere auch an höfisch-ritterlichen Erzählstoffen interessiert waren. Frühe Beispiele dafür sind die im Dienst des anglonormannischen Königshauses stehenden Kleriker Wace († 1171), der in seinem *roman de Brut* die Artusthematik behandelt und die Tafelrunde literarisch eingeführt hat, und Benoît de Sainte-Maure mit seinem gleichermaßen nachwirkenden *roman de Troie*. In diesem Werk hat sich das höfische Rittertum seiner Zeit als Erfüllung der antiken Präfiguration sehen können; im Prolog befasst Benoît sich mit dem gemeinsamen Bildungsanspruch von Hofklerus und Rittertum. Auch das Leben Alexanders des Großen und Karls des Großen hat der Klerus den Rittern vermittelt: Der nicht näher einzuordnende »Pfaffe« Lamprecht gestaltete um 1150 den Alexanderstoff – die Fassung wurde Ende des 12. Jahrhunderts im so genannten Straßburger Alexander höfisch geglättet –, während der »Pfaffe« Konrad, Verfasser des *Rolandslieds* um 1170, dem Hof Heinrichs des Löwen zugeordnet werden kann und neuerdings mit dessen Kapellan und Magister Konrad dem Schwaben gleichgesetzt wird.

Das Aufeinandertreffen von Rittern und Klerikern im Rahmen einer gemeinsam gepflegten höfischen Kultur tritt besonders deutlich im Bericht Lamberts von Ardres über Graf Balduin II. von Guînes und das Leben an dessen Hof hervor. Der Graf sei zwar *laicus* und *illitteratus* und in den freien Künsten nicht bewandert gewesen, habe aber gleichwohl mit gelehrten *doctores* disputiert. »Unde et clericos miro venerabatur affectu. Ab illis enim divinum accepit eloquium, et eis, quas a fabulatoribus accepit, gentilium nenias vicario modo communicavit et impartivit.« (Daher schätzte er auch die Kleriker mit auffallender Zuneigung. Von jenen empfing er nämlich das göttliche Wort, und er übermittelte ihnen im Gegenzug Heldenlieder, die er von fahrenden Sängern vernommen hatte.) Auf diese Weise durch die Kleriker belehrt, habe Graf Balduin *quasi litteratus* in Diskussionen Rede und Antwort stehen können.

Mit *quasi litteratus* weist der Autor Balduin eine Position zwischen den traditionellen Polen »Gebildet« und »Ungebildet« zu. Ferner beschreibt er, wie sich *clerici* und *milites* wechselseitig Kunde von ihrer eigenen Kultur geben und dies am Hof in einen neuen Zusammenhang bringen. Den Stab der höfisch-ritterlichen Dichtung haben die Kleriker bekanntlich gegen Ende des 12. Jahrhunderts an die Ritter weitergegeben, aber weiterhin verblieb ihnen die Aufgabe der höfischen Erziehung, über die sich Petrus Alfonsi, Hofarzt am Hof König Alfons' I. von Aragón, zu Beginn des 12. Jahrhunderts in seiner *Disciplina clericalis* ausführlich verbreitet hat. Dieser pädagogische Zug ist ein Wesensmerkmal der höfisch-ritterlichen Kultur, denn dem Hof geht es im Unterschied zu den hohen Schulen nicht um die Pflege der *litterae*, des Bildungs- und Wissensgutes, sondern um Verhalten und Haltung. Der Hof gilt als Schule des Lebens.

Die allmähliche Verhöflichung des Kriegers fand allerdings nicht jedermanns Beifall. Es gab Stimmen, die hierin eine Entfremdung der Waffenträger von ihrer eigentlichen, tradierten Rolle als tüchtiger Kämpfer und Beschützer sahen. Geistige Tätigkeit, so wurde argumentiert, schade der Kriegstauglichkeit; insofern war Illiteratheit in den Augen vieler dem Ansehen des Ritters durchaus nicht abträglich. Neben den von den Klerikern geförderten moralischen Tugenden und Normen höfischer Finesse lebte offensichtlich ein älteres Wertesystem fort, in dem Körpergröße, Kraft und Kühnheit zählten. Über Jahrhunderte hält sich der Vorwurf der Verweichlichung (*effeminatio*) der Ritter, noch im späteren 14. Jahrhundert taucht er in Honoré Bouvets (Bonnets) Werk mit dem bezeichnenden Titel *L'Arbre des batailles* auf und richtet sich offenkundig gegen die höfischen Ritter. Auch was der Chronist Wilhelm von Tyrus über das Versagen Graf Philipps von Flandern und seines Heeres im Heiligen Land berichtet, das sich nicht mit aller Kraft der erfolgreichen Belagerung des Kastells Harenc gewidmet habe, sondern dem Würfelspiel, Trinkgelagen und amourösen Abenteuern verfallen sei, gehört in diesen Zusammenhang. Solches Verhalten brandmarkte auch der Philosoph und Geschichtsschreiber Johannes von Salisbury in seinem 1156/59 verfassten *Policraticus*, indem er behauptete, dass dies gar keine wahren *milites* mehr seien. Mit seinem »Reformprogramm« plädiert er für eine *militia*, die allein nach militärischen Qualitäten ausgesucht sein soll; damit deckt sich seine Vorstellung von der *simplicitas armatae militiae* mit dem Bild des illiteraten Ritters.

Ein solches Ritterbild wurde in den höfischen Streitgesprächen über den *miles* und den *clericus* naturgemäß nicht angestrebt. In dem zu Beginn des 12. Jahrhunderts entstandenen *Liebeskonzil zu Remiremont*, in dem zwei Parteien des Nonnenklosters in den Vogesen ein Streitgespräch führen, werden die Kleriker als leutselig, anmutig und liebenswürdig gepriesen. Ihnen seien *curialitas* und Rechtschaffenheit eigen, sie verstünden sich nicht auf Täuschung und üble Rede, und in der Liebe hätten sie Erfahrung. Sie machten schöne Geschenke und hielten Wort. Die Ritter dagegen beschreibt die »Kleriker-Partei« in Gedichten dieser Art als ungeschlacht, kampfbesessen und grob. Die »Ritter-Partei« setzt dagegen, dass die Ritter Mut hätten und glänzende Waffen, sie seien dienstbereit und besäßen manchmal sogar größere *elegantia* als die Kleriker. Die besten Noten erteilt den Rittern die Verfasserin eines in der Tegernseer Briefsammlung überlieferten Briefes: »Ipsi [gemeint sind die Ritter] enim sunt, per quos, ut ita dicam, reguntur iura curialitatis. Ipsi sunt fons et origo totius honestatis.« (Sie selbst sind es nämlich, durch die sozusagen die Satzungen der *hövischeit* geprägt werden. Sie selbst sind Quelle und Ursprung aller Ehrenhaftigkeit.)

Mit diesem Urteil tritt wieder die Dame ins höfische Spiel. Die Frau bei Hofe assoziiert eine Fülle von Aspekten, die die Forschung seit langem beschäftigen und die vielfach strittig sind: das Frauenbild in der höfischen Dichtung, der ihr geleistete Minnedienst, wie er im Minnesang überliefert ist, die zivilisierende Wirkung der Frau bei Hofe, die anspornende Rolle beim Turnier, die Fürstin als Gönnerin der Dichter, aber auch das weibliche Gefolge, die Hofdamen, das später so genannte Frauenzimmer, und nicht zuletzt die höfische Liebe.

Angesichts der Fülle dichterischer und historischer Überlieferung lassen sich Stellung und Rolle der Frau bei Hofe und in der höfischen Kultur nicht leicht und schon gar nicht pauschal bestimmen. An der Spitze der höfischen Gesellschaft stehen Fürstinnen, die sich durch die Förderung der höfischen Literatur auszeichnen: Eleonore von Aquitanien hat als Gemahlin zweier Könige, zuerst Ludwigs VII. von Frankreich, dann, nach Scheidung der Ehe, Heinrichs II. von England, das höfische Leben und die höfische Kultur ihrer Zeit nachhaltig geprägt; sie gibt sich als Gönnerin der Dichter Wace und Benoît de Sainte-Maure zu erkennen und hat in dieser Funktion über ihre Töchter gleichsam weitergewirkt: Marie, die Gemahlin Graf Heinrichs I. von der Champagne, und Alice, Gemahlin Thibauts V. von Blois, haben die Epiker Chrétien de Troyes und Gautier d'Arras gefördert. Neben diesen beiden Töchtern aus Eleonores erster Ehe machte sich ihre Tochter aus der Ehe mit Heinrich II., Mathilde, die Ehefrau Heinrichs des Löwen, als Gönnerin am Braunschweiger Hof einen Namen, indem sie gemeinsam mit dem Herzog den Pfaffen Konrad zur Übertragung des französischen *Rolandsliedes* anregte. Auch Kaiserin Beatrix, die Gemahlin Friedrich Barbarossas, und die Herzogin Clementia, Ehefrau Herzog Bertholds V. von Zähringen, beides Frauen aus dem westeuropäischen Kulturkreis (Beatrix stammte aus Burgund, Clementia aus Nordfrankreich), haben Dichter begünstigt. Ferner sind Agnes, die Gemahlin Herzog Friedrichs II. von Österreich, zu nennen und Margarethe von Kleve, an deren Hochzeit Heinrich von Veldeke teilnahm. Bei diesem Ereignis ist dem Dichter allerdings ein Teil seines Äneas-Manuskripts geraubt worden, so begehrt war höfische Dichtung damals.

Die im späten 12. Jahrhundert enorm anschwellende Literaturproduktion, die den Fürstenhof und das höfische Fest als Forum der Darbietung wählte, bekräftigt, wie sehr gerade die fördernde Fürstin im Mittelpunkt höfischer Geselligkeit gestanden hat. Gewiss hat dazu auch der bei solcher Gelegenheit zur Stiftung »hohen Mutes« vorgetragene Minnesang beigetragen, jene vor allem aus der Begegnung mit der provenzalischen Lyrik auf dem Zweiten Kreuzzug erwachsende höfische Liebeslyrik in Deutschland. Sie setzte um die Mitte des 12. Jahrhunderts ein mit dem so genannten donauländischen Minnesang (Kürenberger, Burggraf von Regensburg) und gelangte über den Stauferhof (Friedrich von Hausen, Bligger von Steinach, Reinmar der Alte) und Fürstenhöfe wie den thüringischen (Heinrich von Morungen, Wolfram von Eschenbach) im Werk des bedeutendsten deutschen Lyrikers des Mittelalters, des »fahrenden Sängers« Walther von der Vogelweide, zur höchsten Blüte. Ihre Wirkung auf das höfische Leben und die höfische Freude entfaltete sich ganz unabhängig von dem tatsächlich geleisteten Frauendienst.

Bei den festlichen Anlässen des Turniers oder der Beizjagd waren die adligen Damen zugegen; weitere höfische Gelegenheiten der Begegnung lassen die paarweisen Gruppierungen von Rittern und Damen beim Mahl, beim Tanz oder beim festlichen Einritt erkennen. Eine solche höfische Begegnung von Dame und Ritter beschreibt Wolfram von Eschenbach in seinem um 1217 entstandenen Roman *Willehalm*, der die große kriegerische Auseinandersetzung zwischen Christen und Heiden auf dem Feld Aliscans bei Arles zum Thema hat und in Zeiten der Kreuzzüge die christliche Toleranzidee behandelt. Angelpunkt der Darstellung ist Arabel, die vom Markgrafen Wilhelm von Orange entführte und zur Frau genommene Tochter des Heidenkönigs Terramer. Arabel lässt sich taufen und nimmt den Namen Gyburg an. Wochenlang verteidigt sie allein mit den Frauen ihrer Umgebung die Stadt Orange gegen die einen Rachefeldzug in

Zu den um 1250 für den Westchor des Naumburger Doms geschaffenen Standbildern des Naumburger Meisters gehören als »primi fundatores« dieser Bischofskirche der Markgraf Hermann von Meißen († 1038) und seine Frau Reglindis, Tochter des polnischen Königs Bolesław Chrobry. Der zeitgenössischen Mode entsprechend trägt Hermann unter dem weit geöffneten Mantel die ärmellose, mit Knöpfen verschlossene Suckenie. Mit der linken Hand hält er Schwert und Schild, die gegen seinen Körper gelehnt sind. Reglindis greift in höfischer Geste mit ihrer Rechten in die den Mantel zusammenhaltende Tasselschnur. Die linke Hand rafft den Mantel, so dass er in üppigem Faltenwurf herabfällt.

die Provence unternehmenden Heiden. Als sich mit der Ankunft eines christlichen Entsatzheeres die Lage entspannt, soll ein festlicher Empfang zur Ehre der Fürsten im Heer gegeben werden.

Aus diesem Anlass wendet Gyburg sich an ihre Hofdamen (*juncfrouwen*) und fordert sie auf, die schönsten Gewänder anzulegen, sich zu schmücken, zu schminken und zu frisieren, damit sie lieblich (*minneclich*) aussähen. Sollte ein Liebe begehrender Mann ihnen den Minnedienst anbieten, müssten sie darauf achten, dass er dessen nicht bald überdrüssig werde, sondern der Abschied ihn schmerze. Weiter sollten sie einer Regel der *hövischeit* eingedenk sein und sich so benehmen, als sei ihnen von den Feinden kein Leid geschehen. Nach ihrem Unglück befragt, sollten sie nicht zu redselig sein, sondern ihre Aufmerksamkeit liebenswürdig (*gesellecliche*) den Belangen des Ritters schenken: »Ir sitzet hie und dort,/parrieret der rîter iuch beneben,/dem sult ir die gebærde geben/daz iuwer kiusche im sî bekant./bi vriundinne vriunt ie ellen vant:/diu wîplîche güete/gît dem man hochgemüete.« (Ihr werdet überall sitzen, jeweils einen Ritter neben euch; dem gegenüber sollt ihr euch so verhalten, dass er euren reinen Sinn erkennt. Der Mann findet durch die Geliebte zur Tapferkeit, die Vortrefflichkeit der Frau gibt dem Mann den hohen Mut.)

Dieser »Hofdamenspiegel« offenbart einiges über die der höfischen Frau zugedachte Rolle: Sie soll durch Schönheit und feines Benehmen die Männer in Hochstimmung, mithin höfische Freude, versetzen oder sie auch zur Minne inspirieren. Durch die Liebe zu einer Frau wachse die Tapferkeit des Ritters – bereits in der vor Mitte des 12. Jahrhunderts in Regensburg geschriebenen Kaiserchronik heißt es, die Damen machten den Mann nicht nur höfisch, sondern auch kühn –, womit die zivilisierende wie anspornende Wirkung der Dame auf den Ritter beschrieben ist, die ganz besonders in der höfischen Turnierkultur zum Ausdruck kommt.

Das Thema der »höfischen Liebe« – der Begriff wurde erst von der Literaturwissenschaft des ausgehenden 19. Jahrhunderts geprägt – führt allerdings über den Rahmen der Begegnung von Dame, Ritter und Kleriker weit hinaus. Auch wenn das um 1180/90 geschriebene Werk *De amore* des am französischen Königshof und vielleicht auch am Hof der Grafen von der Champagne wirkenden Andreas Capellanus noch keine abschließende und einheitliche Deutung erfahren hat, lässt sich doch sagen, dass es in ihm nicht um eine fest umrissene geschlechterbezogene Liebestheorie geht, sondern um höfische Liebe als Form des höfischen Diskurses. Das Thema Liebe wird sowohl im Rückgriff auf Ovids *ars amatoria* im erotischen Sinn als auch umfassender im Sinne der antiken *amicitia*-Tradition verstanden: »Nullum in mundo bonum vel curialitas exercetur, nisi ex amoris fonte derivetur. Omnis ergo boni erit amor origo et causa.« (Kein Gut in der Welt und keine *hövischeit* lässt sich verwirklichen, wenn sie nicht aus dem Quell der Liebe hervorgehen. Denn die Liebe ist Ursprung und Grund von allem Guten.) *Curialitas* als Inbegriff höfischen Verhaltens war also im hohen Maß zugleich Tugendlehre. Im Zeichen des *fin'amors*, den der französische Minnesang preist, sollte die Hofgesellschaft Freundschaft, Harmonie und Eleganz pflegen.

Daneben zieht sich wie ein roter Faden ein Motiv durch die für den Hof bestimmte Dichtung: die Freude; *hövischeit* und Freude sind aufs Engste miteinander verbunden. Als Tristan bei seiner Schwertleite von König Marke die höfische Ritterlehre empfängt, endet diese Zeremonie mit dem Satz: »Wis iemer höfsch, wis iemer vrô!« (Sei immer höfisch, sei immer heiter!) Diese Aufforderung zu tugendhaftem Verhalten und Hochstimmung umfasst den Kern der ritterlich-höfischen Kultur.

Anhang

Dank

Die Entstehung dieses Buches wurde von Anfang an wohlwollend begleitet von Wolf Jobst Siedler. An der Arbeit zu den letzten drei Abschnitten des dritten Kapitels war Thomas Zotz beteiligt, der auch – auf der Grundlage unserer gemeinsamen Forschungen – das vierte Kapitel verfasste. Ditta Ahmadi hat den Text einfühlsam und mit großem Engagement lektoriert. In der Schlussphase hat mein Sohn Martin wichtige Hilfe bei der Fertigstellung des Buches geleistet. Dafür danke ich.

Göttingen, im August 2002 *Josef Fleckenstein*

Bibliographie

Einleitung

Barber, Richard: The Knight and Chivalry, New York 1970, überarb. Neuausg. Woodbridge 2000.

Barbero, Alessandro: L'aristocrazia nella società francese del medioevo. Analisi delle fonti letterarie (Studi e testi della storia medioevale 12/13), Bologna 1987.

Bloch, Marc: La société féodale, 2 Bde., Paris 1939–1940, Neuausg. 1998; deutsch: Die Feudalgesellschaft, Stuttgart 1999.

Brunner, Otto: Adeliges Landleben und europäischer Geist. Leben und Werk Wolf Helmhards von Hohberg 1612–1688, Salzburg 1949.

Bumke, Joachim: Studien zum Ritterbegriff im 12. und 13. Jahrhundert (Beihefte zum Euphorion 1), Heidelberg 1964, 2. Aufl. mit einem Anhang: Zum Stand der Ritterforschung 1976, Heidelberg 1977.

Contamine, Philippe: La guerre au moyen âge (Nouvelle clio 24), Paris 1980, Paris ^{5}1999.

Duby, Georges: La société aux XIe et XIIIe siècles dans la région mâconnaise (Bibliothèque générale de l'école pratique des hautes études 6), Paris 1953.

Duby, Georges: Hommes et structures du moyen âge. Recueil d'articles (Le savoir historique 1), Paris 1973.

Du Cange, Charles du Fresne: Miles, in: Glossarium mediae et infimae latinitatis, Neuausg. von Léopold Favre, Bd. 5, Niort 1885, Nachdr. Graz 1954, S. 377–387.

Erdmann, Carl: Die Entstehung des Kreuzzugsgedankens (Forschungen zur Kirchen- und Geistesgeschichte 6), Stuttgart 1935, Nachdr. Darmstadt 1980.

Erkens, Franz-Reiner: Militia und Ritterschaft. Reflexionen über die Entstehung des Rittertums, in: Historische Zeitschrift 258 (1994), S. 623–659.

Fleckenstein, Josef: Die Entstehung des niederen Adels und das Rittertum, in: Herrschaft und Stand. Untersuchungen zur Sozialgeschichte im 13. Jahrhundert, hg. von Josef Fleckenstein (Veröffentlichungen des Max-Planck-Instituts für Geschichte 50), Göttingen 1977, Göttingen 21979, S. 17–39, Wiederabdr. in: Ders.: Ordnungen und formende Kräfte des Mittelalters. Ausgewählte Beiträge, Göttingen 1989, Göttingen 21991, S. 333–356.

Fleckenstein, Josef: Ordnungen und formende Kräfte des Mittelalters. Ausgewählte Beiträge, Göttingen 1989, Göttingen 21991.

Fleckenstein, Josef: Über den engeren und den weiteren Begriff von Ritter und Rittertum (*miles* und *militia*), in: Person und Gemeinschaft im Mittelalter. Karl Schmid zum fünfundsechzigsten Geburtstag, hg. von Gerd Althoff, Dieter Geuenich, Otto Gerhard Oexle und Joachim Wollasch, Sigmaringen 1988, S. 379–392, Wiederabdr. in: Ders.: Vom Rittertum im Mittelalter. Perspektiven und Probleme (Bibliotheca eruditorum 19), Goldbach 1997, S. 13* bis 31*.

Fleckenstein, Josef: Vom Rittertum im Mittelalter. Perspektiven und Probleme (Bibliotheca eruditorum 19), Goldbach 1997.

Flori, Jean: L'essor de la chevalerie XIe - XIIe siècles (Travaux d'histoire éthico-politique 46), Genève 1986.

Ganshof, François Louis: Qu'est-ce que la féodalité?, Bruxelles 1944, Paris 51993; deutsch: Was ist das Lehnswesen?, Darmstadt 71989.

Genicot, Léopold: Sur les origines de la noblesse dans le Namurois, in: Tijdschrift voor Rechtsgeschiedenis 20 (1952), S. 143–156.

Genicot, Léopold: Nobiles, milites et villici au XIe siècle. La cas de Francon de Livoux, in: Namurcum. Chronique de la Société Archéologique de Namur 29 (1957), S. 25–28.

Genicot, Léopold: L'economie rurale Namuroise au Bas Moyen Age, Bd. 2: Les hommes – La noblesse, Louvain 1975.

Guilhiermoz, Paul: Essai sur l'origine de la noblesse en France au moyen âge, Paris 1902, Nachdr. Genève 1979.

Hintze, Otto: Wesen und Verbreitung des Feudalismus, in: Sitzungsberichte der Preußischen Akademie der Wissenschaften 20 (1929), Wiederabdr. in: Feudalismus – Kapitalismus, hg. von Gerhard

Oestreich (Kleine Vandenhoeck-Reihe 313), Göttingen 1970, S. 12 bis 47, Wiederabdr. in: Ders.: Gesammelte Schriften, Bd. 1: Staat und Verfassung, hg. von Fritz Hartung, Leipzig 1941, Göttingen ²1962, S. 84–119.

Huizinga, Johan: Herfsttij der middeleeuwen. Studie over levens- en gedachtensvormen der 14e en 15e eeuw in Frankrijk en de Nederlanden, Haarlem 1919, Neuausg. Groningen 1985; deutsch: Herbst des Mittelalters. Studien über Lebens- und Geistesformen des 14. und 15. Jahrhunderts in Frankreich und in den Niederlanden, Neuausg. Stuttgart 1987.

Jaeger, C. Stephen: The Origins of Courtliness. Civilizing trends and the formation of courtly ideals 939–1210, Philadelphia 1985, Philadelphia ²1991; deutsch: Die Entstehung höfischer Kultur. Vom höfischen Bischof zum höfischen Ritter (Philologische Studien und Quellen 167), Berlin 2001.

Keen, Maurice: Chivalry, New Haven/London 1984; deutsch: Das Rittertum, Düsseldorf/Zürich 1999.

Keller, Hagen: Adelsherrschaft und städtische Gesellschaft in Oberitalien, 9.–12. Jahrhundert (Bibliothek des Deutschen Historischen Instituts in Rom 52), Tübingen 1979; ital., mit neuer Einleitung: Signori e vassalli nell'Italia delle città (secoli IX–XII), Torino 1995.

Krieger – Ritter – Freiherr. Entstehung und Wirken des Niederadels im Mittelalter, bearb. von Volker Rödel, Koblenz 1988.

Le Goff, Jacques: La civilisation de l'Occident médiéval (Collection Les grandes civilisations 3), Paris 1964, Neuausg. Paris 1997; deutsch: Die Kultur des europäischen Mittelalters, München/Zürich 1970.

Leyser, Karl: Early Medieval Canon Law and the Beginnings of Knighthood, in: Institutionen, Kultur und Gesellschaft im Mittelalter. Festschrift für Josef Fleckenstein, hg. von Lutz Fenske, Werner Rösener und Thomas Zotz, Sigmaringen 1984, S. 549–566.

Menéndez Pidal, Ramón: La chanson de Roland y el neotradicionalismo (origines de le épica románica), Madrid 1959; frnzösisch: La chanson de Roland et la tradition épique des Francs, Paris 1960; deutsch: Die Chanson de Roland aus traditionalistischer Sicht, in: Altfranzösische Epik, hg. von Henning Krauss, Darmstadt 1978, S. 164–194.

Naumann, Hans: Deutsche Kultur im Zeitalter des Rittertums (Handbuch der Kulturgeschichte Bd. 1), Potsdam 1938.

Paravicini, Werner: Die Preußenreisen des europäischen Adels (Beihefte der Francia 17), 3 Bde., Sigmaringen 1989–1996.

Das Rittertum im Mittelalter, hg. von Arno Borst (Wege der Forschung 349), Darmstadt 1976, Darmstadt [3]1998.

Strickland, Matthew: War and chivalry. The conduct and perception of war in England and Normandy 1066–1217, Cambridge 1996.

Tabacco, Giovanni: Nobili e cavalieri a Bologna e a Firenze tra XII e XIII secolo, in: Studi medievali 17 (1976), S. 41–79.

Tellenbach, Gerd: Vom Karolingischen Reichsadel zum deutschen Reichsfürstenstand, in: Adel und Bauern im deutschen Staat des Mittelalters, hg. von Theodor Mayer, Leipzig 1943, Nachdr. Darmstadt 1980, S. 22–73, Wiederabdr. in: Herrschaft und Staat im Mittelalter, hg. von Hellmut Kämpf (Wege der Forschung 2), Darmstadt 1956, Nachdr. Darmstadt 1984, S. 191–242.

Verbruggen, Jan Frans: De kriijgskunst in West-Europa in de middeleeuwen (Verhandelingen van de Koninkl. Vlaamse Acad. voor Wetenschappen, Letteren en Schone Kunsten van Belgie, Klasse der letteren, Verhandeling 20), Brüssel 1954; englisch: The art of warfare in Western Europe during the Middle Ages from the 8th century to 1340 (Europe in the Middle Ages 1), Amsterdam/New York 1977, Woodbridge [2]1998.

Werner, Karl Ferdinand: Naissance de la noblesse. L'essor des élites politiques en Europe, Paris 1998.

Winter, Johanna Maria van: Ridderschap. Ideaal en werkelijkheid, Bussum 1965; deutsch: Rittertum. Ideal und Wirklichkeit, München 1969.

Kapitel I

Arnold, Benjamin: German Knighthood 1050–1300, Oxford 1985.

Becher, Matthias: Eid und Herrschaft. Untersuchungen zum Herrscherethos Karls des Großen (Vorträge und Forschungen, Sonderband 39), Sigmaringen 1993.

Brunner, Heinrich: Der Reiterdienst und die Anfänge des Lehnwesens, in: Zeitschrift der Savigny-Stiftung für Rechtsgeschichte, Germanistische Abteilung 8 (1887), S. 1–38, Wiederabdr. in: Ders.: Forschungen zur Geschichte des deutschen und französischen Rechtes, Stuttgart 1894, Neudr. Aalen 1969, S. 39–74.

Duby, Georges: Guerriers et paysans VIIe–XIIe siècles. Premier essor de l'économie européenne, Paris 1973, Neuausg. Paris 1991; deutsch: Krieger und Bauern. Die Entwicklung von Wirtschaft und Gesellschaft im frühen Mittelalter, Frankfurt a. M. 21986.

Fleckenstein, Josef: Adel und Kriegertum und ihre Wandlung im Karolingerreich, in: Nascita dell'Europa ed Europa Carolingia. Un'equazione da verificare (Settimane di Studio del Centro Italiano di Studi sull'Alto Medioevo 27), Wiederabdr. in: Ders.: Ordnungen und formende Kräfte des Mittelalters. Ausgewählte Beiträge, Göttingen 1989, Göttingen 21991, S. 287–306.

Fleckenstein, Josef: Zur Frage der Abgrenzung von Bauer und Ritter, in: Wort und Begriff »Bauer«, hg. von Reinhard Wenskus, Herbert Jankuhn und Klaus Grinda (Abhandlungen der Akademie der Wissenschaften in Göttingen, Phil.-Hist. Klasse, 3. Folge, Nr. 89), Göttingen 1975, S. 246–253, Wiederabdr. in: Ders.: Ordnungen und formende Kräfte des Mittelalters. Ausgewählte Beiträge, Göttingen 1989, Göttingen 21991, S. 307–314.

Flori, Jean: L'idéologie du glaive. Préhistoire de la chevalerie (Travaux d'histoire éthico-politique 43), Genève 1983.

Johrendt, Johann: »Miles« und »Militia« im 11. Jahrhundert. Untersuchung zur Frühgeschichte des Rittertums in Frankreich und Deutschland, Diss. phil. Erlangen-Nürnberg 1971.

Kienast, Walter: Die fränkische Vasallität. Von den Hausmeiern bis zu Ludwig dem Kind und Karl dem Einfältigen, hg. von Peter Herde (Frankfurter wissenschaftliche Beiträge, Kulturwissenschaftliche Reihe 18), Frankfurt a. M. 1990.

Kuchenbuch, Ludolf: Bäuerliche Gesellschaft und Klosterherrschaft im 9. Jahrhundert. Studien zur Sozialstruktur der Familia der Abtei Prüm (Vierteljahrschrift für Sozial- und Wirtschaftsgeschichte, Beihefte 66), Wiesbaden 1978.

Oexle, Otto Gerhard: Die funktionale Dreiteilung der ›Gesellschaft‹ bei Adalbero von Laon. Deutungsschemata der sozialen Wirklichkeit im früheren Mittelalter, in: Frühmittelalterliche Studien 12 (1978), S. 1–54.

Schmid, Karl: Über die Struktur des Adels im früheren Mittelalter, in: Jahrbuch für fränkische Landesforschung 19 (1959), S. 1–23, Wiederabdr. in: Ders.: Gebetsgedenken und adeliges Selbstverständnis im Mittelalter. Ausgewählte Beiträge, Sigmaringen 1983, S. 245–267.

Tellenbach, Gerd: Königtum und Stämme in der Werdezeit des Deutschen Reiches (Quellen und Studien zur Verfassungsgeschichte des Deutschen Reiches in Mittelalter und Neuzeit 7, 4), Weimar 1939.

Wenskus, Reinhard: »Bauer« – Begriff und historische Wirklichkeit, in: Wort und Begriff »Bauer«, hg. von Reinhard Wenskus, Herbert Jankuhn und Klaus Grinda (Abhandlungen der Akademie der Wissenschaften in Göttingen, Phil.-Hist. Klasse, 3. Folge, Nr. 89), Göttingen 1975, S. 11–28, Wiederabdr. in: Ders.: Ausgewählte Aufsätze zum frühen und preußischen Mittelalter. Festgabe zu seinem 70. Geburtstag, hg. von Hans Patze, Sigmaringen 1986, S. 22 bis 39.

Werner, Karl Ferdinand: Heeresorganisation und Kriegführung im deutschen Königreich des 10. und 11. Jahrhunderts, in: Ordinamenti militari in occidente nell'alto medioevo (Settimane di studio del Centro Italiano di Studi sull'Alto Medioevo 15), Spoleto 1968, Bd. 2, S. 791–843.

Zotz, Thomas: Die Formierung der Ministerialität, in: Die Salier und das Reich, Bd. 3: Gesellschaftlicher und ideengeschichtlicher Wandel im Reich der Salier, hg. von Stefan Weinfurter, Sigmaringen 1991, Sigmaringen ²1992, S. 3–50.

Kapitel II

Anderson, William: Castles of Europe from Charlemagne to the Renaissance, London 1970, Neuausg. Toronto 1984; deutsch: Burgen Europas von der Zeit Karls des Großen bis zur Renaissance, München 1971.

Brown, R. Allan: The Normans, Woodbridge 1984, Woodbridge ³1994; deutsch: Die Normannen, Düsseldorf/Zürich 2000.

Bur, Michel: Le château (Typologie des sources du moyen âge 79), Turnhout 1999.

Burgen der Salierzeit, 2 Bde., hg. von Horst-Wolfgang Böhme (Römisch-Germanisches Zentralmuseum, Monographien 25/26), Sigmaringen 1991.

Douglas, David Charles: William the Conqueror. The Norman impact upon England, Berkeley 1964, Neuausg. New Haven 1999; deutsch:

Wilhelm der Eroberer. Herzog der Normandie, König von England 1028–1087, München [2]1995.
Duby, Georges: Les origines de la chevalerie, in: Ordinamenti militari in occidente nell'alto medioevo (Settimane di Studio del Centro Italiano die Studi sull'Alto medioevo 15) Spoleto 1968, Bd. 2, S. 739 bis 761; Wiederabdr. in: Ders.: Hommes et structures du moyen âge. Recueil d'articles (Le savoir historique 1), Paris 1973, S. 325 bis 341; deutsch: Die Ursprünge des Rittertums, in: Das Rittertum im Mittelalter, hg. von Arno Borst (Wege der Forschung 349), Darmstadt 1976, Darmstadt [3]1998, S. 349–369.
Fleckenstein, Josef: Zum Problem der agrarii milites bei Widukind von Corvey, in: Beiträge zur niedersächsischen Landesgeschichte. Festschrift zum 65. Geburtstag von Hans Patze, hg. von Dieter Brosius und Martin Last (Sonderband der Veröffentlichungen der Historischen Kommission für Niedersachsen und Bremen), Hildesheim 1984, S. 26–41, Wiederabdr. in: Ders.: Ordnungen und formende Kräfte des Mittelalters. Ausgewählte Beiträge, Göttingen 1989, Göttingen [2]1991, S. 315–332.
Hauck, Karl: Geblütsheiligkeit, in: Liber Floridus. Mittellateinische Studien. Festschrift für Paul Lehmann zum 65. Geburtstag, hg. von Bernhard Bischoff und Suso Brechter, St. Ottilien 1950, S. 187–240.
Hoffmann, Hartmut: Gottesfriede und Treuga Dei (Schriften der Monumenta Germaniae Historica 20), Stuttgart 1964, Nachdr. 1986.
Jäschke, Kurt-Ulrich: Burgenbau und Landesverteidigung um 900. Überlegungen zu Beispielen aus Deutschland, Frankreich und England (Vorträge und Forschungen, Sonderband 16), Sigmaringen 1975.
Orth, Elsbet: Ritter und Burg, in: Das ritterliche Turnier im Mittelalter. Beiträge zu einer vergleichenden Formen- und Verhaltensgeschichte des Rittertums, hg. von Josef Fleckenstein (Veröffentlichungen des Max-Planck-Instituts für Geschichte 80), Göttingen 1985, Neuausg. Göttingen 1986, S. 19–74.
Springer, Matthias: Agrarii milites, in: Niedersächsisches Jahrbuch für Landesgeschichte 66 (1994), S. 129–166.
Wilson, David M.: The Bayeux tapestry. The complete tapestry in colour, London 1985; deutsch: Der Teppich von Bayeux, Frankfurt a. M./Berlin 1985.

Kapitel III

Althoff, Gerd: Nunc fiant Christi milites, qui dudum extiterunt raptores. Zur Entstehung von Rittertum und Ritterethos, in: Saeculum 52 (1981), S. 317–333.

Aubé, Pierre: Godefroy de Bouillon, Paris 1985, Paris ²1995.

Becker, Alfons: Urban II. (1088–1099), 2 Bde. (Schriften der Monumenta Germaniae Historica 19), Stuttgart 1964–1988.

Boockmann, Hartmut: Der deutsche Orden. Zwölf Kapitel aus seiner Geschichte, München 1981, Neuausg. München 1999.

Boulton, D'Arcy Jonathan Dacre: The Knights of the Crown. The Monarchical Orders of Knighthood in Later Medieval Europe 1325–1520, Woodbridge 1987.

Demurger, Alain: Vie et mort de l'ordre du Temple 1118–1314, Paris 1985, Paris ³1993; deutsch: Die Templer. Aufstieg und Untergang 1120–1314, Neuausg. München 2000.

Dilcher, Hermann: Die sizilische Gesetzgebung Friedrichs II. Eine Synthese von Tradition und Erneuerung, in: Probleme um Friedrich II., hg. von Josef Fleckenstein (Vorträge und Forschungen 16), Sigmaringen 1974, S. 23–41.

Eickhoff, Ekkehard: Friedrich Barbarossa im Orient. Kreuzzug und Tod Friedrichs I. (Istanbuler Mitteilungen, Beiheft 17), Tübingen 1977.

Fleckenstein, Josef: Die Rechtfertigung der geistlichen Ritterorden nach der Schrift »De laude novae militiae« Bernhards von Clairvaux, in: Die geistlichen Ritterorden, hg. von Josef Fleckenstein und Manfred Hellmann (Vorträge und Forschungen 26), Sigmaringen 1980, S. 9–22, Wiederabdr. in: Ders.: Ordnungen und formende Kräfte des Mittelalters. Ausgewählte Beiträge, Göttingen 1989, Göttingen ²1991, S. 377–392.

Fleckenstein, Josef: Zum Problem der Abschließung des Ritterstandes, in: Historische Forschungen für Walter Schlesinger, hg. von Helmut Beumann, Köln 1974, S. 252–271, Wiederabdr. in: Ders.: Ordnungen und formende Kräfte des Mittelalters. Ausgewählte Beiträge, Göttingen 1989, Göttingen ²1991, S. 357–376.

Fleckenstein, Josef: Friedrich II. und das Rittertum, in: Studi Medievali 35 (1994), S. 503–515, Neudr. mit Anmerkungen in: Federico II e le nuove culture (Atti del XXXI Convegno storico internazionale,

Todi, 9.–12. Ottobre 1994), Spoleto 1995, S. 27–44, Wiederabdr. in: Ders.: Vom Rittertum im Mittelalter. Perspektiven und Probleme (Bibliotheca eruditorum 19), Goldbach 1997, S. 129*–146*.

Flori, Jean: Croisade et chevalerie. XIe–XIIe siècles (Bibliothèque du Moyen Age 12), Paris 1998.

Flori, Jean: Pierre l'Ermite et la première croisade, Paris 1999.

Die geistlichen Ritterorden, hg. von Josef Fleckenstein und Manfred Hellmann (Vorträge und Forschungen 26), Sigmaringen 1980.

Herrschaft und Stand. Untersuchungen zur Sozialgeschichte im 13. Jahrhundert, hg. von Josef Fleckenstein (Veröffentlichungen des Max-Planck-Instituts für Geschichte 50), Göttingen 1977, Göttingen ^{2}1979.

Hiestand, Rudolf: »praecipua tocius christianismi columpna«. Barbarossa und der Kreuzzug, in: Friedrich Barbarossa. Handlungsspielräume und Wirkungsweisen des staufischen Kaisers, hg. von Alfred Haverkamp (Vorträge und Forschungen 40), Sigmaringen 1992, S. 51–108.

Grundmann, Herbert: Religiöse Bewegungen im Mittelalter. Untersuchungen über die geschichtlichen Zusammenhänge zwischen der Ketzerei, den Bettelorden und der religiösen Frauenbewegung im 12. und 13. Jahrhundert und über die geschichtlichen Grundlagen der deutschen Mystik (Historische Studien 267), Berlin 1935, Darmstadt ^{4}1977.

Keller, Hagen: Adel, Rittertum und Ritterstand nach italienischen Zeugnissen des 11.–14. Jahrhunderts, in: Institutionen, Kultur und Gesellschaft im Mittelalter. Festschrift für Josef Fleckenstein zu seinem 65. Geburtstag, hg. von Lutz Fenske, Werner Rösener und Thomas Zotz, Sigmaringen 1984, S. 581–608.

Kluger, Helmuth: Hochmeister Hermann von Salza und Kaiser Friedrich II. Ein Beitrag zur Frühgeschichte des Deutschen Ordens (Quellen und Studien zur Geschichte des Deutschen Ordens 37), Marburg 1987.

Die Kreuzfahrerstaaten als multikulturelle Gesellschaft: Einwanderer und Minderheiten im 12. und 13. Jahrhundert, hg. von Hans-Eberhard Mayer (Schriften des Historischen Kollegs, Kolloquien 37), München 1997.

Le Goff, Jacques: Saint Louis, Paris 1996, Neuausg. Paris 2000; deutsch: Ludwig der Heilige, Stuttgart 2000.

Lobrichon, Guy: 1099 Jérusalem conquise, Paris 1998; deutsch: Die Eroberung Jerusalems im Jahre 1099, Sigmaringen 1998.

Mayer, Hans-Eberhard: Geschichte der Kreuzzüge, Stuttgart/Berlin/Köln 1965, Stuttgart/Berlin/Köln [9]2000.

Möhring, Hannes: Saladin und der Dritte Kreuzzug. Aiyubidische Strategie und Diplomatie im Vergleich vornehmlich der arabischen mit den lateinischen Quellen (Frankfurter historische Abhandlungen 21), Wiesbaden 1980.

Queller, Donald E.: The Fourth Crusade. The Conquest of Constantinople, Leicester 1978, Neuausg. (zus. mit Thomas F. Madden), Philadelphia 1997.

Ranft, Andreas: Adelsgesellschaften. Gruppenbildung und Genossenschaft im spätmittelalterlichen Reich (Kieler historische Studien 38), Sigmaringen 1994.

Riley-Smith, Jonathan: The Crusades. A Short History, London 1987; deutsch: Die Kreuzzüge. Kriege im Namen Gottes, Freiburg i. Br./Basel/Wien 1999.

Riley-Smith, Jonathan: Hospitallers. The History of the Order of St. John, London 1999.

Roscher, Helmut: Papst Innozenz III. und die Kreuzzüge (Forschungen zur Kirchen- und Dogmengeschichte 21), Göttingen 1969.

Schumacher, Bruno: Die Idee der geistlichen Ritterorden im Mittelalter (Altpreußische Forschungen 2), Königsberg 1924.

Stürner, Wolfgang: Friedrich II., 2 Bde., Darmstadt 1992–2000.

Tellenbach, Gerd: Die westliche Kirche vom 10. bis zum frühen 12. Jahrhundert (Die Kirche in ihrer Geschichte. Ein Handbuch, Lieferung F 1, Bd. 2), Göttingen 1988.

Kapitel IV

Barber, Richard, und Juliet Baker: Tournaments. Jousts, Chivalry und Pageants in the Middle Ages, Woodbridge 1989; deutsch: Die Geschichte des Turniers, Düsseldorf/Zürich 2001.

Brackert, Helmut: »deist rehtiu jegerîe«. Höfische Jagddarstellungen in der deutschen Epik des Hochmittelalters, in: Jagd und höfische Kultur im Mittelalter, hg. von Werner Rösener (Veröffentlichungen des Max-Planck-Instituts für Geschichte 135), Göttingen 1997, S. 365–406.

Bumke, Joachim: Höfische Kultur. Literatur und Gesellschaft im hohen Mittelalter, 2 Bde., München 1986, München 81997.

Bumke, Joachim: Mäzene im Mittelalter. Die Gönner und Auftraggeber der höfischen Literatur in Deutschland 1150–1300, München 1979.

Curialitas. Studien zu Grundfragen der höfisch-ritterlichen Kultur, hg. von Josef Fleckenstein (Veröffentlichungen des Max-Planck-Instituts für Geschichte 100), Göttingen 1990.

Duby, Georges: Les »jeunes« dans la société aristocratique dans la France du Nord-Ouest au XIIe siècle, in: Annales 19 (1964), S. 835 bis 846, Wiederabdr. in: Ders.: Hommes et structures du moyen âge. Recueil d'articles (Le savoir historique 1), Paris 1973, S. 213–225.

Duby, Georges: Guillaume le Maréchal ou le meilleur chevalier du monde, Paris 1984, Neuausg. Paris 1997; deutsch: Guillaume le Maréchal oder der beste aller Ritter, Frankfurt a. M. 21987.

Fenske, Lutz: Adel und Rittertum im Spiegel früher heraldischer Formen und deren Entwicklung, in: Das ritterliche Turnier im Mittelalter. Beiträge zu einer vergleichenden Formen- und Verhaltensgeschichte des Rittertums, hg. von Josef Fleckenstein (Veröffentlichungen des Max-Planck-Instituts für Geschichte 80), Göttingen 1985, Neuausg. Göttingen 1986, S. 75–160.

Fenske, Lutz: Der Knappe. Erziehung und Funktion, in: Curialitas. Studien zu Grundfragen der höfisch-ritterlichen Kultur, hg. von Josef Fleckenstein (Veröffentlichungen des Max-Planck-Instituts für Geschichte 100), Göttingen 1990, S. 55–127.

Feste und Feiern im Mittelalter, hg. von Detlef Altenburg, Jörg Jarnut und Hans Hugo Steinhoff (Kongressakten zum Symposium des Mediävistenverbandes 3), Sigmaringen 1991.

Fleckenstein, Josef: Das Turnier als höfisches Fest im hochmittelalterlichen Deutschland, in: Das ritterliche Turnier im Mittelalter. Beiträge zu einer vergleichenden Formen- und Verhaltensgeschichte des Rittertums, hg. von Josef Fleckenstein (Veröffentlichungen des Max-Planck-Instituts für Geschichte 80), Göttingen 1985, Neuausg. Göttingen 1986, S. 229–256, Wiederabdr. in: Ders.: Ordnungen und formende Kräfte des Mittelalters. Ausgewählte Beiträge, Göttingen 1989, Göttingen 21991, S. 393–420.

Fleckenstein, Josef: Friedrich Barbarossa und das Rittertum. Zur Bedeutung der großen Mainzer Hoftage von 1184 und 1188, in: Festschrift für Hermann Heimpel, Bd. 2, Göttingen 1972, S. 1023–1041, Wiederabdr. in: Das Rittertum im Mittelalter, hg. von Arno Borst (Wege der Forschung 349), Darmstadt 1976, Darmstadt ³1998, S. 392–418.

Fleckenstein, Josef: Miles und clericus am Königs- und Fürstenhof. Bemerkungen zu den Voraussetzungen, zur Entstehung und zur Trägerschaft der höfisch-ritterlichen Kultur, in: Curialitas. Studien zu Grundfragen der höfisch-ritterlichen Kultur, hg. von Josef Fleckenstein (Veröffentlichungen des Max-Planck-Instituts für Geschichte 100), Göttingen 1990, S. 302–325, Wiederabdr. in: Ders.: Vom Rittertum im Mittelalter. Perspektiven und Probleme (Bibliotheca eruditorum 19), Goldbach 1997, S. 91*–114*.

Fried, Johannes: Kaiser Friedrich II. als Jäger oder Ein zweites Falkenbuch Kaiser Friedrichs II.? (Nachrichten der Akademie der Wissenschaften in Göttungen, Philosophisch-historische Klasse, Jahrgang 1996, Nr. 4), Göttingen 1996.

Gamber, Ortwin: Die Bewaffnung der Stauferzeit, in: Die Zeit der Staufer. Geschichte – Kunst – Kultur, hg. von Reiner Haussherr, Bd. 3, Stuttgart 1977, S. 113–119.

Höfische Literatur, Hofgesellschaft, Höfische Lebensformen um 1200, hg. von Gert Kaiser und Jan-Dirk Müller (Studia humaniora 6), Düsseldorf 1986.

Jackson, William Henry: Chivalry in Twelth-century Germany. The Works of Hartmann von Aue (Arthurian studies 34), Cambridge 1994.

Jackson, William Henry: Das Turnier in der deutschen Dichtung des Mittelalters, in: Das ritterliche Turnier im Mittelalter. Beiträge zu einer vergleichenden Formen- und Verhaltensgeschichte des Rittertums, hg. von Josef Fleckenstein (Veröffentlichungen des Max-Planck-Instituts für Geschichte 80), Göttingen 1985, Neuausg. Göttingen 1986, S. 257–295.

Jagd und höfische Kultur im Mittelalter, hg. von Werner Rösener (Veröffentlichungen des Max-Planck-Instituts für Geschichte 135), Göttingen 1997.

Krüger, Sabine: »Verhöflichter Krieger« und miles illitteratus, in: Curialitas. Studien zu Grundfragen der höfisch-ritterlichen Kultur, hg. von Josef Fleckenstein (Veröffentlichungen des Max-Planck-Instituts für Geschichte 100), Göttingen 1990, S. 326–349.

Krüger, Sabine: Das kirchliche Turnierverbot im Mittelalter, in: Das ritterliche Turnier im Mittelalter. Beiträge zu einer vergleichenden Formen- und Verhaltensgeschichte des Rittertums, hg. von Josef Fleckenstein (Veröffentlichungen des Max-Planck-Instituts für Geschichte 80), Göttingen 1985, Neuausg. Göttingen 1986, S. 401 bis 422.

Le Goff, Jacques: Réalités sociales et codes idéologiques au début du XIIIe siècle. Un exemplum de Jacques de Vitry sur les tournois, in: Europäische Sachkultur des Mittelalters (Veröffentlichungen des Instituts für mittelalterliche Realienkunde Österreichs 4), Wien 1980, S. 101–112, Wiederabdr. in: Ders.: L'imaginaire médiéval. Essais, Paris 1985, S. 248–261.

Orth, Elsbet: Formen und Funktionen der höfischen Rittererhebung, in: Curialitas. Studien zu Grundfragen der höfisch-ritterlichen Kultur, hg. von Josef Fleckenstein (Veröffentlichungen des Max-Planck-Instituts für Geschichte 100), Göttingen 1990, S. 128 bis 170.

Paravicini, Werner: Die ritterlich-höfische Kultur des Mittelalters (Enzyklopädie deutscher Geschichte 32), München 1990.

Parisse, Michel: Le tournoi en France, des origines à la fin du XIIIe siècle, in: Das ritterliche Turnier im Mittelalter. Beiträge zu einer vergleichenden Formen- und Verhaltensgeschichte des Rittertums, hg. von Josef Fleckenstein (Veröffentlichungen des Max-Planck-Instituts für Geschichte 80), Göttingen 1985, Neuausg. Göttingen 1986, S. 175–211.

Pastoureau, Michel: Traité d'Héraldique, Paris 1979, Paris ³1997.

Petrus de Ebulo, Liber ad honorem Augusti sive de rebus Siculis. Codex 120 II der Burgerbibliothek Bern, hg. von Theo Kölzer und Marlis Stähli, Sigmaringen 1994.

Die Ritteridee in der deutschen Literatur des Mittelalters. Eine kommentierte Anthologie, hg. von Jörg Arentzen und Uwe Ruberg, Darmstadt 1987.

Das ritterliche Turnier im Mittelalter. Beiträge zu einer vergleichenden Formen- und Verhaltensgeschichte des Rittertums, hg. von Josef Fleckenstein (Veröffentlichungen des Max-Planck-Instituts für Geschichte 80), Göttingen 1985, Neuausg. Göttingen 1986.

Ritterliches Tugendsystem, hg. von Günter Eifler (Wege der Forschung 56), Darmstadt 1970.

Rösener, Werner: Die höfische Frau im Hochmittelalter, in: Curialitas. Studien zu Grundfragen der höfisch-ritterlichen Kultur, hg. von Josef Fleckenstein (Veröffentlichungen des Max-Planck-Instituts für Geschichte 100), Göttingen 1990, S. 171–230.

Rösener, Werner: Jagd, Rittertum und Fürstenhof im Hochmittelalter, in: Jagd und höfische Kultur im Mittelalter, hg. von Werner Rösener (Veröffentlichungen des Max-Planck-Instituts für Geschichte 135), Göttingen 1997, S. 123–148.

Rösener, Werner: Ritterliche Wirtschaftsverhältnisse und Turnier im sozialen Wandel des Hochmittelalters, in: Das ritterliche Turnier im Mittelalter. Beiträge zu einer vergleichenden Formen- und Verhaltensgeschichte des Rittertums, hg. von Josef Fleckenstein (Veröffentlichungen des Max-Planck-Instituts für Geschichte 80), Göttingen 1985, Neuausg. Göttingen 1986, S. 296–338.

Sablonier, Roger: Rittertum, Adel und Kriegswesen im Spätmittelalter, in: Das ritterliche Turnier im Mittelalter. Beiträge zu einer vergleichenden Formen- und Verhaltensgeschichte des Rittertums, hg. von Josef Fleckenstein (Veröffentlichungen des Max-Planck-Instituts für Geschichte 80), Göttingen 1985, Neuausg. Göttingen 1986, S. 532–567.

Schneidmüller, Bernd: Reichsfürstliches Feiern. Die Welfen und ihre Feste im 13. Jahrhundert, in: Feste und Feiern im Mittelalter, hg. von Detlef Altenburg, Jörg Jarnut und Hans Hugo Steinhoff (Kongressakten zum Symposium des Mediävistenverbandes 3), Sigmaringen 1991, S. 165–180.

Schnell, Rüdiger: Die ›höfische‹ Liebe als ›höfischer‹ Diskurs über die Liebe, in: Curialitas. Studien zu Grundfragen der höfisch-ritterlichen Kultur, hg. von Josef Fleckenstein (Veröffentlichungen des Max-Planck-Instituts für Geschichte 100), Göttingen 1990, S. 231 bis 301.

Schupp, Volker, und Hans Szklenar: Ywain auf Schloß Rodenegg. Eine Bildergeschichte nach dem »Iwein« Hartmans von Aue, Sigmaringen 1996.

Schwind, Fred: Die Landgrafschaft Thüringen und der landgräfliche Hof zur Zeit der Elisabeth, in: Sankt Elisabeth. Fürstin – Dienerin – Heilige, Sigmaringen 1981, S. 29–44.

Szabó, Thomas: Der mittelalterliche Hof zwischen Kritik und Idealisierung, in: Curialitas. Studien zu Grundfragen der höfisch-ritterlichen Kultur, hg. von Josef Fleckenstein (Veröffentlichungen des Max-Planck-Instituts für Geschichte 100), Göttingen 1990, S. 350 bis 391.

Wang, Andreas: Der ›miles christianus‹ im 16. und 17. Jahrhundert und seine mittelalterliche Tradition. Ein Beitrag zum Verhältnis von sprachlicher und graphischer Bildlichkeit (Mikrokosmos. Beiträge zur Literaturwissenschaft und Bedeutungsforschung 1), Frankfurt a. M./Bern 1975.

Wolter, Heinz: Der Mainzer Hoftag von 1184 als politisches Fest, in: Feste und Feiern im Mittelalter, hg. von Detlef Altenburg, Jörg Jarnut und Hans Hugo Steinhoff (Kongressakten zum Symposium des Mediävistenverbandes 3), Sigmaringen 1991, S. 193–199.

Zotz, Thomas: Adel, Bürgertum und Turnier in deutschen Städten vom 13. bis 15. Jahrhundert, in: Das ritterliche Turnier im Mittelalter. Beiträge zu einer vergleichenden Formen- und Verhaltensgeschichte des Rittertums, hg. von Josef Fleckenstein (Veröffentlichungen des Max-Planck-Instituts für Geschichte 80), Göttingen 1985, Neuausg. Göttingen 1986, S. 450–499.

Zotz, Thomas: Urbanitas. Zur Bedeutung und Funktion einer antiken Wertvorstellung innerhalb der höfischen Kultur des hohen Mittelalters, in: Curialitas. Studien zu Grundfragen der höfisch-ritterlichen Kultur, hg. von Josef Fleckenstein (Veröffentlichungen des Max-Planck-Instituts für Geschichte 100), Göttingen 1990 , S. 392 bis 451.

Personenregister

Abbildungsnachweis

Archiv für Kunst und Geschichte, Berlin: 20, 50, 67, 74, 75, 89, 90, 134, 147, 164, 190

Bildarchiv Foto Marburg, Marburg/Lahn: 161, 177, 227

Bildarchiv Preußischer Kulturbesitz, Berlin: 37, 155

British Library, London: 121, 129, 174 (oben)

British Museum, London: 207

Burgerbibliothek, Bern: 15 (Codex 120.II, 132^{r}), 157 (107^{r}), 183 (133^{r})

Evangelische St. Servatii Domgemeinde, Quedlinburg: 185

Foto Zwicker-Berberich, Gerchsheim: 169

Interfoto, München: 151

Niedersächsisches Staatsarchiv, Wolffenbüttel: 182

Sammlung Deulofeu, Puigcerda, Gerona: 211

Franz Schlechter, Heidelberg: 91

Schweizerisches Landesmuseum Zürich: 94, 174 (unten)

Staatsbibliothek Bamberg: 205

Stiftsbibliothek Heiligkreuz: 221

Stiftsbibliothek Sankt Gallen: 49

Ullstein Bild, Berlin: 11

Universitätsbibliothek Gent: 113

Universitätsbibliothek Heidelberg: 23, 216, 217

Universitätsbibliothek Uppsala: 112

Die Abbildung auf S. 102 wurde entnommen aus: Hermann Beenken: Der Meister von Naumburg, Berlin 1939.